Verfassungsgerichte und Obergerichte in Mitteleuropa

STUDIEN DES INSTITUTS FÜR OSTRECHT MÜNCHEN

Begründet von Professor Dr. Reinhart Maurach
Herausgegeben von
Professor Dr. Friedrich-Christian Schroeder,
Dres. h. c., Regensburg

Band 83

PETER LANG

Herbert Küpper / Attila Vincze (Hrsg.)

Verfassungsgerichte und Obergerichte in Mitteleuropa

PETER LANG

Bibliografische Information der Deutschen Nationalbibliothek
Die Deutsche Nationalbibliothek verzeichnet diese Publikation in der Deutschen Nationalbibliografie; detaillierte bibliografische Daten sind im Internet über http://dnb.d-nb.de abrufbar.

ISSN 0073-8492
ISBN 978-3-631-77263-8 (Print)
E-ISBN 978-3-631-77929-3 (E-PDF)
E-ISBN 978-3-631-77930-9 (EPUB)
E-ISBN 978-3-631-77931-6 (MOBI)
DOI 10.3726/b15135

Peter Lang – Berlin · Bern · Bruxelles · New York · Oxford · Warszawa · Wien

Diese Publikation wurde begutachtet.

www.peterlang.com

Vorwort

Seit der Wende kursiert in den deutschsprachigen Ländern, aber auch in Ungarn selbst der Mythos, das 1990 errichtete ungarische Verfassungsgericht habe mit die weitesten Kompetenzen aller Verfassungsgerichte der Welt. Diese Aussage ist sicherlich übertrieben, auch wenn sie einen Kern Wahrheit enthält. Wie dem auch sei: Der Erlass einer neuen Verfassung in Ungarn 2011 bot den Anlass, auch die Kompetenzen des Verfassungsgerichts zu überdenken. Neben der Abschaffung einiger Zuständigkeiten und Verfahrensarten, die teils auf Bitten des Verfassungsgerichts selbst erfolgte, weil sie zu dessen Überlastung beigetragen hatten, erfuhr das Spektrum des verfassungsgerichtlichen Rechtsschutzes auch eine wesentliche Erweiterung: Seit dem Inkrafttreten des neuen Rechts am 1.1.2012 kann, wer sich in Ungarn in seinen Grundrechten verletzt sieht, eine Verfassungsbeschwerde auch gegen Gerichtsurteile (und weniger aktuell: gegen Verwaltungsakte) erheben. Nach altem Recht konnte der Betroffene nur den dem Urteil zugrunde liegenden Rechtssatz angreifen, nicht aber die richterliche Rechtsanwendung auf ihre Verfassungskonformität überprüfen lassen.

Das neue Institut der Urteilsverfassungsbeschwerde führte rasch zu – vorhersehbaren und möglicherweise vom Verfassungsgeber auch gewollten – Friktionen zwischen dem Verfassungsgericht und der Spitze der ungarischen ordentlichen Justiz, die eine Einheitsjustiz ist und daher nur über ein Obergericht verfügt: das oberste Gericht, das seit 2012 wieder seinen traditionellen Namen „Kurie" trägt. Seit ihrer Einführung machten zahlreiche Betroffene Gebrauch von der Möglichkeit der Urteilsverfassungsbeschwerde, sodass sie mittlerweile genauso zum „täglichen Brot" des ungarischen Verfassungsgerichts geworden ist, wie sie es seit langem für das deutsche Bundesverfassungsgericht ist. Auch wenn nur wenige Urteilsverfassungsbeschwerden als zulässig angenommen werden und sich die Anzahl der begründeten Beschwerden jährlich meist im einstelligen Bereich bewegt, sahen Verfassungsgericht und Kurie 2016 die Zeit gekommen, über ihr neues Verhältnis grundlegender nachzudenken.

Deshalb schrieben beide Gerichte gemeinsam ein Forschungsprojekt aus, in dessen Rahmen Forschergruppen das grundlegende Verhältnis zwischen Verfassungsgericht und Höchstgericht klären sollten, wobei stets das konkrete Verhältnis beider Gerichte in Ungarn die Folie für die Überlegungen bilden sollte. Die Herausgeber dieses Bandes bewarben sich mit einem rechtsvergleichenden Projekt, das den ungarischen Gerichten aufzeigen sollte, wie Länder das Verhältnis zwischen den Spitzen der Justiz regeln, die bereits seit längerem Erfahrungen mit der Problematik haben: Deutschland, Österreich, Polen und Tschechien. Im Laufe des Jahres 2017 haben wir die Thematik bearbeitet, und unsere ursprünglich ungarischsprachige Studie „Az Alkotmánybíróság és a felsőbíróságok kapcsolata. Konfliktusok és kooperáció jogösszehasonlító szempontból" wird 2019 zusammen mit den übrigen Projektstudien in einem Sammelband veröffentlicht werden.

Da das Verhältnis zwischen den Verfassungsgerichten und den obersten Gerichten in Mitteleuropa auch für die deutschsprachige Verfassungsrechtswissenschaft und Rechtsvergleichung von Interesse ist, haben wir uns entschlossen, unsere Länderberichte ins Deutsche zu übersetzen und in diesem Buch zu veröffentlichen. Mit unserer vergleichenden Studie wollen wir der Verfassungsvergleichung neue Perspektiven eröffnen. Um das Spektrum zu vervollständigen, fügen wir noch einen Länderbericht zu Ungarn hinzu, der naturgemäß in der Originalstudie, die wir für die Spitzen der ungarischen Justiz gefertigt haben, fehlt.

Unser aufrichtiger Dank gebührt zunächst dem Präsidenten des ungarischen Verfassungsgerichts, *Tamás Sulyok*, und dem Präsidenten der Kurie, *Péter Darák*, die mit ihrer Ausschreibung unser Forschungsprojekt sowohl angeregt als auch ermöglicht haben. Wir danken auch den Autorinnen und Autoren der Länderberichte zu Österreich und Polen, *Claudia Fuchs*, *Lukas Diem* und *Piotr Czarny*, für die auslandsrechtskundliche und rechtsvergleichende Bereicherung unseres Projekts. Schließlich sind wir auch dem deutschen Bundesministerium der Justiz und für Verbraucherschutz und dem bayerischen Staatsministerium für Bildung und Kultus, Wissenschaft und Kunst zu Dank verpflichtet, die mit ihrer institutionellen Förderung des Instituts für Ostrecht München im Wissenschaftszentrum Ost- und Südosteuropa Regensburg die Drucklegung dieses Bandes ermöglicht haben.

Budapest / Regensburg, Juni 2018
Herbert Küpper, Attila Vincze

Inhaltsverzeichnis

Herbert Küpper

Länderbericht Deutschland

Die Beziehungen zwischen der Verfassungsgerichtsbarkeit und den Obergerichten in Deutschland

Abstract: In the first decades after the creation of a constitutional court in (West) Germany, the relationship between the Bundesverfassungsgericht on the one hand, and the supreme federal courts, especially of the supreme court in ordinary, the Bundesgerichtshof, on the other hand, were not free of tensions. Although there is no institutional hierarchy and no regular course of appeal between the supreme courts and the Bundesverfassungsgericht, especially the civil judges of the Bundesgerichtshof found it hard to accept that civil law was to be influenced by such a political document as the constitution, and that their decisions in civil cases were liable to scrutiny by a non-civil court, i.e. the Bundesverfassungsgericht. However, in due course, tensions eased for two reasons: the Bundesverfassungsgericht exercised its powers with great reluctance, and civil lawyers got used to the constitutionalisation of the civil law and to the constitutional control of court decisions. The most conflictual power of the Bundesverfassungsgericht was and is the constitutional complaint against court decisions. The Bundesverfassungsgericht has always been very careful not to pronounce an opinion on whether the application of the sub-constitutional law by the courts was correct, but limits its scrutiny strictly to whether the court's decision and its underlying reasoning violate constitutional rights. This self-discipline leaves the ordinary courts' power to determine the correct interpretation of sub-constitutional law intact and thus reduces the possible conflicts between the ordinary courts and the Bundesverfassungsgericht. Even in its dogmatic figure of the "interpretation in harmony with the constitution", the Bundesverfassungsgericht is careful not to discuss the proper interpretation of sub-constitutional law and to restrict its reasoning to aspects of constitutionality. On the other hand, the Bundesverfassungsgericht puts the threshold for the so-called concrete norm control, i.e. the scrutiny of the constitutionality of a statute on the request of a court that has to apply that statute in a pending case, very high, requiring from the requesting judges a dogmatic level in their constitutional reasoning that equals the decisions of the Bundesverfassungsgericht itself. Despite the détente between the Bundesverfassungsgericht and the ordinary courts, they sometimes decline to find a common ground in conflictual cases. This is highlighted by the notorious Caroline von Monaco-cases where the delimitation of personality rights and the freedom of the press is at stake. In a triangle of

Bundesgerichtshof, Bundesverfassungsgericht and the equally involved European Court of Human Rights, each of the three courts has developed its own stance and is not prepared to yield to the arguments of the other two. Nevertheless, the decentralised German legal culture accepts such discrepancies as a part of the modus vivendi between the various supreme judicial authorities: "agree to disagree" is a method of pacification between the courts much rather than a casus belli.

A. Einleitung

1. Historischer Ausgangspunkt

Die Begründung des heutigen (zunächst west-)deutschen Systems erfolgte nach 1949. Unter Berufung auf die Fehler des Weimarer Systems und manchmal auch der Lehren daraus wurde aus den Trümmern der Diktatur der deutsche Rechtsstaat wiederaufgebaut. Der bereits vor der Nazidiktatur bestehende traditionelle

Rechtsstaat wurde nach 1949 um mehrere neue Elemente ergänzt. Aus der Perspektive der hiesigen Themenstellung sind v.a. zwei dieser Elemente hervorzuheben:

- Im Gegensatz zu der Weimarer Reichsverfassung von 1919 erhebt das Grundgesetz von 1949 den Anspruch, zwingendes Recht zu sein. Demgemäß ist das Grundgesetz geltendes Recht[1] und nicht bloß ein politisches Dokument. Es ist sogar das höchstrangige Recht und bildet die Spitze der Rechtsquellenhierarchie. Das hat zur Folge, dass das gesamte übrige (einfache) Recht mit dem Grundgesetz formell und inhaltlich vereinbar sein muss. Nach 1949 setzte der Prozess der Konstitutionalisierung des einfachen Rechts ein. Hiergegen verwahrten sich v.a. die Zivilrechtler, denn ihnen fiel es besonders schwer zu akzeptieren, dass sich ihr altehrwürdiges, angeblich römisch-rechtlichen Wurzeln entsprungenes, als unpolitisch und daher „rein" imaginiertes bürgerliches Recht, dass das von ihnen vergötterte Bürgerliche Gesetzbuch (BGB) sich an einen solchen neuartigen, öffentlich-rechtlichen und daher im schlechtesten Sinne „politischen"[2] Emporkömmling wie das Grundgesetz anpassen müsse. Der Prozess der Akzeptanz der Konstitutionalisierung des bürgerlichen Rechts nahm mehrere Jahrzehnte in Anspruch. Im Gegensatz dazu waren die Verwaltungs- und die Strafrechtler bereits an verfassungsrechtliche Ingerenzen in ihre Rechtsgebiete gewöhnt, weshalb es ihnen leichter fiel, den umfassenden Geltungsanspruch des Grundgesetzes gegenüber dem einfachen Recht zu akzeptieren. Hinzu kommt, dass in der deutschen Rechtswissenschaft die Trennung zwischen Verfassungs- und Verwaltungsrecht nicht so stark ausgeprägt ist wie in manchen anderen europäischen Ländern wie z.B. Ungarn[3]. Vielmehr werden das Verfassungsrecht und das Verwaltungsrecht, das seinerseits weitere Gebiete wie z.B. das Sozial- und das Steuerrecht umfasst, als Teile eines umfassenderen öffentlichen Rechts aufgefasst. Infolgedessen gibt es in Deutschland nicht in dem Maße wie in manchen anderen europäischen Ländern reine Verfassungs- oder reine

1 Art. 1 Abs. 3, Art. 20 Abs. 3 Grundgesetz (GG).

2 In dieser Vorstellungswelt galt „politisch" (was oft mit „öffentlich-rechtlich" gleichgesetzt wurde) als schlecht, „rechtlich" hingegen als politisch neutral oder politikfrei und daher als gut. Diese Mentalität war eine Reaktion auf die Politisierung des Rechts in der Zeit der nationalsozialistischen Diktatur, allerdings schöpft der Gegensatz zwischen „reinem" Recht und „schmutziger" oder „böser" Politik aus älteren Traditionsschichten.

3 *Küpper, Herbert*: Einführung in das ungarische Recht, C.H. Beck, Manz Verlag, München, Wien 2011, S. 6–7.

Verwaltungsrechtler, sondern eher Öffentlich-Rechtler, die sich ggf. auf das eine oder andere Teilgebiet konzentrieren. Auch deshalb waren die Verwaltungs-, Sozial- und Steuerrechtler offener für die Einwirkung des Grundgesetzes auf ihre Rechtsgebiete, als die Ziviljuristen es waren. Die Arbeitsrechtler schließlich nutzten unter der Führung von *Nipperdey*[4] die Konstitutionalisierung des Arbeitsrechts dazu, ihr Rechtsgebiet aus dem Schatten des bis dahin übermächtigen Zivilrechts zu befreien und sich vom bürgerlichen Recht zu emanzipieren. Diese beschriebenen Prozesse liefen in den ersten Jahrzehnten der jungen Bundesrepublik, d.h. in den 1950er, 60er und auch noch 70er Jahren ab[5].

- Das Verfassungsrecht erhielt einen institutionalisierten Wächter: das Bundesverfassungsgericht (BVerfG). Die Aufgabe dieses Wächters bestand u.a. darin, dem Vorrang des Verfassungsrechts in der Rechtsquellenhierarchie Geltung zu verschaffen, d.h. zu prüfen, ob das einfache Recht mit dem Grundgesetz vereinbar ist. Diese Prüfung erstreckt sich auch darauf, ob die Anwendung des einfachen Rechts im Einzelfall verfassungskonform ist. Auch diese Verfassungsprüfung erfuhr den erbittertsten Widerstand seitens der Zivilrechtler, denn diese konnten sich nicht vorstellen, geschweige denn akzeptieren, dass „über" dem obersten Zivilgericht, dem Bundesgerichtshof (BGH), noch ein weiteres, zudem öffentlich-rechtliches Gericht angesiedelt ist und gegebenenfalls in die korrekte Auslegung und Anwendung des bürgerlichen Rechts „hineinredet". Entsprechend der deutschen Rechtskultur brach zwischen BVerfG und BGH nicht – oder nur selten – offener Streit aus, sondern ihr Verhältnis wurde über Jahrzehnte von einem einem Stellungskrieg[6] ähnlichen unterschwelligen Konflikt geprägt und ist bis heute nicht konfliktfrei, wenngleich der „kalte Friede" der frühen Jahre in ein mehr bejahendes Miteinander gemündet ist.

Die Akzeptanz der umfassenden Konstitutionalisierung des gesamten Rechts sowie der Wächterrolle des BVerfG war im Wesentlichen in den 1970er Jahren vollendet. Zwar ist auch seitdem das Verhältnis zwischen der Verfassungsgerichtsbarkeit und den einzelnen Gerichtszweigen, die in Deutschland als „Fachgerichtsbarkeiten" bezeichnet werden, nicht immer ungetrübt. Die heutigen

4 *Hans Carl Nipperdey*, 1895-1968.

5 *Dreier, Horst*: § 1 Deutschland, in: *Bogdandy, Armin von / Cruz Villalón, Pedro / Huber, Peter M.* (Hrsg.): Handbuch Ius Publicum Europaeum, Bd. I.: Grundlage und Grundzüge staatlichen Verfassungsrechts, C.F. Müller, Heidelberg 2007, S. 54–56.

6 Zum offenen „Krieg der Gerichte" im Tschechien der 1990er Jahre s. Länderbericht Tschechien in diesem Band, Punkt C.

Konflikte betreffen aber nicht mehr die Grundlagen des Verhältnisses, sondern eher die richtige Lösung von Detailproblemen.

In der Folge wird untersucht, wie die Konflikte im Zusammenhang mit der Konstitutionalisierung des Rechts und der institutionalisierten Kontrolle der Einhaltung des Verfassungsrechts in Deutschland gehandhabt wurden und werden.

2. Beschränkung auf die Bundesebene

Deutschland ist ein Bundesstaat. Hier wird nur die Bundesebene betrachtet. Das hat seinen Grund zum einen darin, dass die Obergerichte durch den Bund unterhalten werden, zum anderen darin, dass der Großteil der Gesetzgebung auf der Ebene des Bundes erfolgt. Daher sind die genannten Konflikte am lebhaftesten auf der Bundesebene entstanden, während die Ebene der Länder aus der Sicht der hier aufgeworfenen Fragen weniger von Interesse ist.

Auf Bundesebene bestehen mehrere Obergerichte, die die Spitze jeweils einer Fachgerichtsbarkeit bilden: BGH (Zivil- und Strafgerichtsbarkeit), Bundesverwaltungsgericht (BVerwG, Verwaltungsgerichtsbarkeit i.e.S.), Bundesarbeitsgericht (BArbG, Arbeitsgerichtsbarkeit), Bundesozialgericht (BSozG, Sozialgerichtsbarkeit), Bundesfinanzhof (BFH, Steuergerichtsbarkeit). Daneben existiert auf Bundesebene noch das Bundespatentgericht (BPatG), das über keinen Unterbau verfügt. Im Rahmen dieser Studie steht der BGH als Hauptakteur auf der Seite der Fachgerichtsbarkeiten im Mittelpunkt. Gegebenenfalls wird auch die Rolle des BVerwG in die Betrachtung mit einbezogen, während die weiteren Obergerichte hier nicht weiter berücksichtigt werden, weil sich ihr Verhältnis zum BVerfG nicht anders darstellt als das des BVerwG und des BGH.

B. Die institutionelle Verbindung zwischen dem Bundesverfassungsgericht und den Obergerichten des Bundes

Im Textaufbau des Grundgesetzes bilden das BVerfG und die Obergerichte gemeinsam das Kapitel „Die Rechtsprechung". In diesem Kapitel sind sowohl das BVerfG (Art. 93-94 GG) als auch die obersten Bundesgerichte (Art. 95-96 GG) geregelt. Auf der Grundlage dieser Systematik stellt das BVerfG kein gesondertes Organ sui generis dar, sondern ist ein Element der Rechtsprechung, d.h. ein Gericht[7]. Am BVerfG entscheiden nicht „Mitglieder", sondern

---

7 *Münch, Ingo von / Kunig, Philip* (Hrsg.): Grundgesetz-Kommentar, Bd. 3, 5. Aufl., C.H. Beck, München 2003, Art. 92 Rn. 13; *Stern, Klaus*: Das Staatsrecht der Bundesrepublik Deutschland, 3. Bd., C.H. Beck, München 1980, S. 341, 346-348.

„Richter“[8]. Zwar werden die Richter des BVerfG in einem sehr viel politisierteren Verfahren gewählt als die Richter der obersten Fachgerichte des Bundes, aber dennoch sind die Richter des BVerfG Richter. Als solche sind sie und die Richter des BGH Fachkollegen.

1. Die richterliche Identität im Spiegel der Wahl der Verfassungsrichter und der Richter der Obergerichte: „Externe“ vs. Karriererichter

Die Herausbildung eines kollegialen Bewusstseins zwischen den Richtern des BVerfG und den Richtern der Obergerichte des Bundes wurde insbesondere in den ersten Jahrzehnten der Bundesrepublik, aber unterschwellig durchaus bis heute durch die unterschiedlichen Bestellmodi erschwert. Die Richter des BVerfG werden durch das Parlament gewählt, und zwar je eine Hälfte durch den Bundestag (d.h. das „Unterhaus“, in dem das Bundesvolk allgemein und gleich vertreten ist) und den Bundesrat (d.h. das „Oberhaus“, in dem die Landesregierungen vertreten sind)[9]. Der für die Auswahl der Kandidaten zuständige Ausschuss des Bundestags ist paritätisch besetzt, d.h. die Regierung und die Opposition verfügen dort über das gleiche Gewicht[10]. Für die eigentliche Wahl der Verfassungsrichter ist im Bundestag und im Bundesrat jeweils eine Zweidrittelmehrheit notwendig. In der politischen Praxis können die einzelnen im Bundestag oder Bundesrat vertretenen Parteien im Verhältnis ihrer Stärke Anspruch auf die Besetzung einer Anzahl von Bundesverfassungsrichterposten erheben; zurzeit ist lediglich die Partei Die Linke unter Berufung auf ihre Vergangenheit als diktatorische Staatspartei der DDR von dieser Parität ausgeschlossen, und vermutlich wird die parlamentarische Praxis auch der rechtspopulistischen AfD keine Beteiligung an der Bestellung von Verfassungsrichtern einräumen. Wenn

---

8 Art. 92 GG im Gegensatz etwa zu Art. 147 Abs. 1 österreichisches Bundes-Verfassungsgesetz vom 1.10.1920, Art. 24 Abs. 8 Ungarns Grundgesetz (25. April 2011). Von Richtern und nicht von Mitgliedern spricht nicht nur das deutsche GG, sondern auch Art. 194 Abs. 1 Verfassung der Republik Polen vom 2.4.1997 und Art. 84 Abs. 1 Verfassung der Tschechischen Republik vom 16.12.1992. Die polnische, tschechische und ungarische Verfassung sind in deutscher Übersetzung abgedruckt in *Hufeld, Ulrich / Epiney, Astrid / Merli, Franz* (Hrsg.): Europäisches Verfassungsrecht, 3. Aufl., Nomos, Baden-Baden 2014.

9 Art. 94 Abs. 1 GG, §§ 5-10 Gesetz über das Bundesverfassungsgerichtsgesetz vom 12.3.1951 (BVerfGG).

10 Dies war auch in Ungarn bis zur parteipolitischen Gleichschaltung des Verfassungsgerichts ab 2010 der Fall: Länderbericht zu Ungarn in diesem Band, Punkt B. 2.

ein Verfassungsrichterposten frei wird, werden das parlamentarische Gewicht der Parteien und die parteipolitische „Zugehörigkeit“ der vorhandenen Verfassungsrichter analysiert, und der Vergleich dieser Kraftverhältnisse ergibt, welche Partei zur Besetzung des freien Postens „berechtigt“ ist. Gemäß der bislang von den Parteien respektierten parlamentarischen Praxis stellt nur die „berechtigte“ politische Partei einen Kandidaten auf, und dieser wird anschließend im parlamentarischen Verfahren von allen Parteien gewählt[11]. Daher kann jeder Verfassungsrichter aufgrund seiner Nominierung mit einer konkreten politischen Partei assoziiert werden, auch wenn er dieser nicht unbedingt angehört[12]. In der politischen Kultur Deutschlands wird von den Parteien erwartet, dass sie nur politisch neutrale Persönlichkeiten von hervorragendem fachlichem Ruf nominieren, und im Allgemeinen entsprechen ihre Nominierungen dieser Erwartung. Daher sind die Verfassungsrichter, obwohl sie in einem ausschließlich von den politischen Parteien dominierten Nominierungs- und Wahlverfahren bestimmt werden, dennoch keine politischen Akteure. Zu der „Verrichterlichung“ des Kollegiums der Bundesverfassungsrichter mag auch beitragen, dass von den 16 Richtern des BVerfG sechs aus der Mitte der Richter der obersten Gerichte des Bundes zu wählen sind[13]. Die übrigen Kandidaten nominieren die Parteien meist aus den Reihen der Universitätsprofessoren, weshalb das BVerfG oft als „Professorengericht“ apostrophiert wird. Parteipolitiker ohne wissenschaftlichen oder höchstrichterlichen Hintergrund werden überaus selten ins BVerfG nominiert. Festzuhalten ist, dass die Richter des BVerfG trotz des politischen Charakters des Nominierungs- und Wahlverfahrens keine Günstlinge des Politikbetriebs und keine Parteisoldaten sind, sondern „echte“ Juristen und Richter[14].

Im Gegensatz zum Wahlverfahren für Verfassungsrichter werden die Richter der obersten Bundesgerichte i.d.R. als Krönung einer erfolgreichen Richterlaufbahn an den BGH, das BVerwG[15], das BArbG, das BSozG oder den BFH ernannt.

---

11 Dazu s. *von Münch / Kunig* (Fn. 7), Art. 94 Rn. 12-14; *Stern* (Fn. 7), S. 356–360.

12 Falls der Verfassungsrichter Mitglied einer Partei ist, ruht seine Parteimitgliedschaft während seines Richteramtes.

13 Art. 94 Abs. 1 Satz 1 GG, § 2 Abs. 3, § 5 Abs. 1 Satz 2 BVerfGG.

14 Zum polnischen Verfassungsgericht als „Professorengericht“ s. den Länderbeitrag zu Polen in diesem Band, Punkt 3.; zur Ersetzung von Juristenpersönlichkeiten durch Parteisoldaten im Rahmen der parteipolitisch-ideologischen Gleichschaltung des ungarischen Verfassungsgerichts s. den Länderbeitrag zu Ungarn in diesem Band, Punkt B. 2.

15 Anders in Österreich, wo der Ernennung zum Richter am Verwaltungsgerichtshof regelmäßig keine Richterkarriere vorausgeht: Länderbericht Österreich in diesem Band, Punkt A.1.

Im Vergleich zur Anzahl der Karriererichter ist die Zahl der aus den Reihen der Anwaltschaft, Professorenschaft oder Verwaltungsjuristen ernannten „Externen" gering. Es darf nicht übersehen werden, dass auch die Richter der obersten Bundesgerichte von „der Politik" gewählt werden: Zuständig sind der für das Rechtsgebiet des Fachgerichts zuständige Bundesminister[16] zusammen mit einem Richterwahlausschuss, dessen aus dem Bund und den Ländern entsandte Mitglieder die politischen Parteien bestimmen. Im Gegensatz zum Wahlverfahren der Bundesverfassungsrichter gilt das Wahlverfahren der obersten Bundesrichter als „fachlich" und „politikfrei", auch wenn auch dort die politischen Parteien die Herrinnen des Verfahrens sind[17]. Obwohl das Verfahren in beiden Bereichen – BVerfG einerseits, Fachgerichte andererseits – von den politischen Parteien beherrscht wird, gibt es einen wesentlichen Unterschied zwischen den Verfassungsrichtern und den Richtern der obersten Gerichte des Bundes: Die Richter der obersten Fachgerichte sind Karriererichter, die aus den Reihen der nachgeordneten Gerichte und Staatsanwaltschaften auf der Grundlage ihres Könnens und ihrer Arbeitsergebnisse ausgewählt werden, während die Verfassungsrichter nur zum kleinen Teil der Richterschaft entstammen, sondern aus der Perspektive der Richterschaft „Externe" sind.

Wegen dieses Bestellmodus wurden die Richter des BVerfG während der ersten Jahr(zehnt)e seines Bestehens v.a. von den „konventionellen", d.h. den Karriererichtern nicht als „echte" Richter und als „Kollegen" anerkannt, sondern in Ermangelung einer langen Richterkarriere als „politische Parvenüs" verachtet. Im Laufe der Zeit überzeugten die Qualität und das Niveau der Rechtsprechung des BVerfG sowie die Tatsache, dass das öffentliche Recht langsam als ein mit dem bürgerlichen und dem Strafrecht gleichrangiges Teilgebiet der Rechtswissenschaft akzeptiert wurde und sich einen gleichberechtigten Platz in der Rechtswissenschaft eroberte, auch die Zivilrichter davon, dass die Richter des BVerfG achtenswerte und zu einer mit dem Zivilrecht gleichwertigen dogmatischen Arbeit fähigen Kollegen sind.

Dementsprechend verstehen sich die Richter des BVerfG auch selbst als Richter. Auch sie fühlen sich dem allgemeinen richterlichen Ethos der Neutralität, der Unparteilichkeit, der keine Partei bevorzugenden oder benachteiligenden Verfahrensführung und Entscheidungsfindung verpflichtet. Dasselbe gilt für das Verfahren: Auch das BVerfG wird nur auf Antrag tätig und kann nicht von Amts

16 BGH, BVerwG: Bundesjustizminister; BArbG, BSozG: Bundesarbeits- und -sozialminister; BFH: bis 1970 der Bundesfinanzminister, seitdem der Bundesjustizminister.

17 Dazu s. *von Münch / Kunig* (Rn. 7), Art. 95 Rn. 9-11.

wegen handeln, was der traditionellen Rollenauffassung von Gerichten entspricht. Auch das BVerfG wendet Rechtsvorschriften an und entscheidet auf der Grundlage von Recht und nicht von politischen Grundsätzen - obwohl niemand bestreitet, dass die Streitigkeiten vor dem BVerfG oft politischer Natur sind und der Sphäre der Politik entstammen. Daher muss das BVerfG auch in politischen Sachverhalten entscheiden, aber es betont ständig, dass es seine Entscheidungen auf der Grundlage des Rechts und nicht der Politik treffe. Allerdings besteht das Grundgesetz aus sehr abstrakten Rechtssätzen, was dem BVerfG einen außergewöhnlich weiten Auslegungsspielraum einräumt. Unbestritten ist, dass das BVerfG diesen Auslegungsspielraum bisweilen auch durch – hinter der Fassade juristischer Argumente verborgene – politische Erwägungen ausfüllt, d.h. „Politik macht“[18]. In der Gesamtschau allerdings ist das BVerfG ein „echtes“ Gericht, seine Richter sind „echte“ Richter, weshalb ihr richterliches Selbstverständnis identisch ist mit dem ihrer Kollegen am BGH und den übrigen obersten Bundesgerichten.

2. Die institutionelle Stellung der Gerichte und ihre Verschränkung

Gemäß der Konzeption des Grundgesetzes stehen das BVerfG und der BGH nicht in einem Über-/Unterordnungsverhältnis, sondern eher gleichrangig nebeneinander. Das BVerfG bildet keinen Teil der Hierarchie der Gerichte der Länder und des Bundes. An der Spitze der einzelnen Fachgerichtsbarkeiten steht jeweils ein oberstes Bundesgericht und schließt damit die Hierarchie des betroffenen Gerichtszweiges ab[19]. Das BVerfG ist hiervon isoliert und hat keine institutionelle Verbindung zu diesen Fachgerichtsbarkeiten.

In diesem Zusammenhang ist auf zwei wichtige Unterschiede zwischen einerseits dem BVerfG und andererseits den obersten Gerichtshöfen des Bundes hinzuweisen:

- Die obersten Gerichte des Bundes stehen an der Spitze jeweils eines Gerichtszweigs, der aus mehreren Ebenen nachgeordneter Fachgerichte besteht, während das BVerfG nicht über einen Unterbau an nachgeordneten Gerichten verfügt. Auch die Landesverfassungsgerichte sind dem BVerfG nicht nachgeordnet, von ihnen führt kein Verfahrens- oder Rechtsmittelweg zum BVerfG[20]. Die Verfassungsgerichte der Länder und des Bundes sind

18 *Stern* (Fn. 7), S. 939–947, 952-957.

19 Art. 95 GG.

20 § 90 Abs. 3 BVerfGG betont, dass die Einreichung einer Verfassungsbeschwerde beim BVerfG nicht ausschließt, dass der Betroffene in derselben Sache auch einen

voneinander vollkommen unabhängig, zwischen ihnen bestehen keinerlei institutionelle Verbindungen. Dieser organisatorische Unterschied zwischen Verfassungs- und Fachgerichtsbarkeit macht sich bereits in der Rekrutierung der Richter bemerkbar: Während die obersten Fachgerichte ihren Nachwuchs aus der ihnen nachgeordneten Gerichtshierarchie schöpfen können, besteht das BVerfG in Ermangelung einer nachgeordneten Gerichtsbarkeit zwingend aus „Externen".

- Den fachgerichtlichen Zusammenhalt der einzelnen obersten Bundesgerichte fördert die Tatsache, dass zwei oder mehrere, gegebenenfalls sogar sämtliche oberste Fachgerichte des Bundes einen gemeinsamen Senat bilden können, wenn ihre Rechtsprechung in einer gegebenen Frage voneinander abweicht[21]. So können sie vermeiden, dass eine identische Rechtsfrage von Zivil- oder Strafgerichten anders beurteilt wird als z.B. von Arbeits- oder Finanzgerichten. Obwohl es nur selten zur Bildung gemeinsamer Senate kommt, schafft die bloße Möglichkeit ihrer Einberufung einen gewissen Zusammenhalt zwischen den Gerichtszweigen: Alle Fachgerichtsbarkeiten sind gemeinsam für die Einheitlichkeit der Rechtsanwendung verantwortlich. Hier öffnet sich ein Spalt zwischen den Fachgerichtsbarkeiten und dem BVerfG: Während die Fachgerichtsbarkeiten die Inhalte ihrer Rechtsprechung miteinander abstimmen können, kann das BVerfG nicht an einer solchen institutionalisierten Harmonisierung teilnehmen. So kann zwischen den einzelnen Fachgerichtsbarkeiten in einem gewissen Maße ein „Wir"-Gefühl entstehen, während das BVerfG unveränderlich „die da" bleibt.

3. Verfahrensrechtliche Gleich- und Über-/Unterordnung

Entsprechend dem institutionellen Verhältnis zwischen dem BVerfG und den Fachgerichtsbarkeiten bestimmen die einzelnen Verfahrensordnungen[22]

---

möglicherweise zur Verfügung stehenden Weg zu einem Landesverfassungsgericht beschreitet. Diesem doppelten Rechtsweg liegt die Erwägung zugrunde, dass das BVerfG und die Landesverfassungsgerichte unterschiedliche Maßstäbe anwenden: Das BVerfG urteilt ausschließlich auf der Grundlage des Grundgesetzes, während die Landesverfassungsgerichte ausschließlich ihre jeweilige Landesverfassung anwenden.

21 Art. 95 Abs. 3 GG.

22 Jede Fachgerichtsbarkeit verfügt über eine eigene Verfahrensordnung: die Zivilprozessordnung und die Strafprozessordnung für die ordentlichen Gerichte, die Verwaltungsgerichtsordnung für die Verwaltungsgerichte, das Arbeitsgerichtsgesetz für die Arbeitsgerichte, das Sozialgerichtsgesetz für die Sozialgerichte und die Finanzgerichtsordnung für die Finanzgerichte.

als oberstes Forum des gegebenen Rechtszweiges den zuständigen obersten Gerichtshof den Bundes (BGH, BVerwG, BArbG, BSozG, BFH) oder in Sachen von geringerer Bedeutung ein weiter unten in der Hierarchie stehendes Gericht des jeweiligen Zweiges. Es führt hingegen kein regulärer Rechtsmittelweg von den Fachgerichtsbarkeiten – weder von ihrer Spitze noch von nachgeordneten Gerichten – zum BVerfG[23].

Das gilt auch für die Normenkontrolle. Das BVerfG ist zuständig für die Prüfung, ob eine Rechtsvorschrift des Bundes mit dem Grundgesetz und ob eine Rechtsvorschrift eines Landes mit Bundesrecht vereinbar ist[24]. Daneben können die zweitinstanzlichen Verwaltungsgerichte[25] bestimmte Verordnungen der Exekutive auf ihre Verfassungs- und Rechtmäßigkeit hin prüfen und diese auch aufheben[26]. Diese verwaltungsgerichtliche Prüfung kann im Rahmen sowohl einer konkreten als auch einer abstrakten Normenkontrolle erfolgen. Das bedeutet, dass in der Frage der Verfassungsmäßigkeit von Verordnungen, die auch der Prüfungskompetenz der Verwaltungsgerichtsbarkeit unterliegen, ein doppelter Rechtsweg besteht: Es können sowohl die zweitinstanzlichen Verfassungsgerichte als auch das BVerfG entscheiden. Diese zwei Rechtswege bestehen vollkommen getrennt voneinander, und es gibt kein Instanzverhältnis zwischen Verwaltungsgerichten und dem BVerfG in dieser Frage. Gegen ein Normenkontrollurteil eines zweitinstanzlichen Verwaltungsgerichts kann unter bestimmten Voraussetzungen der Rechtsweg zum BVerwG beschritten werden, während in anderen Fallkonstellationen kein ordentliches Rechtsmittel gegeben ist. Insoweit die Prüfung der Verfassungsmäßigkeit einer Verordnung vor beiden Gerichten, d.h. vor dem BVerfG und einem zweitinstanzlichen Verwaltungsgericht, gleichzeitig anhängig ist, setzt das Verwaltungsgericht sein Verfahren bis zur Entscheidung des BVerfG aus[27]. So werden einander widersprechende Urteile vermieden.

Das Urteil eines Fachgerichts kann ausschließlich im Rahmen einer Verfassungsbeschwerde als Gegenstand dieser Beschwerde vom BVerfG überprüft

23 Ein unmittelbarer Rechtsweg vom den Instanzverwaltungsgerichten zum Verfassungsgericht wie die österreichische Sonderverwaltungsgerichtsbarkeit des Verfassungsgerichtshofes kennt das deutsche Recht nicht; zu Österreich s. den Länderbericht Österreich in diesem Band, Punkt B.3.

24 § 13 BVerfGG.

25 Diese tragen je nach Bundesland die Bezeichnung „Landesverwaltungsgericht" oder „Verwaltungsgerichtshof".

26 § 47 Verwaltungsgerichtsordnung vom 21.1.1960 (VwGO).

27 § 47 Abs. 4 VwGO.

werden. Mit dieser verfassungsgerichtlichen Zuständigkeit befasst sich der folgende Abschnitt C.

C. Die verfassungsgerichtliche Kontrolle (ober)gerichtlicher Entscheidungen

Gemäß Art. 93 Abs. 1 Nr. 4a) GG kann jedermann Verfassungsbeschwerde mit der Begründung erheben, dass die öffentliche Gewalt seine Grundrechte verletzt habe. Die Verfassungsbeschwerde wurde zunächst nur durch das BVerfGG normiert; in den verfassungsgerichtlichen Zuständigkeitskatalog im Grundgesetz gelangte sie erst 1969. Sie hat Vorläufer in der deutschen Bundesverfassung von 1848 (der sog. Paulskirchenverfassung), in der bayerischen Verfassung von 1919 und den bayerischen und hessischen Landesverfassungen von 1946.

Die Verfassungsbeschwerde ist ein beliebter Rechtsbehelf. 2016 waren von den insgesamt 5.754 eingegangenen Anträgen 5.610 Verfassungsbeschwerden[28]. In anderen Jahren war das Verhältnis ähnlich. 2014 war die Anzahl der eingegangenen Verfassungsbeschwerden besonders hoch: 6.606 Menschen legten Verfassungsbeschwerde ein. Die Beschwerdeführer lassen sich auch von der Tatsache nicht abschrecken, dass laut den statistischen Angaben des BVerfG nur 2,3 Prozent der Verfassungsbeschwerden Erfolg haben.

1. Außerordentlicher Rechtsbehelf

Im Sinne der deutschen Dogmatik ist die Verfassungsbeschwerde ein außerordentlicher Rechtsbehelf[29]. Das bedeutet, dass zwischen dem entscheidenden Fachgericht und dem BVerfG kein ordentlicher Rechtsweg besteht. Die letzte Instanz der ordentlichen Rechtsbehelfe gegen eine fachgerichtliche Entscheidung liegt bei dem obersten Gericht des jeweiligen Gerichtszweigs, bei Sachen mit kleinem Streitwert oder von geringerer Bedeutung auch bei einem niedrigeren Gericht jenes Gerichtszweigs. Das BVerfG kann sich nur ausnahmsweise und nur zum Zweck der Prüfung der Verfassungsmäßigkeit mit einem fachgerichtlichen Urteil beschäftigen. Diese Rolle der Verfassungsbeschwerde spiegelt sich in ihren Zulässigkeitsvoraussetzungen wider.

---

28 Diese statistischen Angaben sowie die in der Folge zitierten Statistiken können auf der Webseite des BVerfG eingesehen werden: http://www.bundesverfassungsgericht.de/DE/Verfahren/Jahresstatistiken/2016/statistik_2016_node.html.

29 So das BVerfG zuerst in seiner Entscheidung in der offiziellen Entscheidungssammlung (BVerfGE) 18, 315, 325; *von Münch / Kunig* (Fn. 7), Art. 93 Rn. 54, Art. 94 Rn. 33.

Gegenstand einer Verfassungsbeschwerde ist ein grundrechtsverletzender Akt der „öffentlichen Gewalt“[30], d.h. im Allgemeinen ein Individualakt – im Gegensatz zu einem Normativakt, dessen verfassungsgerichtliche Überprüfbarkeit in anderen Vorschriften geregelt ist, obwohl in geringem Maße auch Verfassungsbeschwerden gegen Normativakte vorkommen.

Der Individualakt als Gegenstand einer Verfassungsbeschwerde kann sowohl ein Verwaltungsakt als auch ein Gerichtsurteil sein. Daher kann auch ein Gerichtsurteil auf Antrag des Betroffenen zum Gegenstand der verfassungsgerichtlichen Kontrolle werden. So wurden 2016 insgesamt 5.307 Beschwerden gegen Akte der deutschen öffentlichen Gewalt eingelegt. Von diesen richteten sich 5.027 Beschwerden gegen eine gerichtliche Entscheidung, 164 gegen eine Rechtsvorschrift und 116 gegen andere Akte der öffentlichen Gewalt.

Die Verfassungsbeschwerde ist in § 13 Nr. 8a, §§ 90-95 BVerfGG geregelt. Danach ist eine Verfassungsbeschwerde gegen ein Gerichtsurteil zulässig, wenn u.a. die folgenden Voraussetzungen erfüllt sind:

- die Behauptung des Betroffenen, dass der Einzelakt seine verfassungsmäßigen Rechte verletzt (§ 90 Abs. 1 BVerfGG);
- die Erschöpfung des Rechtswegs, der gegen den beanstandeten Einzelakt zur Verfügung steht (§ 90 Abs. 2 BVerfGG, hiervon kann das BVerfGG in bestimmten Fällen absehen); da gegen Verwaltungsakte regelmäßig der Rechtsweg gegeben ist, ist nur in Ausnahmefällen eine Verfassungsbeschwerde gegen einen Verwaltungsakt statthaft;
- die Einhaltung der Frist von einem Monat (§ 93 Abs. 1 BVerfGG).

Wenn diese Voraussetzungen vorliegen, ist die Beschwerde zulässig, was nicht bedeutet, dass das BVerfG sie auch behandelt. Das BVerfG befasst sich nur dann in der Sache mit einer Verfassungsbeschwerde, wenn zuvor ein Richterausschuss sie angenommen hat (Art. 94 Abs. 2 Satz 2 GG, § 93a BVerfGG). Diese Schwelle wurde erst 1956 in das BVerfGG eingefügt und dann stufenweise – zuletzt 1993 – verschärft. Das Annahmeverfahren ermöglicht es dem BVerfG, im Interesse der Bewahrung seiner Arbeits- und Funktionsfähigkeit aus den zahlreichen eingehenden Anträgen die bedeutendsten auszuwählen[31]. Laut BVerfGG muss das BVerfG eine Beschwerde annehmen, wenn ihr entweder

30 Dieser weite Begriff umfasst die Bundes- wie die Landesebene, jede der drei Gewalten und jedwedes staatliches oder kommunales Organ einschließlich der Beliehenen.

31 1992 formulierte dies der damalige Präsident des BVerfG, *Roman Herzog*, wie folgt: „Wenn man uns nicht hilft, saufen wir ab“; zitiert nach: *Schlaich/Korioth*, Das Bundesverfassungsgericht, 8. Aufl., C.H. Beck, München 2010, Rn. 259.

grundsätzliche verfassungsrechtliche Bedeutung zukommt oder sie zur Durchsetzung der Grundrechte angezeigt ist. Der letzte Fall liegt gemäß § 93a Abs. 2 Buchst. b) BVerfGG z.B. dann vor, wenn dem Beschwerdeführer durch die Versagung der Entscheidung zur Sache ein besonders schwerer Nachteil entsteht. Die Vorschriften des § 93a BVerfGG sind so flexibel, dass sie dem BVerfG einen recht weiten und ungebundenen Ermessensspielraum gewähren, in welchen Angelegenheiten es entscheiden möchte und in welchen nicht[32]. Darüber hinaus kann das BVerfG „offensichtlich begründeten" Beschwerden ohne weiteres, insbesondere ohne ausführliches schriftliches Vorverfahren und ohne mündliche Verhandlung stattgeben, vorausgesetzt, es hat in der aufgeworfenen Verfassungsfrage bereits entschieden (§ 93c BVerfGG).

2. Zwei Einschränkungen: die strenge Auslegung der Erschöpfung des Rechtswegs und die Verweigerung der „Superrevisionsinstanz"

Wie in der Einleitung erwähnt, entrüsteten sich in der jungen Bundesrepublik die „ordentlichen", d.h. v.a. die bürgerlich-rechtlichen Juristen wegen der Einführung der Urteilsverfassungsbeschwerde, und zwar aus zwei miteinander zusammenhängenden Gründen. Erstens fürchteten sie, dass die – ihrer Meinung nach – während zweitausend Jahren herausgearbeitete, fein ziselierte Dogmatik des bürgerlichen Rechts nicht zu wiedergutmachenden Schaden erleide, wenn ein nicht aus Zivilrechtlern bestehendes Gericht in Fragen des bürgerlichen Rechts urteilt – oder, nach Ansicht der damaligen Zivilrichter und -rechtler: hineinredet. Zweitens beklagten sie sich, dass über das altehrwürdige oberste Zivilgericht ein weiteres, neues und zudem nicht zivilrechtliches Gericht gesetzt wird. Die Konflikte, die hieraus entstanden, konnten v.a. durch die Zurückhaltung des BVerfG sowie auf Dauer durch einen Gewöhnungseffekt bei den Zivilrechtlern und -richtern entschärft werden.

Die Zuständigkeiten der Fachgerichte und der Verfassungsgerichtsbarkeit werden durch zwei Institute voneinander abgegrenzt. Das erste Institut betrifft die Zulässigkeit, das zweite hingegen die Begründetheit. Im Rahmen der Zulässigkeit legte das BVerfG von Anfang großen Wert auf die Erschöpfung des Rechtswegs, und daran hat sich bis heute nichts geändert. So reduziert das BVerfG die Fälle der verfassungsgerichtlichen „Einmischung", weil es den Fachgerichten und v.a. den obersten Bundesgerichten die Möglichkeit gibt, auf dem regulären Rechtsmittelweg die behauptete Grundrechtsverletzung zu heilen. Im Laufe der Zeit

32 Dazu *von Münch / Kunig* (Fn. 7), Art. 94 Rn. 35.

akzeptierten die Fachgerichte die fortschreitende Konstitutionalisierung ihrer Rechtsgebiete, und ausgehend von den Obergerichten setzte auch ein Prozess der Konstitutionalisierung der Rechtsprechung ein: Die Fachgerichte wurden immer empfänglicher für verfassungsrechtliche Argumente und begannen von sich aus, auch das Verfassungsrecht zu berücksichtigen. Auch dies trug dazu bei, die Konstellationen potenzieller Grundrechtsverletzungen zu reduzieren.

Die Erschöpfung des Rechtswegs versteht das BVerfG formell und materiell. Die formelle Erschöpfung bedeutet, dass der Beschwerdeführer alle die gerichtlichen Foren in Anspruch genommen hat, die ihm prozessrechtlich zur Verfügung stehen. Wichtiger noch ist die materielle Erschöpfung: Der Beschwerdeführer muss seine verfassungs- und grundrechtsbezogenen Argumente bereits in den ordentlichen Instanzen vorgebracht haben, jedenfalls soweit sie erkennbar waren. Wenn er in dem Verfassungsbeschwerdeantrag zum ersten Mal auf die verfassungsrechtliche Problematik hinweist, hat er den Rechtsweg materiell nicht erschöpft, und seine Beschwerde ist unzulässig. Hiergegen wird in der Literatur teilweise eingewendet, dass der Prozesspartei nur zugemutet werden könne, die grundrechtsrelevanten Tatsachen vorzubringen, während die rechtliche Würdigung gemäß dem Grundsatz *iura novit curia* von dem Gericht zu erbringen sei[33]. Das Bundesverfassungsgericht trifft diese Unterscheidung zwischen Tatsachenvorbringen und Rechtsausführung jedoch in dieser Schärfe nicht und tendiert dazu, Verfassungsbeschwerden als unzulässig zurückzuweisen, wenn der Beschwerdeführer im Ausgangsprozess nicht in vollem Umfang auch verfassungsrechtlich argumentiert hat.

Das BVerfG macht relativ selten von der Möglichkeit des § 90 Abs. 2 Satz 2 BVerfGG Gebrauch, von der Erschöpfung des Rechtswegs abzusehen. Das Gesetz ermöglicht dies, wenn die Sache „von allgemeiner Bedeutung“ ist oder die Erschöpfung des Rechtswegs dem Beschwerdeführer einen „schweren und unabwendbaren Nachteil“ verursachen würde. Die letztgenannte Voraussetzung liegt nach der Rechtsprechung des BVerfGG zum Beispiel im Fall einer Vorschrift des Wahlkampfrechts, die die Chancen einer Partei negativ beeinflusst, vor, wenn die Wahlen kurz bevor stehen: Der Nachteil muss auf jeden Fall vor dem Beginn der Wahlkampfphase beendet werden, weil die diskriminierende Rechtsvorschrift der gegebenen Partei ansonsten nicht wiedergutzumachenden Schaden in der Wahl zufügen würde[34]. Dieser Fall zeigt, dass das BVerfG nur in

33 *Lechner, Hans / Zuck, Rüdiger*: Bundesverfassungsgerichtsgesetz. Kommentar, C.H. Beck: München, 6. Aufl. 2011, § 90 Rn. 162 ff.

34 BVerfGE 7, 99.

außergewöhnlichen Fällen bereit ist, auf das Erfordernis der Erschöpfung des ordentlichen Rechtswegs zu verzichten.

Seit der Lüth-Entscheidung[35] von 1958 betont das BVerfG, dass es keine „Superrevisionsinstanz“ sein will. Im Zusammenhang mit der Zulässigkeit von Verfassungsbeschwerden bedeutet das, dass das BVerfG nicht an die Stelle des Berufungs- oder Revisionsgerichts tritt, denn es will kein ordentliches oder quasi-ordentliches Rechtsbehelfsforum sein. Diese Rolle überlässt das BVerfG den durch das Grundgesetz zu diesem Zweck errichteten obersten Fachgerichten des Bundes.

Im Zusammenhang mit der Begründetheit verwendet das BVerfG die Beschränkung auf das Verfassungsrecht als Entscheidungsmaßstab als Mittel zur Konfliktreduzierung. Seit seiner Errichtung hat das BVerfG vermieden, das einfache Recht auszulegen und anzuwenden. Diese Beschränkung der verfassungsgerichtlichen Prüfung ergibt sich bereits aus § 90 Abs. 1 BVerfGG: Eine Verfassungsbeschwerde ist nur dann statthaft, wenn der Beschwerdeführer behauptet, in einem seiner Grundrechte oder grundrechtsgleichen Rechte verletzt zu sein. Das ist nicht nur eine der Voraussetzungen für die Zulässigkeit der Beschwerde, sondern bestimmt zugleich auch den Umfang der Prüfung. Im Fall einer Urteilsverfassungsbeschwerde bedeutet dies, dass das BVerfG das Gerichtsurteil, das Gegenstand der Beschwerde ist, als eine Art Rechtssatz behandelt und ausschließlich prüft, ob das Urteil und die ihm zugrunde liegende richterliche Argumentation die Grundrechte des Beschwerdeführers verletzt. Ob die Auslegung des einfachen Rechts, auf der das Urteil beruht, in nicht verfassungsrechtlicher Hinsicht richtig ist, ist i.d.R. nicht Gegenstand der Prüfung und Beurteilung durch das BVerfG, das sich konsequenterweise hierzu auch nicht äußert. Diese Abgrenzung konkretisiert seit 1963 die sog. Schumannsche Formel: „Eine (angebliche) Fehlinterpretation einfachen Gesetzesrechtes ist für das BVerfG irrelevant, wenn der einfache Gesetzgeber bei der Regelung der betreffenden Materie ohne grundrechtliche Beanstandung zu derselben Rechtsfolge wie die (angeblich) unrichtige Auslegung hätte kommen können“[36]. Folglich behandelt das BVerfG die zu prüfende Gerichtsentscheidung wie einen Rechtssatz, sodass es über deren Verfassungsmäßigkeit entscheiden kann, ohne allzu

35 1 BvR 400/51, BVerfGE 7, 198.

36 *Schumann, Ekkehard*: Verfassungs- und Menschenrechtsbeschwerde gegen richterliche Entscheidungen, Duncker & Humblot, Berlin 1963, S. 206. Zum vergleichbaren Prüfungsumfang des tschechischen Verfassungsgerichts s. den Beitrag zu Tschechien in diesem Band, Punkt B.3.

tief in die richterliche Argumentation und deren einfach-gesetzliche Richtigkeit eintauchen zu müssen.

Im Zusammenhang mit der Verfassungsmäßigkeit einer Gerichtsentscheidung beruft sich das BVerfG seit langem auf die Denkfigur des „spezifischen Verfassungsrechts“[37]. Damit ist u.a. gemeint, dass nicht jeder Verfahrensfehler die verfassungsmäßigen Verfahrensgarantien verletzt[38], dass nicht jeder Fehler im materiellen Recht gleich zu einer Verletzung der Verfassungsgarantien des Eigentums, des Familienlebens oder eines anderen betroffenen Grundrechts führt, weil die Berufung auf diese „Blankett“-Grundrechte letztendlich dazu führen würde, dass das BVerfG doch zu der Richtigkeit der Auslegung des einfachen Rechts Stellung beziehen müsste. Daher verlangt das BVerfG eine „spezifische Verfassungsverletzung“, d.h. es prüft, ob das befasste Gericht Reichweite und verfassungsrechtliche Bedeutung des betroffenen Grundrechts richtig erwogen hat. Wenn der Beschwerdeführer keine spezifische Grundrechtsverletzung behauptet und substantiiert, ist seine Beschwerde unzulässig; falls sich jedoch im Zuge des aufgrund einer zulässigen Beschwerde eingeleiteten Verfassungsgerichtsverfahrens herausstellt, dass das Ausgangsgericht das betroffene Grundrecht verfassungsrechtlich zutreffend erwogen und angewandt hat, ist die Beschwerde unbegründet.

Auch hier gilt die verfassungsgerichtliche Argumentation der Vermeidung der „Superrevisionsinstanz“: Die richtige Auslegung des einfachen Rechts ist die Aufgabe der Fachgerichte und letztendlich der obersten Bundesgerichte und ist nicht – oder nur ganz ausnahmsweise – Gegenstand der verfassungsgerichtlichen Prüfung.

3. Ausnahme: willkürliche Rechtsauslegung

Es hat allerdings auch Fälle gegeben, in denen das BVerfG zu der richtigen Auslegung des einfachen Rechts Stellung bezogen hat. In der Mehrzahl dieser Fälle war die Willkür der verfassungsrechtliche Maßstab für die Prüfung durch das BVerfG. Wenn die durch das Fachgericht gewählte Auslegung von der bisher herrschenden Auslegung in grobem Maße abweicht und zugleich den allgemein anerkannten Methoden der Rechtsauslegung nicht entspricht, dann behandelt das Prozessgericht die Parteien des Falls in grobem Maße anders, als

37 BVerfGE 1, 418; 62, 338, 343; *von Münch / Kunig* (Fn. 7), Art. 93 Rn. 61; *Stern* (Fn. 7), S. 962–964.

38 Dieses Kriterium verwendet auch die österreichische Judikatur: Länderbericht Österreich in diesem Band, Punkt B.3.

andere Parteien in gleicher oder ähnlicher Situation behandelt werden. Diese abweichende Behandlung führt zu einer Rechtsungleichheit, und falls diese eine bestimmte Qualität erreicht, lässt sich von Willkür sprechen. Willkür stellt eine schwere Verletzung des Gleichbehandlungsgebots gemäß Art. 3 GG dar. Falls die Rechtsauslegung des Fachgerichts in einem Maße vom Herkömmlichen abweicht und derart unhaltbar ist, dass sie als willkürlich zu klassifizieren ist, hat das BVerfG schon Verfassungsbeschwerden stattgegeben. Willkür setzt allerdings mehr voraus als eine ungewöhnliche oder „unrichtige" Auslegung des einfachen prozeduralen oder materiellen Rechts. Das BVerfG verlangt vielmehr, dass die richterliche Rechtsanwendung „bei verständiger Würdigung der das Grundgesetz beherrschenden Gedanken nicht mehr verständlich ist und sich daher der Schluss aufdrängt, dass sie auf sachfremden Erwägungen beruh[t]"[39]. Später verwendete das BVerfG auch den Begriff der Willkür, wonach diejenige richterliche Rechtsauslegung verfassungswidrig ist, die „so sehr die Bahnen organischer Fortentwicklung der Rechtsprechung verließ, dass sie als willkürlich bezeichnet werden muss"[40]. Innerhalb dieses durch die Willkür gezogenen Rahmens respektiert das BVerfG allerdings den Primat der fachgerichtlichen Rechtsauslegung.

Dass das BVerfG eine fachgerichtliche Rechtsauslegung oder -anwendung als willkürlich qualifiziert, kommt selten vor. Nach der Rechtsprechung des BVerfG können ein offensichtlich fehlerhaftes Verfahren, das Fehlen einer Begründung, die unbegründete Zurückweisung von Beweisanträgen im Strafverfahren, die Nichtanwendung anwendbarer Vorschriften ohne Grund oder eine unverständliche Auslegung Willkür begründen[41]. In seinen Urteilen, die eine fachgerichtliche Entscheidung nicht nur wegen Verfahrensfehlern, sondern wegen der willkürlichen Auslegung des anzuwendenden Rechts als verfassungswidrig einstufen, hebt das BVerfG das Urteil nicht nur auf und verweist die Sache an das zuständige Gericht zurück, sondern es macht auch – meist detaillierte – Ausführungen zu dem zu beachtenden verfassungsrechtlichen Rahmen und zu

39 So erstmals BVerfGE 4, 1, 7.

40 BVerfGE 18, 224, 240, dazu s. *Münch, Ingo von / Kunig, Philip* (Hrsg.): Grundgesetz-Kommentar, Bd. 1, 5. Aufl., C.H. Beck, München 2000, Art. 3 Rn. 43-46. Auch in Tschechien schreitet das Verfassungsgericht ein, wenn die Auslegung des einfachen Rechts durch die Instanzgerichte willkürlich ist; ein zweiter Grund zum Einschreiten sieht das tschechische Verfassungsgericht in einer extrem ungerechten Auslegung, z.B. einem Formalismus, der die Rechtsdurchsetzung gefährdet: Länderbericht Tschechien in diesem Band, Punkt B.3.

41 Die genannten Beispiele sind zitiert nach *von Münch / Kunig* (Fn. 40), Art. 3 Rn. 45.

den auf dem Boden des Grundgesetz stehenden Lösungen in Rechtsprechung und Literatur, aber es schreibt nicht vor, welche der verfassungskonformen Lösungen die Fachgerichtsbarkeit wählen soll[42]. Auf diese Weise respektiert das BVerfG die Zuständigkeiten und Fachkenntnisse der Fachgerichte in Bezug auf die Auslegung des einfachen Rechts.

4. Wirkung des verfassungsgerichtlichen Urteils

Wenn das BVerfG einer Urteilsverfassungsbeschwerde stattgibt, hebt es die beanstandete Entscheidung auf und verweist die Sache zugleich an das zuständige Gericht zurück (§ 95 Abs. 2 BVerfGG). Ein derartiges Verfassungsgerichtsurteil hat keine Gesetzeskraft (§ 31 BVerfGG) und entfaltet v.a. *inter partes* Wirkung. Nur insoweit das aufgehobene Urteil selbst *erga omnes* wirkt (z.B. ein Scheidungsurteil), wirkt dessen Aufhebung ebenfalls *erga omnes*. Die Wirkung des Urteils des BVerfG orientiert sich an der Wirkung des Ausgangsurteils.

Außer den Parteien betrifft die Geltung des Verfassungsgerichtsurteils v.a. das Gericht, das die aufgehobene Entscheidung erlassen hat. Dorthin wird die Sache zurückverwiesen, und das Gericht ist verpflichtet, erneut zu entscheiden und dabei den Standpunkt des BVerfG zu respektieren. Durch die Aufhebung des Urteils und die Rückverweisung der Sache mischt sich das BVerfG förmlich in die ordentliche Justiz ein und gibt ihr „Anweisungen". Den dadurch entstehenden „Schaden" versucht das BVerfG so zu minimieren, dass es die Voraussetzungen eng auslegt: Die Zulässigkeitsschwelle ist hoch, streng ist die Beschränkung auf das Verfassungsrecht als Maßstab, und selten sind die Ingerenzen in die „richtige" Auslegung des einfachen Rechts[43].

D. Abgrenzung der Kompetenzen: die Grenze zwischen Verfassung(srecht) und einfachem Recht

1. Wechselwirkungen zwischen dem Verfassungsrecht und dem einfachen Recht

Im vorangehenden Abschnitt wurde deutlich, dass die Trennlinie zwischen Verfassungsrecht und einfachem Recht sehr wichtig für die Abgrenzung der

42 1 BvR 275/90, BVerfGE 83, 82.

43 In Tschechien ist der Umfang der Bindungswirkung der verfassungsgerichtlichen Entscheidung für die Fachgerichtsbarkeiten - sowohl im konkreten Fall als auch allgemein - einer der zentralen Punkte der Debatte um das Verhältnis von Verfassungs- und Fachgerichtsbarkeit: Länderbericht Tschechien in diesem Band, Punkt C.

Verfassungs- und der Fachgerichtsbarkeit ist. Im Verfassungsrecht steht das letzte Wort dem BVerfG zu, im einfachen Recht hingegen den Obergerichten. Diese einfach erscheinende Trennlinie wirft – auch über die Frage der willkürlichen Auslegung des einfachen Rechts hinaus – grundlegende Fragen auf: Wo endet das einfache und wo beginnt das Verfassungsrecht?

Bei einer Urteilsverfassungsbeschwerde ist die Antwort noch relativ einfach. Die verfassungsgerichtliche Prüfung bezieht sich nur darauf, ob die gegebene Gerichtsentscheidung eines der in Art. 93 Abs. 1 Buchst. a) GG, § 90 Abs. 1 BVerfGG ausdrücklich aufgezählten Grundrechte verletzt. Das Urteil ist ein Individualakt, den das BVerfG als Tatsache behandelt und dessen einfach-rechtliche Richtigkeit nur ausnahmsweise – im Fall einer willkürlichen Auslegung – verfassungsrechtliche Bedenken aufwirft.

Darüber hinaus ist es nicht so einfach, die Trennlinie zwischen der Verfassung (dem Verfassungsrecht) und dem einfachen Recht festzulegen. Das einfache Recht beeinflusst die Verfassung mittelbar und unmittelbar, z.B. wo sich die Verfassung auf Rechtsinstitute des einfachen Rechts bezieht (z.B. Eigentum, Ausländer, Anklage). Andererseits beeinflusst auch die Verfassung durch die Konstitutionalisierung der gesamten Rechtsordnung das einfache Recht, das im Einklang mit der Verfassung erlassen und ausgelegt werden muss und das, wenn es gegen die Verfassung verstößt, nichtig oder aufhebbar ist. Im verfassungsbasierten Rechtsstaat wird das Verhältnis zwischen dem Verfassungsrecht und dem einfachen Recht durch gegenseitige Einwirkung und Verschränkung geprägt. Dementsprechend kann das eine nicht ohne das andere ausgelegt werden, und die Zuständigkeitsabgrenzung, gemäß der das BVerfG das Grundgesetz und die Fachgerichte das einfache Recht auslegen und anwenden, verwischt.

2. Die Bestimmung des Inhalts des einfachen Rechts im verfassungsgerichtlichen Verfahren

Diese Problematik wird v.a. bei der Normenkontrolle deutlich. In Normenkontrollverfahren prüft das BVerfG, ob einzelne Bestimmungen des einfachen Rechts mit der Verfassung im Einklang stehen. Das Problem liegt in der Frage, wie das BVerfG feststellt, was der Inhalt der zu prüfenden Norm ist. Fast jede Rechtsvorschrift ist – auf jeden Fall sprachlich, oft auch inhaltlich – vage in dem Sinne, dass sie Auslegungen ermöglicht und zugleich erfordert. Wenn die Rechtsnorm selbst das Objekt der verfassungsgerichtlichen Prüfung ist, stellt sich die Frage, welche der möglichen Auslegungen der Norm das BVerfG zugrunde legen soll. Bei einer Urteilsverfassungsbeschwerde ist diese Frage noch relativ einfach zu beantworten: Da in erster Linie das Urteil und nur in zweiter Linie die zugrunde liegende Rechtsvorschrift der Prüfungsgegenstand ist, prüft das BVerfG den Normeninhalt so, wie er in dem angegriffenen Urteil Gestalt angenommen hat[44].

Anders ist die Lage bei der Normenkontrolle, weil hier die „nackte" Rechtsvorschrift außerhalb der Anwendung in einem konkreten Fall Prüfungsgegenstand ist. In derartigen Fällen bildet nicht die zu prüfende Norm, sondern das diesbezügliche Verfassungsrecht den Ausgangspunkt des BVerfG. Es prüft, welchen Spielraum die Vorschriften des Grundgesetzes dem Gesetzgeber und den Normanwender in der betreffenden Frage lassen. Nachdem es den verfassungsrechtlichen Rahmen bestimmt hat, braucht das BVerfG „nur" noch zu prüfen, ob die angegriffene Norm diesen Rahmen einhält. Zu dieser Prüfung bedarf es häufig nicht der vollständigen Auslegung der gegebenen Rechtsvorschrift, sondern es reicht aus zu prüfen, ob sie den verfassungsrechtlichen Rahmen überschreitet. Dennoch erfordert auch diese Art der Verfassungsprüfung einer Rechtsvorschrift in einem gewissen Rahmen deren Auslegung.

Wenn das zu prüfende Gesetz gerade erst vom Parlament verabschiedet worden ist, sodass noch keine diesbezügliche Praxis vorliegt, wie das bei der präventiven Normenkontrolle sowie der nachträglichen Normenkontrolle unmittelbar nach Abschluss des Gesetzgebungsverfahrens zu sein pflegt, stützt sich das BVerfG zur Erforschung des Normeninhalts stark auf die Unterlagen des Gesetzgebungsverfahrens sowie auf die Äußerungen des beigeladenen Erlassorgans (§§ 82, 94 BVerfGG). Im Prinzip verwendet es dieselben Methoden, die auch ein Fachgericht bei der Auslegung des gegebenen Gesetzes anwenden würde. Da zu einem derart „frischen" Gesetz noch keine gerichtliche Auslegungspraxis existiert, kann das BVerfG bei seiner Auslegungstätigkeit nicht in Konflikt mit einer etablierten Gerichtspraxis geraten. Schlimmstenfalls schreibt das BVerfG dem Gesetz einen solchen Inhalt zu, den ihm ein Fachgericht nicht zuschreiben würde. Da das BVerfG den Inhalt des Gesetzes nur aus der Perspektive seiner Verfassungsmäßigkeit bestimmt, bindet die verfassungsgerichtliche Rechtsauslegung die spätere fachgerichtliche Auslegung nicht. Die Fachgerichte werden nur durch die Festlegung des verfassungsrechtlichen Rahmens gebunden.

Etwas anders ist die Lage, wenn Gegenstand der Normenkontrolle ein bereits bestehendes und angewandtes – mit den Worten der ungarischen Verfassungsrechtsprechung: lebendes[45] – Gesetz ist, was v.a. bei einer späteren nachträglichen Normenkontrolle, bei einer Rechtssatzverfassungsbeschwerde oder einer

---

44 Dazu s.o. C.2.

45 Zum verfassungsgerichtlichen Topos des „lebenden Rechts" (élő jog) s. den Länderbericht zu Ungarn in diesem Band, Punkt D. 1.; *Sólyom, László*: Az alkotmánybíráskodás kezdetei Magyarországon, Osiris, Budapest 2001, S. 296–299.

konkreten Normenkontrolle (Richtervorlage) vorkommt. Die in einem solchen Gesetz angelegten Auslegungsoptionen hat die Rechtspraxis bereits auf eine oder einige wenige reduziert. In einer konkreten Normenkontrolle ist das vorgelegte Gesetz in der Auslegung durch das vorlegende Gericht Gegenstand des verfassungsgerichtlichen Verfahrens[46]. In den anderen Fällen hingegen legt das BVerfG den Text der beanstandeten Rechtsvorschrift zugrunde. Es berücksichtigt auch die dazu ergangene Rechtspraxis und nimmt diese eher als Tatsache wahr, als eine der zahlreichen Auslegungsmöglichkeiten, zu deren Verfassungsmäßigkeit das BVerfG Stellung zu nehmen hat. Ein Rechtsinstitut wie das „lebende Recht" der ungarischen Verfassungsdoktrin hat die deutsche Verfassungsdogmatik nicht entwickelt, und das deutsche verfassungsrechtliche Schrifttum setzt sich nur am Rande mit dieser Frage auseinander. Das Problem wird eher pragmatisch gehandhabt: Gegenstand der Verfassungsprüfung ist die Rechtsvorschrift, und wenn sich hierzu bereits eine gefestigte Rechtspraxis etabliert hat, dann steht dieser Inhalt der Rechtsvorschrift im Vordergrund der Verfassungsprüfung. Darüber hinaus berücksichtigt das BVerfG auch andere Auslegungsmöglichkeiten, v.a. wenn die herkömmliche Praxis zu der Rechtsvorschrift verfassungswidrig ist, andere Auslegungsmöglichkeiten hingegen noch mit dem Grundgesetz vereinbar sind. Damit betreten wir bereits den Bereich der verfassungskonformen Auslegung, die im nächsten Abschnitt ausführlicher behandelt wird. An dieser Stelle genügt es festzuhalten, dass das BVerfG in seiner Rechtsprechungspraxis eine etablierte Auslegung einer Rechtsvorschrift als Tatsache hinnimmt und im Übrigen die zu prüfende Rechtsvorschrift auslegt, insoweit es dies für notwendig hält, aber nicht mit der Absicht, den Fachgerichten vorzuschreiben, wie die gegebene Rechtsvorschrift zu verstehen ist, sondern um den aktuellen und potenziellen Gehalt der Vorschrift unter verfassungsrechtlichen Gesichtspunkten aufzudecken.

3. Verfassungskonforme Auslegung

Es wurde bereits erwähnt, dass beinahe jede Rechtsvorschrift auf verschiedene Weise verstanden, ausgelegt und angewandt werden kann. Die „richtige" Auslegung auszuwählen ist Sache der Fachgerichte. Wenn aber bei mehreren möglichen Auslegungen einige verfassungsmäßig und andere verfassungswidrig sind, gewinnt die Auswahl der „richtigen" Auslegung eine verfassungsrechtliche Dimension. Das deutsche Grundgesetz setzt bei allen Verfassungsorganen ein Handeln nach Treu und Glauben voraus, weshalb bis zum Beweis des Gegenteils

46 Dazu *von Münch / Kunig* (Fn. 7), Art. 100 Rn. 26.

zu vermuten ist, dass jedes Verfassungsorgan das Grundgesetz einhalten will. Das gilt auch für das Parlament. Bei teils verfassungskonformen und teils verfassungswidrigen Auslegungen spricht diese Vermutung dafür, dass der Gesetzgeber die verfassungskonforme Variante wollte (favor legis). Aus Respekt vor der gesetzgebenden Gewalt erklärt das BVerfG ein solches Gesetz nicht für verfassungswidrig, sondern bestimmt den Auslegungsrahmen, der noch mit dem Grundgesetz vereinbar ist, und erklärt das Gesetz in dieser verfassungskonformen Auslegung für verfassungsmäßig[47].

Theoretisch konkretisiert das BVerfG nur das einschlägige Verfassungsrecht und umschreibt so den Auslegungsspielraum, den das Grundgesetz lässt. In der Praxis hingegen kann dieser verfassungsrechtliche Rahmen nur schwer von der Auslegung des geprüften Gesetzes abgegrenzt werden. Insbesondere wenn der verfassungsrechtliche Rahmen so eng ist, dass das Gesetz nur in einer einzigen Auslegung noch als verfassungsgemäß qualifiziert werden kann, bestimmt das BVerfG praktisch die Auslegung dieses Gesetzes. Es ist zwar richtig, dass das BVerfG das Gesetz nicht als solches aus sich heraus auslegt, sondern das Verfassungsrecht auf das Gesetz und seinen Regelungsgegenstand bezieht, aber in solchen Fällen beraubt es die Fachgerichte im Wesentlichen des Auslegungsspielraums, den sie gewohnt sind und den sie auch gegenüber dem BVerfG in Anspruch nehmen. Es ist offensichtlich, dass die verfassungskonforme Auslegung zu Konflikten zwischen der Verfassungsgerichtsbarkeit und den Fachgerichtsbarkeiten führt. Die Fachgerichte, insbesondere die Zivilgerichte mit dem BGH an der Spitze, waren der Ansicht, dass das BVerfG mit der verfassungskonformen Auslegung seinen Aufgaben- und Zuständigkeitsbereich, d.h. die Verfassungsauslegung überschreite und in das Reich der Fachgerichte, nämlich die richtige (als richtig anzusehende) Auslegung des einfachen Rechts, eindringe.

Dieser Konflikt war insbesondere in den ersten Jahrzehnten des Bestands des BVerfG virulent, verlor aber im Laufe der Zeit an Schärfe. Die Gründe hierfür sind einerseits eine große Zurückhaltung des BVerfG und andererseits der Gewöhnungseffekt bei den Fachgerichten und ihren Richtern. Bei der verfassungskonformen Auslegung hat das BVerfG stets betont und betont auch heute noch, dass es das Grundgesetz auslege, nicht jedoch die vorgelegte Rechtsvorschrift. Zwar ist diese Grenze, wie gesehen, nicht immer zweifelsfrei zu ziehen, aber das BVerfG bleibt zumindest auf der Ebene der Rhetorik bei der Verfassungsauslegung und lässt so die Zuständigkeiten der Fachgerichte intakt.

47 *Dreier* (Fn. 5), S. 55.

Außerdem wird die verfassungskonforme Auslegung häufig nicht bereits im Tenor oder in den Leitsätzen formuliert, sondern wird erst aus der Begründung klar. Auch das mäßigt die Qualität möglicher Konflikte: Die „Einmischung" des BVerfG in die Auslegung des einfachen Rechts erfolgt nicht plakativ, sondern eher in den Gründen versteckt. Auch das schont das Kompetenzgefühl der Fachgerichte.

Schließlich greift das BVerfG eher selten zum Institut der verfassungskonformen Auslegung. Daher ist die Zahl potentieller Konfliktsituationen gering. Neben der qualitativen Entschärfung hat auch diese quantitative Maßnahme zu einem versöhnlicheren Umgang zwischen BGH und BVerfG geführt.

E. Die Richtervorlage als eigene Form der Zusammenarbeit

Die Grundlage der deutschen Verfassungsordnung ist der Rechtsstaat. Eigenartigerweise findet er in der Aufzählung der Grundlagen in Art. 20 Abs. 1 GG keine Erwähnung[48]. Dennoch ist unbestritten, dass der Rechtsstaat zu den vom Grundgesetz vorgeschriebenen Verfassungsgrundsätzen gehört[49]. Der Rechtsstaat erfordert, dass alle Staatsorgane das Recht einschließlich der Verfassung einhalten. Da die Verfassung in der Hierarchie der Rechtsquellen den höchsten Rang einnimmt, müssen alle anderen innerstaatlichen Rechtsvorschriften[50] mit der Verfassung im Einklang stehen. Daraus folgt, dass eine verfassungswidrige Rechtsvorschrift entweder nichtig ist (so das deutsche Grundgesetz) oder aufgehoben werden kann (so die ungarische Verfassungsordnung). Alle Rechtsanwender, v.a. aber die Gerichte sind verpflichtet, die Nichtigkeit einer Rechtsvorschrift oder das aus ihrer Vernichtbarkeit fließende Anwendungsverbot zu beachten.

Die Feststellung des Inhalts eines Gesetzes ist die Aufgabe der Fachgerichte, die Kontrolle seiner Verfassungsmäßigkeit hingegen obliegt dem BVerfG. Die erste Aufgabe setzt die Auslegung des einfachen Rechts voraus, die zweite

48 Noch eigenartiger ist, dass das Grundgesetz in Art. 28 Abs. 1 Satz 1 GG den Ländern die Einhaltung des Rechtsstaatsprinzips vorschreibt und in Art. 23 Abs. 1 Satz 1 GG auch von der EU die Einhaltung der Rechtsstaatlichkeit erwartet, nur eben in Bezug auf das von ihm geregelte Staatswesen, die Bundesrepublik Deutschland, zum Rechtsstaat schweigt und dieses nicht, jedenfalls nicht ausdrücklich, als Rechtsstaat definiert.

49 *Dreier* (Fn. 5), S. 65–72; *Schmidt-Aßmann, Eberhard*: § 24: Der Rechtsstaat, in: *Isensee, Josef* / *Kirchhof, Paul* (Hrsg.): Handbuch des Staatsrechts der Bundesrepublik Deutschland, Bd. I., 2. Aufl., C.F. Müller, Heidelberg 1995, S. 987–1043.

50 Die Sonderfälle des Völkerrechts und des Unionsrechts können hier außer Betracht bleiben.

hingegen die Auslegung der Verfassung. Dementsprechend hat sich das Grundgesetz jedenfalls für die nachkonstitutionellen förmlichen Gesetze[51] für die konzentrierte Normenkontrolle entschieden. Die Fachgerichte sind verpflichtet, eine eventuelle Verfassungswidrigkeit des von ihnen anzuwendenden Gesetzes wahrzunehmen, weshalb sie sich einer Verfassungsprüfung dieses einfachen Rechts nicht verschließen können[52]; sie können aber nicht selbst über dessen Verfassungsmäßigkeit verbindlich entscheiden. Die Feststellung der Verfassungsmäßigkeit eines Gesetzes ist das Monopol des BVerfG. So sind die Fachgerichte verpflichtet, von ihnen für verfassungswidrig gehaltene Gesetzesbestimmungen dem BVerfG vorzulegen, damit dieses über die Verfassungsmäßigkeit des Gesetzes entscheidet und gegebenenfalls seine Verfassungswidrigkeit feststellt (Art. 100 Abs. 1 GG[53], § 13 Nr. 11, §§ 80-82a BVerfGG).

Diese sog. konkrete Normenkontrolle setzt voraus, dass die Fachgerichte kontinuierlich kontrollieren, ob das durch sie anzuwendende einfache Recht verfassungskonform ist. So sind jedes Fachgericht und jeder dort tätige Richter für die Einhaltung der Verfassung verantwortlich, sind verpflichtet, das Grundgesetz auszulegen und diese Auslegung auf das einfache Recht anzuwenden. Die Vorlagepflicht trifft nicht nur die Obergerichte, sondern jedes befasste Gericht. Diese Vorlagepflicht verlässt den Rahmen der oben dargestellten Arbeitsteilung. Es ist richtig, dass das BVerfG das Grundgesetz auslegt und anwendet. Daneben sind aber auch die Fachgerichte zur Auslegung und Anwendung der Verfassung verpflichtet. Das Monopol des BVerfG erstreckt sich nicht auf die Auslegung und Anwendung des Grundgesetzes, sondern alleine auf den Ausspruch der Verfassungswidrigkeit eines Gesetzes und auf die Festlegung ihrer Konsequenzen – das sog. Verwerfungsmonopol des Grundgesetzes. Umgekehrt hingegen bleibt die Arbeitsteilung intakt: Gemäß der ausdrücklichen Bestimmung in § 81 BVerfGG entscheidet das BVerfG ausschließlich über die Verfassungsmäßigkeit der vorgelegten Norm, nicht hingegen über deren richtige Auslegung und schon gar nicht über den Rechtsstreit des Ausgangsverfahrens. Einen Grenzfall stellt die

---

51 Über die Verfassungsmäßigkeit sonstiger Rechtsvorschriften kann jedes Gericht für sich entscheiden.

52 *Dreier* (Fn. 5), S. 55–56. Zu der leicht abweichenden Handhabung in Tschechien s. den Länderbeitrag zu Tschechien in diesem Band, Punkt D.

53 Diese Vorschrift begründet eine doppelte Vorlagepflicht: Wenn das befasste Gericht der Ansicht ist, dass ein anzuwendendes (Bundes- oder Landes-) Gesetz gegen das Grundgesetz verstößt, legt es das Gesetz dem BVerfG vor. Wenn es hingegen der Ansicht ist, dass ein anzuwendendes Landesgesetz gegen die Landesverfassung verstößt, legt es dieses dem Landesverfassungsgericht vor.

erwähnte verfassungskonforme Auslegung dar, die gegebenenfalls auch in Verfahren der konkreten Normenkontrolle Anwendung findet.

Es braucht nicht viel Fantasie, um sich vorzustellen, dass sich in den 1950er und 60er Jahren die Fachgerichte und hier wieder besonders die Zivilgerichte[54] nur schwer mit ihrer neuen Rolle, die als „Hilfswächter der Verfassungsmäßigkeit" umschrieben werden kann, abfinden konnten. Für sie war es unter ihrer Würde, dass sie die Gültigkeit von Bestimmungen ihres verehrten BGB unter öffentlich-rechtlichen (und das hieß nach Ansicht der damaligen Zivilrechtler: politischen und somit „schmutzigen") Gesichtspunkten überprüfen sollten. Sie wollten sich nicht mit etwas beschäftigen, was sie als „politisch" empfanden, torpedierten die von ihnen erwartete Zusammenarbeit durch Passivität und legten höchstens auf nachdrücklichen Antrag einer Prozesspartei eine Gesetzesbestimmung dem BVerfG zur Prüfung vor. Das deutsche Recht erlaubt dem befassten Gericht auch, von Amts wegen und ohne Antrag einer Partei einen Vorlagebeschluss zu fassen (§ 80 Abs. 3 BVerfGG). Andererseits haben die Parteien keinen Anspruch darauf, dass das Prozessgericht eine von ihnen beanstandete Norm dem BVerfG vorlegt. Das Prozessgericht ist vielmehr dann zur Vorlage verpflichtet, wenn es von der Verfassungswidrigkeit der anzuwendenden Norm überzeugt ist[55]. Diese richterliche Überzeugung kann auf der Grundlage der Argumente der Parteien entstehen, aber das Gericht kann und muss die Verfassungswidrigkeit der Norm auch vom Amts wegen wahrnehmen. Wenn das Gericht von der Verfassungswidrigkeit der Norm überzeugt ist, ist die Vorlage zwingend; andernfalls hingegen, d.h. wenn das Gericht nur zweifelt, ist sie nicht statthaft[56]. Die in Abschnitt C. dargestellte Möglichkeit der Parteien, gegen das letztinstanzliche Urteil Verfassungsbeschwerde einzulegen, hat insbesondere den BGH als oberste Instanz der ordentlichen Justiz dazu bewegt, auf Anträge hartnäckiger Parteien zu reagieren und Normen zweifelhafter Verfassungsmäßigkeit dem BVerfG vorzulegen.

---

54 Da § 47 VwGO den Verwaltungsgerichten in einem gewissen Rahmen die Normenkontrolle gestattet (s.o. Abschn. C.3.), stellt sich diese Problematik im Fall der Verwaltungsgerichtsbarkeit sehr viel schwächer. Außerdem war die Verwaltungsgerichtsbarkeit nicht zuletzt wegen ihrer Zuständigkeiten in der Normenkontrolle seit langem gewohnt, die Gültigkeit der anzuwendenden Rechtsvorschriften zu prüfen, während diese Gedankengänge den Zivilrichtern bis zum Erlass des Grundgesetzes und des BVerfGG vollkommen fremd waren.

55 Zu dieser richterlichen Überzeugung s. *von Münch / Kunig* (Fn. 7), Art. 100 Rn. 21-22.

56 Im Gegensatz dazu betont der österreichische Verfassungsgerichtshof die Vorlagepflicht bereits bei Zweifeln des Gerichts: Länderbericht Österreich in diesem Band Punkt B.1.

Im Laufe der Zeit gewöhnten sich die Fachgerichte an die Vorlagepflicht. Die Zahl der Richtervorlagen bewegt sich im Jahresmittel zwischen 20 und 45[57]. Besonders aktiv sind die Zivil- und die Verwaltungsgerichte, während von der Arbeitsgerichtsbarkeit nur sehr wenige Vorlagen eingehen, was vielleicht damit zu tun hat, dass das deutsche Arbeitsrecht nicht kodifiziert ist, sondern zum allergrößten Teil aus Gewohnheitsrecht und Tarifverträgen besteht, bei denen im Fall von Zweifeln an ihrer Verfassungsmäßigkeit eine Vorlage an das BVerfG nicht statthaft ist. Im mittleren Bereich bewegt sich die Zahl der Vorlagen seitens der Straf-, Sozial- und Finanzgerichte. Die meisten konkreten Normenkontrollanträge werden von den obersten Gerichten des jeweiligen Zweigs gestellt, aber manchmal legen auch erstinstanzliche Gerichte dem BVerfG vor. Insbesondere erstinstanzliche Verwaltungsgerichte haben keine Furcht vor dem BVerfG.

Abschreckend auf die Fachgerichte wirkt die Praxis des BVerfG im Zusammenhang mit der Zulässigkeit von Vorlagen. Es weist den größten Teil der Anträge mit dem Argument zurück, das vorlegende Gericht habe das einschlägige Verfassungsrecht und die verfassungsgerichtliche Praxis nicht in hinreichendem Maße aufgearbeitet (§ 80 Abs. 2 Satz 1 BVerfGG). Das BVerfG fordert oft vom Vorlagegericht, dass dessen Antrag dem dogmatischen Niveau von BVerfG-Urteilen entspricht, d.h. stellt die Vorlagegerichte vor beinahe unerfüllbare Voraussetzungen. Hinzu kommt, dass das BVerfG diese Zurückweisungen bisweilen in einem sehr pädagogischen und arroganten Tonfall verfasst, der den vorlegenden Richter kaum als Kollegen akzeptiert. Es ist möglich, dass das BVerfG aus Selbstschutz zu diesem Tonfall greift. Die Fallzahl der konkreten Normenkontrolle ist zwar gering, aber möglicherweise will das BVerfG übereifrige Richter in ihrem Aktivismus bremsen. So versucht das BVerfG, zum Schutz der Bewahrung seiner Arbeitsfähigkeit vorlegende Richter eher zu ent- als zu ermutigen. Festzuhalten bleibt allerdings, dass dieses Verhalten des BVerfG nicht dazu beiträgt, die Kluft zwischen Verfassungsrichtern und Fachrichtern zu verringern[58].

---

57 Die Anzahl der Richtervorlagen war 2006 ungewöhnlich hoch (74) und 2015 ungewöhnlich niedrig (12). Merkwürdigerweise wurden vor der Wiedervereinigung sehr viel mehr konkrete Normenkontrollverfahren eingeleitet, so in den 1980er Jahren jährlich in etwa 50-100 Fällen. Zu den etwas höheren Fallzahlen der konkreten Normenkontrolle in Ungarn s. den Länderbeitrag zu Ungarn in diesem Band, Punkt E. 1.

58 Die Absicht, mit den ordentlichen Gerichten bei der Durchsetzung des Verfassungsrechts zu kooperieren, hat das ungarische Verfassungsgericht einen kollegialen Umgangston und realistische Anforderungen an die Begründung des Vorlagegerichts entwickeln lassen: Länderbericht zu Ungarn, in diesem Band, Punkt E. 2.

F. Die Vereinbarkeit abweichender Standpunkte: eine Fallstudie

Der Konflikt zwischen den Fachgerichtsbarkeiten und der Verfassungsgerichtsbarkeit war in den ersten Jahrzehnten nach der Schaffung des BVerfG am heftigsten. Seitdem hat er nachgelassen, und zwar aus mehreren Gründen. Einerseits interpretiert das BVerfG seine Zuständigkeiten zurückhaltend und hat glaubhaft klargestellt, dass es sich nicht zur richtigen Auslegung einfachen Rechts äußern will. So haben die Fachgerichte und v.a. die Zivilrechtler eingesehen, dass sie sich weder um das bürgerliche Recht noch um die Zivilgerichtsbarkeit sorgen müssen. Andererseits haben sich die Zivilrechtler und andere Fachjuristen an die Konstitutionalisierung des einfachen Rechts und die damit verbundenen Zuständigkeiten des BVerfG gewöhnt. Dazu hat auch der Generationenwechsel beigetragen, denn wer nach 1950 Rechtswissenschaften studiert hat, hat auf der Universität die Rolle des Verfassungsrechts und des BVerfG gelernt, sodass diese den jüngeren Juristen nicht mehr fremd war.

Das alles bedeutet allerdings nicht, dass das Verhältnis zwischen Fachgerichtsbarkeiten und BVerfG heute konfliktfrei wäre. In einigen Rechtsfragen ist eine Art Stellungskrieg zwischen dem BVerfG und v.a. dem BGH entstanden; auch zwischen dem BVerfG und dem BFH gibt es einige Rechtsfragen, in denen beide Gerichte auf ihren jeweiligen Rechtsstandpunkt pochen. Hierbei erklärt der BFH häufig ihm nicht genehme Verfassungsgerichtsentscheidung als „nur für den individuellen Fall von Bedeutung", weshalb sie und ihre Ratio im weiteren Fällen keine Beachtung finden müssten. So „neutralisiert" der BFH die Entscheidungen des BVerfG in seinem Bereich[59].

Zwischen dem BVerfG und dem BGH ist insbesondere die Abgrenzung des allgemeinen Persönlichkeitsrechts einerseits und der Meinungs- und v.a. der Pressefreiheit andererseits strittig. Sowohl das Persönlichkeitsrecht als auch die Medienfreiheit sind Grundrechte, weshalb die Auflösung von Kollisionen

---

59 Interessanterweise verfahren die Finanzministerien des Bundes und der Länder genauso mit Entscheidungen des BFH, die ihnen nicht gefallen. Die Ministerien machen derartige BFH-Entscheidungen den nachgeordneten Behörden durch Rundschreiben bekannt, in dem sie betonen, dass die Entscheidung in dem entschiedenen Fall zu beachten sei, im Übrigen wegen ihrer Besonderheiten für weitere Fälle keine Bedeutung habe und daher außer Betracht gelassen werden könne.

Zu vergleichbaren Argumentationsmustern der tschechischen Verwaltungsgerichtsbarkeit gegenüber der Verfassungsrechtsprechung s. Länderbericht Tschechien in diesem Band, Punkt C.

zwischen beiden auch eine verfassungsrechtliche Seite hat. Zwischen zwei Grundrechten ist auf verfassungskonforme Weise ein Gleichgewicht herzustellen. Zugleich kann der betroffene Einzelne seine Ansprüche aus Persönlichkeitsrechtsverletzungen gegenüber der Presse vor den Zivilgerichten und in letzter Instanz vor dem BGH geltend machen. Deshalb sind in Presseprozessen wegen Persönlichkeitsrechtsverletzungen die Zivilgerichte berufen, die beschriebene Grundrechtskollision im Wege der verfassungskonformen Anwendung des bürgerlichen und des Presserechts aufzulösen[60].

Berüchtigt in diesem Zusammenhang sind die Caroline von Monaco-Fälle. Die deutsche Regenbogenpresse berichtete über Caroline von Monaco, weshalb diese mehrere Zeitungen verklagte. Der Fall gelangte bis vor den BGH, der im Endergebnis der Presse Vorrang vor den Persönlichkeitsrechten der Klägerin einräumte, weil diese eine allgemein bekannte Persönlichkeit sei[61]. Hiergegen reichte diese Verfassungsbeschwerde ein, und das BVerfG zog die Grenze zwischen den beiden betroffenen Grundrechten etwas anders: Bei Fotos, die auch die Kinder der Klägerin zeigen, seien auch die Grundrechte der Kinder gemäß Art. 6 GG zu berücksichtigen[62]. In seinen folgenden Urteilen widersprach der BGH dem BVerfG zwar nicht offen, bestand aber auf seinem eigenen „bürgerlich-rechtlichen" Standpunkt. Noch komplizierter wurde die Sache dadurch, dass die Beschwerdeführerin auch mit dem Urteil des BVerfG unzufrieden war und die Sache vor den EGMR in Straßburg brachte. Der EGMR zog die Grenze zwischen den beiden Grundrechten wiederum anders und folgte der in Frankreich verbreiteten Auffassung, die den Schutz der Personen, über die berichtet wird, stärker gewichtet als die Pressefreiheit, und zwar auch dann, wenn diese Personen – so wie die Klägerin – eine Persönlichkeit des öffentlichen Lebens ist und ihre Bilder aktiv vermarktet[63]. In der Folge wurden noch mehrere deutsche

---

60 Auch das ungarische Verfassungsgericht sieht sich mit dieser Problematik immer wieder befasst, zuletzt in seinem Urteil 34/2017. (XII. 11.) AB vom 11.12.2017, indem es eine presserechtliche Entscheidung des obersten Gerichts aufhob.

61 BGH, Urteil vom 19.12.1995, VI ZR 15/95.

62 BVerfG, Urteil vom 15.12.1999, 1 BvR 653/96.

63 EGMR, Kleine Kammer, von Hannover ./. Deutschland, 26.6.2004, 59320/00. Die Große Kammer bestätigte nachfolgend diesen Standpunkt mit einigen kleinen Änderungen: EGMR, Große Kammer, von Hannover ./. Deutschland (2), 7.2.2012, 40660/08. In Bezug auf einen ungarischen Fall gewichtete der EGMR allerdings die beiden widerstreitenden Interessen etwas anders und sah daher keine Konventionsverletzung in einer der Presseberichterstattung Vorrang gebenden ungarischen Rechtsprechung: EGMR, 4. Kammer, Faludy-Kovács ./. Ungarn, 23.1.2018, 20487/13.

und europäische Urteile auf Klagen von Caroline von Monaco (später: von Hannover) gefällt. Jedoch beharrten EGMR, BVerfG und BGH auf ihren jeweiligen Standpunkten. Somit kollidieren drei Grundrechtsabwägungen dauerhaft miteinander: die des BGH („bürgerlich-rechtlich"), des BVerfG („verfassungsrechtlich") und des EGMR („europäisch-menschenrechtlich"). Keines der Gerichte war und ist geneigt, von seinem Standpunkt abzurücken, obwohl sich im Laufe der Jahre ihre Ansichten etwas annäherten. Unter der Oberfläche bleibt es aber bei den abweichenden Meinungen, und solange, wie jedes Gericht auf seiner Rechtsansicht beharrt, ist diese Abweichung unauflöslich.

Die deutsche Rechtskultur erträgt abweichende und sich teilweise widersprechende gerichtliche Standpunkte und Urteile besser als z.B. die ungarische, weil die deutsche Rechtskultur dezentralisiert ist. Schon wegen des Föderalismus ist die „Einheitlichkeit der Rechtsanwendung" kein so hoher Wert wie z.B. in der zentralisierten ungarischen Rechtskultur[64]. In Deutschland gibt es jenseits der erwähnten gemeinsamen Senate kein Verfahren, die Einheitlichkeit der Rechtsprechung höchstgerichtlich zu gewährleisten, und man hat sich in Deutschland schon lange daran gewöhnt, dass abweichende (ober-) gerichtliche Standpunkte nebeneinander bestehen können. So ist es im deutschen Föderalismus und in der deutschen Rechtskultur eine normale Erscheinung, dass z.B. in den Rechtsgebieten, in denen aus prozessualen Gründen der Rechtsweg auf der Ebene der Oberlandesgerichte erschöpft ist, in jedem Oberlandesgerichtsbezirk eine abweichende Auffassung von der richtigen Auslegung des jeweiligen Gesetzes besteht; hierin sieht niemand dringenden Handlungsbedarf. Dies wirft zwar im Hinblick auf die Gleichbehandlung gemäß Art. 3 GG einige Fragen auf, aber im Allgemeinen wird diese justizielle Vielfalt geduldet und häufig auch positiv bewertet. Miteinander konkurrierende gerichtliche Standpunkte helfen besser bei der Findung der „richtigen" Rechtsauslegung, als eine zentralisierte Monokultur. Diese Mentalität beeinflusst auch das Verhältnis zwischen dem BVerfG und den obersten Fachgerichten: Sie sind Konkurrenten, die bisweilen abweichende Standpunkte vertreten, gegebenenfalls auch auf ihren jeweiligen Vorstellungen beharren, aber schlussendlich alle Akteure der deutschen Justiz sind. Als solche sind sie Kollegen, die gegenseitigen Respekt verdienen. Die Toleranz gegenüber justizieller Vielfalt ist eine Grundlage des Modus vivendi zwischen den Gerichten, so auch zwischen dem BVerfG und den obersten Fachgerichten.

---

64 *Küpper, Herbert*: A magyar jogi kultúra egyes jellegzetességei összehasonlító perspektívából, in: *Jakab, András / Gajduschek, György* (Hrsg.): A magyar jogrendszer állapota, Budapest 2016, S. 131–141.

Lukas Diem, Claudia Fuchs

Länderbericht Österreich

Konflikte und Kooperationen zwischen der Verfassungsgerichtsbarkeit und den obersten Gerichten in Österreichs dreigliedriger Höchstgerichtsbarkeit

Abstract: The existence of three supreme courts is characteristic of Austria's system of legal protection. The Supreme Court of Justice (OGH), the Supreme Administrative Court (VwGH) and the Constitutional Court (VfGH) each have their own powers, organization, and composition according to their respective tasks. There is no hierarchy between them but rather a balanced relationship of equals with manifold forms of cooperation. Due to the challenges coming with the application of EU law, this equilibrium is somewhat being rebalanced.

A. Drei Höchstgerichte

1. Institutionelles Gefüge

Die österreichische Bundesverfassung (Bundes-Verfassungsgesetz, B-VG)[1] sieht drei Höchstgerichte vor, die rechtlich gleichrangig nebeneinander

1 BGBl 1/1930 (Wiederverlautbarung) idF BGBl I 106/2016.

stehen:[2] Oberster Gerichtshof, Verwaltungsgerichtshof und Verfassungsgerichtshof.

Der Oberste Gerichtshof (OGH) ist die oberste Instanz in Zivil- und Strafrechtssachen und damit Höchstgericht innerhalb der so genannten „ordentlichen Gerichtsbarkeit".[3] Als „ordentliche" RichterInnen der ordentlichen Gerichtsbarkeit sind auch die RichterInnen des OGH in Ausübung ihres richterlichen Amtes unabhängig: Sie unterliegen keinen Weisungen, sind unabsetzbar und unversetzbar.[4] Die gegenwärtig 60 RichterInnen des OGH (ein Präsident, zwei Vizepräsidenten und die erforderliche Anzahl von sonstigen – derzeit 57 – Mitgliedern)[5] sind überdies „Berufsrichter":[6] Nach einer spezifizierten Richterausbildung haben sie den Karriereweg bis zum OGH durchlaufen. Die RichterInnen werden aufgrund eines Dreiervorschlags des beim OGH eingerichteten Personalsenats über Vorschlag des Bundesministers für Justiz vom Bundespräsidenten bestellt. Der OGH entscheidet grundsätzlich in Senaten, die nach Sachzuständigkeiten gebildet werden und denen eine strikte Trennung von Straf- und Zivilrecht zugrunde liegt.

Der Verwaltungsgerichtshof (VwGH)[7] ist Höchstgericht der seit 2014 bestehenden zweistufigen Verwaltungsgerichtsbarkeit.[8] Die gegenwärtig 68

---

2 Für eine ausführliche Darstellung des österreichischen Modells der Höchstgerichte, ihres Verhältnisses zueinander und der unionsrechtlichen Einflüsse auf das Verhältnis der Höchstgerichte siehe *Holoubek*, Auswirkungen des Unionsrechts auf das Verhältnis der österreichischen Höchstgerichte zueinander, in *Griller/Kahl/Kneihs/Obwexer* (Hrsg), 20 Jahre EU-Mitgliedschaft Österreichs (2015), 625 (626 ff). Zu der vergleichbaren Lage unter der heutigen polnischen Verfassung s. den Länderbeitrag zu Polen in diesem Band, Punkt 1.

3 Die ordentliche Gerichtsbarkeit ist im dritten Hauptstück des B-VG über die Vollziehung des Bundes in Abschnitt B geregelt, der OGH in Art 92 B-VG.

4 Art 87 B-VG. Eine diesbezügliche Ausnahme sieht Art 88 Abs 2 B-VG vor. RichterInnen können nämlich (nur) in den vom Gesetz vorgeschriebenen Fällen und Formen und auf Grund eines förmlichen richterlichen Erkenntnisses ihres Amtes entsetzt oder gegen ihren Willen an eine andere Stelle oder in den Ruhestand versetzt werden.

5 Stand Jänner 2018, http://www.ogh.gv.at/der-oberste-gerichtshof/richterinnen-und-richter/ (zuletzt abgerufen am 17.1.2018).

6 *Mayer/Kucsko-Stadlmayer/Stöger*, Bundesverfassungsrecht[11] Rz 774 unter Hinweis auf VfSlg 13.232/1992.

7 Im siebten Hauptstück über die Garantien der Verfassung und Verwaltung ist in Abschnitt A die Verwaltungsgerichtsbarkeit geregelt. Die Kompetenzen des VwGH sind in Art 133 B-VG normiert. Art 134 B-VG enthält organisatorische Anforderungen an den VwGH.

8 Mit der Verwaltungsgerichtsbarkeits-Novelle 2012, BGBl I 51/2012, wurden erstinstanzliche Verwaltungsgerichte eingeführt, sodass die Verwaltung nunmehr von Gerichten mit unabhängigen Richtern kontrolliert wird.

RichterInnen des VwGH (ein Präsident, ein Vizepräsident und die erforderliche Anzahl von sonstigen – derzeit 65 – Mitgliedern)[9] sind weisungsfreie, unabsetzbare und unversetzbare[10] Berufsrichter und werden aufgrund von Dreiervorschlägen der Vollversammlung vom Bundespräsidenten auf Vorschlag der Bundesregierung ernannt. Im Unterschied zu den OGH-RichterInnen sind sie regelmäßig keine „Karriererichter"[11]. Nach zehnjähriger juristischer Berufserfahrung ist eine Ernennung zum VwGH-Richter möglich. Auch der VwGH entscheidet in Senaten, die nach Sachzuständigkeiten gebildet werden. Im Vordergrund steht dabei die Trennung zwischen Abgabenrecht und sonstigem Verwaltungsrecht.[12]

Der Verfassungsgerichtshof (VfGH)[13] entspricht dem prototypischen kontinentaleuropäischen Modell der Verfassungsgerichtsbarkeit, deren besonderes Kennzeichen eine konzentrierte Normenkontrolle bei einem (Verfassungs-)Gericht ist.[14] Mit der Bezeichnung Verfassungsgerichtsbarkeit ist dabei freilich „ein Bündel spezifisch ‚verfassungsrechtlicher' Zuständigkeiten höchst unterschiedlicher Art"[15] angesprochen, die abschließend im B-VG normiert sind.[16] Der „auffälligste Wesenszug"[17] der österreichischen Verfassungsgerichtsbarkeit ist gleichwohl die Normenkontrolle. Ebenfalls hervorzuheben ist die Kompetenzgerichtsbarkeit, die Wahlgerichtsbarkeit, die Staatsgerichtsbarkeit, die Entscheidung über vermögensrechtliche Ansprüche gegen Gebietskörperschaften und die Entscheidung über Entscheidungen der

---

9 Stand Jänner 2018, https://www.vwgh.gv.at/gerichtshof/richterinnen_und_richter/index.html (zuletzt abgerufen am 17.1.2018)

10 Art 134 Abs 7 B-VG.

11 Anders die Richter des deutschen Bundesverwaltungsgerichts; hierzu s. den Länderbeitrag Deutschland in diesem Band, Punkt B.1.

12 *Holoubek*, Auswirkungen des Unionsrechts auf das Verhältnis der österreichischen Höchstgerichte zueinander, in *Griller/Kahl/Kneihs/Obwexer* (Hrsg), 20 Jahre EU-Mitgliedschaft Österreichs (2015), 625 (628).

13 Abschnitt B des siebenten Hauptstücks des B-VG regelt die Verfassungsgerichtsbarkeit.

14 *Gamper*, Der Grundrechtsschutz durch den VfGH, in *Pabel/Raschauer* (Hrsg), Die Organisation des Grundrechtsschutzes (2014) 1 (1 f).

15 *Holoubek*, Auswirkungen des Unionsrechts auf das Verhältnis der österreichischen Höchstgerichte zueinander, in *Griller/Kahl/Kneihs/Obwexer* (Hrsg), 20 Jahre EU-Mitgliedschaft Österreichs (2015), 625 (629).

16 Siehe Art 137 ff B-VG.

17 *Gamper*, Der Grundrechtsschutz durch den VfGH, in *Pabel/Raschauer* (Hrsg), Die Organisation des Grundrechtsschutzes (2014) 1 (1 f).

Verwaltungsgerichte erster Instanz (sogenannte Sonderverwaltungsgerichtsbarkeit).[18]

Die 14 Mitglieder des VfGH (ein Präsident, ein Vizepräsident und zwölf weitere Mitglieder) werden auf Vorschlag der Bundesregierung, des Nationalrats und des Bundesrats vom Bundespräsidenten ernannt.[19] Sie üben ihr Amt bis zum Ende des Jahres aus, in welchem sie das siebzigste Lebensjahr vollendet haben.[20] Die VerfassungsrichterInnen werden hierbei nebenberuflich tätig, können also ihren juristischen Berufen (wie zB als Professoren an einer Universität oder als Rechtsanwälte) grundsätzlich weiterhin nachgehen. Sie genießen die volle richterliche Unabhängigkeit.[21] Vergleichbar mit den Richtern des VwGH müssen die Verfassungsrichter eine zehnjährige Berufserfahrung aufweisen. Im Unterschied zum OGH und VwGH entscheidet der VfGH grundsätzlich nicht in Senaten, sondern im Plenum der Mitglieder; in der Praxis quantitativ dominieren aber die so genannten „kleinen Besetzungen“ (bestehend aus dem Präsidenten, dem Vizepräsidenten und vier weiteren Mitgliedern)[22].

2. Funktionen

OGH und VwGH üben als Höchstgerichte die Leitfunktion für die Rechtsprechung der ordentlichen Gerichtsbarkeit[23] bzw der Verwaltungsgerichtsbarkeit[24] aus. Während die (erstinstanzlichen) Verwaltungsgerichte dabei für die Gewährleistung der Gesetzmäßigkeit der Verwaltung im Einzelfall zuständig

---

18 *Holoubek*, Auswirkungen des Unionsrechts auf das Verhältnis der österreichischen Höchstgerichte zueinander, in *Griller/Kahl/Kneihs/Obwexer* (Hrsg), 20 Jahre EU-Mitgliedschaft Österreichs (2015), 625 (629). Siehe dazu ausführlich *Korinek*, Die Verfassungsgerichtsbarkeit im Gefüge der Staatsfunktionen, VVDStRL 39 (1981) 7 ff (= *Korinek*, Grundrechte und Verfassungsgerichtsbarkeit [2000] 243 ff).

19 Art 147 Abs 1 und 2 B-VG.

20 Im Unterschied dazu wird die Altersgrenze bei RichterInnen des OGH und VwGH mit Vollendung des fünfundsechzigsten Lebensjahrs erreicht.

21 Art 147 Abs 6 B-VG.

22 § 7 Abs 2 Verfassungsgerichtshofgesetz (VfGG), BGBl 85/1953 (Wiederverlautbarung) idF BGBl I 24/2017. Eingehend zur Organisation des VfGH siehe *Holzinger*, Die Organisation des Verfassungsgerichtshofes (Plenum, „Kleine Besetzung“, Zuständigkeiten des Präsidenten), in *Holoubek/Lang* (Hrsg), Das verfassungsgerichtliche Verfahren in Steuersachen (2010) 15.

23 Für den OGH siehe *Korinek*, Art 92 B-VG, in *Korinek/Holoubek* et al (Hrsg) Österreichisches Bundesverfassungsrecht (2000) Rz 5; VfSlg 19.909/2014.

24 Der VwGH erkennt gemäß Art 133 B-VG über die Rechtmäßigkeit von Entscheidungen der Verwaltungsgerichte erster Instanz.

sind, soll der VwGH in erster Linie Rechtsfragen von grundsätzlicher Bedeutung lösen und so die Einheitlichkeit der verwaltungsgerichtlichen Rechtsprechung gewährleisten.[25] Der Zugang zum VwGH ist daher für den Rechtsschutzsuchenden generell eingeschränkt. Dasselbe gilt auch für den OGH, wobei hier eine zusätzliche Schranke hinzu tritt: In manchen Angelegenheiten endet der Instanzenzug schon beim jeweiligen, dem OGH untergeordneten Oberlandesgericht.

Dem VfGH wiederum kommt (auch nach eigener Aussage) „eine Leitfunktion für die einheitliche Auslegung und Anwendung des Verfassungsrechts" zu.[26] Dabei ist jedoch zu beachten, dass der VfGH als einziges und „echtes" Verfassungsgericht nicht mittels Instanzenzugs zu untergeordneten Gerichten verbunden ist. Ihm fehlt also insofern ein typisches Merkmal eines Höchstgerichts. Als eine gewisse Ausnahme davon kann jedoch die so gennannte „Sonderverwaltungsgerichtsbarkeit" angeführt werden: Der VfGH fungiert dabei als Beschwerdeinstanz gegenüber den Verwaltungsgerichten erster Instanz, sofern die Anwendung einer rechtswidrigen generellen Norm oder eine Grundrechtsverletzung behauptet wird; sein Prüfungsmaßstab ist also auf verfassungsrechtliche Fragen beschränkt. Dabei ist es für die Beschwerdezulässigkeit jedoch ohne Relevanz, ob es sich konkret um eine *bedeutende* (Verfassungs-)Rechtsfrage handelt. Das heißt, im Rahmen der Sonderverwaltungsgerichtsbarkeit gewährleistet der VfGH (auch) den Rechtsschutz im Einzelfall.[27] Davon abgesehen ist der VfGH insbesondere für jene oben genannten Aufgaben zuständig, denen „im System des B-VG eine besondere Rolle zur Sicherung der Einhaltung der Spielregeln der Verfassung" zukommt.[28]

B. Zum Verhältnis der Höchstgerichte zueinander

Während somit die drei Höchstgerichte zwar nicht hierarchisch zueinander organisiert sind, bestehen doch wesentliche, in der Verfassung grundgelegte Verbindungen. Das B-VG enthält verschiedene Bestimmungen, die das Verhältnis der Höchstgerichte zueinander unmittelbar prägen. Hier ist einerseits das

25 Siehe Art 133 Abs 4 B-VG.

26 VfSlg 19.730/2012.

27 *Holoubek*, Auswirkungen des Unionsrechts auf das Verhältnis der österreichischen Höchstgerichte zueinander, in *Griller/Kahl/Kneihs/Obwexer* (Hrsg), 20 Jahre EU-Mitgliedschaft Österreichs (2015), 625 (634).

28 *Holoubek*, Auswirkungen des Unionsrechts auf das Verhältnis der österreichischen Höchstgerichte zueinander, in *Griller/Kahl/Kneihs/Obwexer* (Hrsg), 20 Jahre EU-Mitgliedschaft Österreichs (2015), 625 (635).

Normenkontrollmonopol des VfGH hervorzuheben (1.). Andererseits nimmt der VfGH Zuständigkeiten im Rahmen der Kompetenzgerichtsbarkeit wahr, woraus sich wiederum wesentliche Schlüsse für dessen besondere Stellung und Rolle ziehen lassen (2.). Zudem existieren teils erhebliche Zuständigkeitsüberlappungen, vor allem zwischen VfGH und VwGH (3.). Schließlich zeichnen insbesondere im Bereich der Grundrechtsprüfung alle Höchstgerichte in verschiedener Hinsicht und in unterschiedlichem Maße zuständig (4.).

1. Normenkontrollmonopol

Die beim VfGH angesiedelte Normenkontrolle verbindet alle drei Höchstgerichte miteinander:[29] Die Prüfung der Gültigkeit gehörig[30] kundgemachter Gesetze und Verordnungen ist dem OGH und dem VwGH (sowie auch anderen Gerichten und Behörden) verwehrt.[31] Sie kommt vielmehr alleine dem VfGH zu. Darin erblickt der VfGH einen „Grundgedanken" des Systems der Verfassungsgerichtsbarkeit in Österreich, womit „ein – die österreichische Verfassungsordnung geradezu prägendes – Element der Rechtssicherheit etabliert" werde: Denn niemand solle die Verbindlichkeit genereller Normen in Frage stellen, solange der VfGH nicht in einem förmlichen Verfahren deren Rechtswidrigkeit festgestellt hat.[32]

Die Verbindung der Höchstgerichte besteht beim Normenkontrollmonopol darin, dass (neben anderen ordentlichen Gerichten und Verwaltungsgerichten) der OGH und der VwGH Antragsteller diesbezüglicher Prüfungsverfahren beim VfGH sind. OGH wie auch VwGH haben einen Antrag auf Aufhebung einer

29 Art 139 B-VG: Kontrolle von Verordnungen; Art 140 B-VG: Gesetzeskontrolle.

30 Aus dem Text von Art 89 Abs 1 B-VG, wonach den ordentlichen Gerichten (und durch Verweis auf Art 89 in Art 135 Abs 4 B-VG auch den Verwaltungsgerichten) die Prüfung der Gültigkeit gehörig kundgemachter genereller Rechtsnormen nicht zusteht, wurde bisher im Umkehrschluss gefolgert, dass die Prüfung, ob eine Verordnung bzw ein Gesetz rechtswidrig kundgemacht wurde, den (Verwaltungs-)Gerichten selbst zustand. Dies führte jedoch dazu, dass eine Verwaltungsbehörde eine nicht gehörig kundgemachte generelle Rechtsnorm anzuwenden hatte, ein gegen die behördliche Entscheidung angerufenes Verwaltungsgericht hingegen nicht. Nunmehr sind seit dem Erkenntnis des VfGH vom 28.6.2017, V 4/2017, mit Kundmachungsfehlern behaftete generelle Rechtsnormen jedenfalls von sämtlichen Gerichten und Behörden so lange anzuwenden, bis sie – eine entsprechende Anfechtung vorausgesetzt – vom VfGH aufgehoben werden.

31 Art 89 Abs 1 B-VG (OGH) bzw Art 135 Abs 4 iVm Art 89 Abs 1 B-VG (VwGH).

32 VfGH 28.6.2017, V 4/2017, Rz 47.

generellen Norm beim VfGH zu stellen, wenn sie gegen die Anwendung eines Gesetzes aus dem Grund der Verfassungswidrigkeit oder gegen die Anwendung einer Verordnung Bedenken aus dem Grund der Gesetzwidrigkeit haben.[33] Auch Zweifelsfälle müssen nach der Judikatur des VfGH bei ihm angefochten werden, somit etwa nicht nur Gesetze, die das Gericht für verfassungswidrig hält.[34] Diese Verpflichtung betont der VfGH regelmäßig.[35] Dennoch sollte nicht übersehen werden, dass die Anfechtung nicht erzwungen werden kann. Es liegt vielmehr in den Händen der antragstellenden Gerichte, ob sie ein Normenkontrollverfahren beim VfGH einleiten.[36] Tatsächlich machen sowohl OGH als auch VwGH nicht übermäßig häufig von dieser Verpflichtung Gebrauch.[37] Ein Grund dafür liegt wohl in der oftmals sehr restriktiven bzw bisweilen kasuistischen Rechtsprechung des VfGH zu den Zulässigkeitsvoraussetzungen für einen Normenkontrollantrag.[38]

---

33 Art 89 Abs 2 B-VG (OGH) bzw Art 135 Abs 4 iVm Art 89 Abs 2 B-VG (VwGH). Die Verordnungskontrolle entspricht dem Grunde nach dem Gesetzesprüfungsverfahren. Zwecks Übersichtlichkeit wird daher in weiterer Folge auf eine gesonderte Darstellung der Verordnungskontrolle verzichtet.

34 Siehe bspw *Stöger*, Art 89 B-VG, in *Korinek/Holoubek* et al (Hrsg), Österreichisches Bundesverfassungsrecht (2017) Rz 69; *Öhlinger/Eberhard*, Verfassungsrecht[11] (2016) Rz 1012; *Bezemek*, Der Subsidiarantrag, Journal für Rechtspolitik (JRP) 2007, 303 (304). Im Gegensatz dazu ist in Deutschland die Überzeugung des Gerichts von der Verfassungswidrigkeit der Norm Voraussetzung für die Vorlage, bei bloßen Zweifeln ist die Befassung des Bundesverfassungsgerichts unzulässig; hierzu s. den Länderbericht Deutschland in diesem Band, Punkt E.

35 Siehe zB VfSlg 18.844/2009; VfSlg 19.730/2012.

36 *Pöschl*, Normprüfungsanträge durch Parteien – Die Entstehungsgeschichte und ihr verfassungsrechtlicher Kontext, Österreichische Richterzeitung (RZ) 2017, 56 (62).

37 Siehe *Holoubek*, Auswirkungen des Unionsrechts auf das Verhältnis der österreichischen Höchstgerichte zueinander, in *Griller/Kahl/Kneihs/Obwexer* (Hrsg), 20 Jahre EU-Mitgliedschaft Österreichs (2015), 625 (631).

38 *Holoubek*, Auswirkungen des Unionsrechts auf das Verhältnis der österreichischen Höchstgerichte zueinander, in *Griller/Kahl/Kneihs/Obwexer* (Hrsg), 20 Jahre EU-Mitgliedschaft Österreichs (2015), 625 (631). Der Anfechtungsumfang darf nicht zu weit, aber auch nicht zu eng gefasst sein. Der nach Aufhebung einer Bestimmung verbleibende Gesetzesteil darf nicht einen völlig veränderten Inhalt bekommen, außerdem soll damit sichergestellt werden, dass die mit der aufzuhebenden Gesetzesstelle untrennbar zusammenhängenden Bestimmungen auch erfasst werden. Ein zu eng gefasster Antrag führt jedenfalls zur Zurückweisung. Siehe jüngst VfGH 15.10.2016, G 103/2016 ua; 5.12.2016, G 227/2016; 12.12.2016, G 93/2016.

Inwieweit der VfGH über das Normenkontrollverfahren auf die anderen (Höchst-)Gerichte einwirken kann, hängt also sehr stark davon ab, wie viele Fälle überhaupt an ihn herangetragen werden. Jedoch gilt es zu sehen, dass der VfGH nicht nur auf Antrag der Gerichte „Prüfungsmaterial" erhält: Einerseits steht es dem einzelnen Bürger offen, im Wege des so genannten „Individualantrags" Normen direkt und ohne Dazwischentreten einer gerichtlichen Entscheidung beim VfGH anzufechten.[39] Andererseits kann der VfGH von Amts wegen eine Norm – unter der Voraussetzung, dass diese in einem bei ihm anhängigen Verfahren anzuwenden ist – auf Rechtswidrigkeit bzw Verfassungswidrigkeit überprüfen.[40]

Der mit Jahresbeginn 2015 eingeführte Parteiantrag auf Normenkontrolle hat die sachliche Zuständigkeit des VfGH im Bereich der Normenkontrolle nochmals ausgedehnt.[41] Der Parteiantrag auf Normenkontrolle ermöglicht es Parteien einer in erster Instanz gerichtlich entschiedenen Rechtssache, einen Antrag auf Normenkontrolle beim VfGH zu stellen. Dabei ist zu beachten, dass diese Möglichkeit nur im Bereich der ordentlichen Gerichtsbarkeit besteht (im Bereich der Verwaltungsgerichtsbarkeit kann der VfGH über die „Sonderverwaltungsgerichtsbarkeit" angerufen werden). Außerdem steht dieser Rechtsbehelf den Parteien nur insoweit zur Verfügung, als sich die verfassungsrechtlichen Bedenken gegen eine Norm richten, die das erstinstanzliche Gericht angewendet hat oder anzuwenden gehabt hätte.[42] Mit diesem neu geschaffenen Instrument wird dem VfGH eine zusätzliche Möglichkeit gegeben, auf die Rechtsprechung der Straf- und Zivilgerichtsbarkeit – sohin in letzter Konsequenz auch des OGH – Einfluss zu nehmen.[43] Der Parteiantrag auf Normenkontrolle ist jedoch keineswegs mit einer „Urteilsverfassungsbeschwerde" deutschen Charakters gleichzusetzen: Entscheidungen des OGH und des VwGH können *nicht* mithilfe des

39 Art 139 Abs 1 Z 3 bzw Art 140 Abs 1 Z 1 lit c B-VG.

40 *Pöschl*, Normprüfungsanträge durch Parteien – Die Entstehungsgeschichte und ihr verfassungsrechtlicher Kontext, RZ 2017, 56 (56).

41 Art 139 Abs 1 Z 4 bzw Art 140 Abs 1 Z 1 lit d B-VG; zum Parteiantrag siehe bspw *Frank*, Gesetzesbeschwerde. Der Parteiantrag auf Gesetzesprüfung im System der österreichischen Verfassungsgerichtsbarkeit (2015).

42 Der Normbestand, der das Rechtsmittelverfahren und die Organisation der Rechtsmittelgerichte regelt, kann daher nicht mittels Subsidiarantrag dem zulässigerweise an den VfGH herangetragen werden; vgl *Pöschl*, Normprüfungsanträge durch Parteien – Die Entstehungsgeschichte und ihr verfassungsrechtlicher Kontext, RZ 2017, 56 (62).

43 *Holoubek*, Auswirkungen des Unionsrechts auf das Verhältnis der österreichischen Höchstgerichte zueinander, in *Griller/Kahl/Kneihs/Obwexer* (Hrsg), 20 Jahre EU-Mitgliedschaft Österreichs (2015), 625 (633).

Parteiantrags auf Normenkontrolle dem VfGH zur Prüfung vorgelegt werden. Wie bereits erwähnt, können nur erstinstanzliche Entscheidungen ordentlicher Gerichte als Grundlage herangezogen werden, Normen auf ihre Verfassungsmäßigkeit zu prüfen.[44] Bei der Prüfung eines Parteiantrags ist der VfGH nicht an die Auslegung des Gesetzes gebunden, welche das erstinstanzliche Gericht vorgenommen hat. Umgekehrt vermag eine allfällige verfassungskonforme Interpretation des VfGH aber auch nicht die Gerichte – dazu siehe weiter unten – zu binden.[45] Zu beachten ist außerdem, dass das (erstinstanzliche) Gerichtsurteil durch die Entscheidung des VfGH formal unberührt bleibt; angeordnet wird nur, dass das erstinstanzliche Gericht selbst eine neue Sachentscheidung treffen muss.[46]

Durch die Vielzahl an derartigen Parteianträgen werden dem VfGH vermehrt Fälle vorgelegt, wodurch insgesamt ein größerer Einfluss auf die ordentliche Gerichtsbarkeit nahe liegt; es erscheint darüber hinaus auch vorstellbar, dass dieser Kanal einen gewissen Druck auf die Gerichte ausübt, selbst ihrer Verpflichtung zur Vorlage an den VfGH nachzukommen, bevor die Partei von diesem Rechtsmittel Gebrauch macht.[47] Der Parteiantrag auf Normenkontrolle hat den Zugriff auf die Rechtsordnung für den VfGH also auch in dieser Hinsicht verbessert und seine besondere Stellung insbesondere gegenüber dem OGH verfestigt. Dass dem VfGH über den Parteiantrag auf Normenkontrolle tatsächlich mehr „Prüfungsmaterial" vorgelegt wird, zeigt ein Blick in die Praxis: Von der Möglichkeit des Parteiantrags auf Normenkontrolle wurde im Jahr 2016 überaus häufig Gebrauch gemacht. Insgesamt wurden 283 Anträge eingebracht. Damit

---

44 *Gamper*, Der Grundrechtsschutz durch den VfGH, in *Pabel/Raschauer* (Hrsg), Die Organisation des Grundrechtsschutzes (2014) 1 (22 f). Eine vergleichbare Struktur hatte die unechte Verfassungsbeschwerde des ungarischen Verfassungsprozessrechts vor der Reform von 2011 und hat das polnische Recht seit 1997; hierzu s. in diesem Band den Länderbericht Polen, Punkte 4. und 9., und den Länderbericht Ungarn, Punkt A. 1.

45 *Pöschl*, Normprüfungsanträge durch Parteien – Die Entstehungsgeschichte und ihr verfassungsrechtlicher Kontext, RZ 2017, 56 (61); *Kneihs*, Die Gesetzesbeschwerde zwischen Entscheidungsbeschwerde und Individualantrag, in *Baumgartner* (Hrsg), Jahrbuch Öffentliches Recht 2014 (2014) 255 (275 f).

46 Art 140 Abs 7 B-VG spricht lediglich davon, dass „durch Bundesgesetz zu bestimmen [ist], dass das Erkenntnis des Verfassungsgerichtshofes, mit dem das Gesetz als verfassungswidrig aufgehoben wird, eine neuerliche Entscheidung dieser Rechtssache ermöglicht."

47 So auch *Gamper*, Der Grundrechtsschutz durch den VfGH, in *Pabel/Raschauer* (Hrsg), Die Organisation des Grundrechtsschutzes (2014) 1 (22).

wurde der erwartete Anfall von jährlich 150 solcher Anträge bei weitem übertroffen. In Relation zu anderen Anträgen auf Normenkontrolle bedeutet das, dass heute mehr als 40 Prozent aller Normenkontrollverfahren mittels Parteiantrag eingeleitet werden.[48]

Das Verhältnis zwischen den Höchstgerichten wird auch ganz wesentlich dadurch bestimmt, welche Wirkungen Entscheidungen des VfGH besonders in Normenkontrollverfahren entfalten. Die aufhebende („positive") Entscheidung des VfGH in einem Normenkontrollverfahren – also die Entfernung einer generellen Norm aus dem Rechtsbestand – entfaltet Wirkung erga omnes. Solchen Erkenntnissen des VfGH kommt allgemeine Wirkung zu, sie sind daher nicht nur im Anlassfall von Bedeutung. Zu beachten ist dabei, dass die Aufhebung der Norm nach allen Seiten hin nur pro futuro wirkt[49]. Auf die vor Aufhebung verwirklichten Sachverhalte ist die aufgehobene Bestimmung grundsätzlich weiterhin anzuwenden. Wie bereits erwähnt, ist davon allerdings der Anlassfall ausgenommen.[50] Der VfGH kann diese „Anlassfallwirkung" auch ausdehnen und im Einzelfall eine teilweise oder generelle Rückwirkung der Aufhebung aussprechen.[51] Hiervon macht der VfGH beispielsweise Gebrauch, wenn die Gesetzesstelle wegen eines Verstoßes gegen die EMRK verfassungswidrig ist. Dies, weil eine rein auf den Anlassfall beschränkte Rückwirkung der Aufhebung vor dem Hintergrund der Art 13 und 14 EMRK problematisch wäre.[52]

Teilt der VfGH die im Antrag genannten Bedenken nicht – verbleibt die angefochtene generelle Norm also im Rechtsbestand –, entfaltet ein solches „negatives" Normprüfungserkenntnis weitreichende Rechtswirkungen. In objektiver Hinsicht bezieht sich die „Rechtskraft" auf die im Antrag genannten Bedenken.

---

48 Bericht des Verfassungsgerichtshofes über seine Tätigkeit im Jahr 2016 (https://www.vfgh.gv.at/downloads/taetigkeitsberichte/VfGH_Taetigkeitsbericht_2016.pdf, zuletzt abgerufen am 17.1.2018) 1 (9).

49 Ähnlich in Polen: Bericht Polen in diesem Band, Punkt 10.

50 Art 140 Abs 7 B-VG. Zu dem vergleichbaren Vorteilsprivileg in Polen s. den Länderberich zu Polen in diesem Band, Punkt 10.

51 *Fuchs/Segalla*, Grundrechtsschutz durch den Verfassungs- und den Verwaltungsgerichtshof, in *Heißl* (Hrsg), Handbuch Menschenrechte (2009) Rz 33/1 (Rz 33/17 ff); *Rohregger/Schuch*, Die Rechtswirkungen aufhebender Erkenntnisse im verfassungsgerichtlichen Verfahren, in *Holoubek/Lang* (Hrsg), Das verfassungsgerichtliche Verfahren in Steuersachen (2010) 297 (304 ff); *Öhlinger/Eberhard*, Verfassungsrecht[11] (2016) Rz 1033.

52 *Fuchs/Segalla*, Grundrechtsschutz durch den Verfassungs- und den Verwaltungsgerichtshof, in *Heißl* (Hrsg), Handbuch Menschenrechte (2009) Rz 33/1 (Rz 33/20) unter Verweis auf VfSlg 15.129/1998.

Das heißt, die Norm ist gegen gleichlautende Bedenken in weiterer Folge „immunisiert". In subjektiver Hinsicht kommt der Entscheidung Erga-omnes-Wirkung zu. Das bedeutet, dass in Zukunft nicht nur die Parteien des Verfahrens, sondern niemand mehr gleichlautende Bedenken (bei gleicher Sach- und Rechtslage) zulässigerweise beim VfGH vorbringen kann.[53] Die Begründung des abweisenden Erkenntnisses entfaltet demgegenüber keine Bindungswirkungen.

Erzielt der VfGH die abweisende Entscheidung beispielsweise mithilfe einer verfassungskonformen Interpretation[54], so sind andere, nicht an diesem konkreten Verfahren beteiligte Gerichte nicht an diese Auslegung gebunden.[55] Eine verfassungskonforme Auslegung erzeugt daher grundsätzlich nur Wirkungen inter partes. Sie bindet aber den VfGH (im Normprüfungsverfahren) insoweit selbst, als er dieselbe Vorschrift aus denselben Gründen nicht mehr prüfen darf.[56]

Der VfGH judiziert aber in ständiger Rechtsprechung, dass die Unterlassung einer verfassungskonformen Interpretation eine in die Verfassungssphäre reichende Rechtswidrigkeit darstellen kann.[57] Auf diese Weise, und weil die Verwaltungsgerichte erster Instanz an seine Rechtsansicht gebunden sind,[58] kann der VfGH im Rahmen der Sonderverwaltungsgerichtsbarkeit für eine einheitliche

---

53 Eingehend dazu *Unger*, Die Rechtskraft von Normprüfungserkenntnissen, in *Holoubek/Lang* (Hrsg), Das verfassungsgerichtliche Verfahren in Steuersachen (2010) 335 (341 ff); *Pöschl*, Die Rechtskraft von Normprüfungserkenntnissen, in *Holoubek/Lang* (Hrsg), Das verfassungsgerichtliche Verfahren in Steuersachen (1998) 113; *Fuchs/Segalla*, Grundrechtsschutz durch den Verfassungs- und den Verwaltungsgerichtshof, in *Heißl* (Hrsg), Handbuch Menschenrechte (2009) Rz 33/1 (Rz 33/15).

54 Als verfassungskonforme Interpretation wird eine Interpretation von unterverfassungsgesetzlichem Recht bezeichnet. Genauer: Darunter wird die Auslegung von Gesetzen und sonstigen Rechtsvorschriften im Einklang mit der Verfassung verstanden. Enthält eine rechtliche Vorschrift mehrere Deutungsmöglichkeiten, sind jene auszuscheiden, die der Verfassung widersprechen. Die Grenze dieser Form der Interpretation wird dann überschritten, wenn sie dem Wortlaut des Gesetzes eindeutig widerspricht. Mit dieser Methode schont der VfGH die Aufhebung einer Bestimmung wegen Verfassungswidrigkeit; *Öhlinger/Eberhard*, Verfassungsrecht[11] (2016) Rz 36.

55 *Öhlinger/Eberhard*, Verfassungsrecht[11] (2016) Rz 36.

56 *Pöschl*, Normprüfungsanträge durch Parteien – Die Entstehungsgeschichte und ihr verfassungsrechtlicher Kontext, RZ 2017, 56 (56, 63).

57 So zum Beispiel als Unterstellung eines gleichheitswidrigen Inhalts (zB VfSlg 10.612/1985) oder als „denkunmögliche" Unterstellung eines verfassungswidrigen Inhalts (zB VfSlg 8011/1977). Auch eine Verletzung des Gleichheitssatzes oder eines anderen Grundrechts erscheint möglich; vgl *Öhlinger/Eberhard*, Verfassungsrecht[11] (2016) Rz 38.

58 § 87 Abs 2 Verfassungsgerichtshofgesetz (VfGG), BGBl 1953/85 (Wiederverlautbarung).

verfassungskonforme Interpretation innerhalb der Verwaltungsgerichtsbarkeit sorgen (wobei der VwGH nur im konkreten Fall im Rahmen des fortgesetzten Verfahrens daran gebunden ist); auf die ordentlichen Gerichte kann der VfGH allerdings nur beschränkt über den Parteiantrag und auch hier nur auf das konkrete Verfahren einwirken. Der VfGH ist daher in besonderem Maß auf Vermittlung gegenüber der ordentlichen wie auch der Verwaltungsgerichtsbarkeit angewiesen. Anders gesagt: Fehlt eine unmittelbare Wirkung einer Entscheidung des VfGH, kommt es stark auf die Überzeugungskraft seiner Argumentation an, in welchem Ausmaß die anderen (Höchst-)Gerichte seiner Ansicht folgen.[59]

In der Praxis zeigt sich, dass sowohl der VfGH als auch die anderen beiden Gerichtshöfe regelmäßig Bestimmungen in teils extensivem Ausmaß – also bisweilen über den eindeutigen Wortlaut der Bestimmung hinaus – verfassungskonform interpretieren. Die Handhabung dieser Vorgangsweise wurde in der Literatur mehrfach zum Teil stark kritisiert.[60] Die Motive der Höchstgerichte, auf die verfassungskonforme Interpretation in teils extensiver Weise zurückgreifen, sind unterschiedlich gelagert. Der VfGH schont mittels verfassungskonformer Interpretation den Rechtsbestand an sich, indem er von einer Aufhebung einer Bestimmung absieht. Die anderen (Höchst-)Gerichte können damit jedoch auch die Verpflichtung zur Anfechtung einer Bestimmung beim VfGH verhindern und damit vermeiden, dass der VfGH einer unter Umständen schon länger bestehende Judikaturlinie durch Aufhebung einer Bestimmung eingreift.

2. Kompetenzgerichtsbarkeit

Eine weitere verfassungsrechtlich normierte Zuständigkeit des VfGH prägt das Verhältnis der drei Höchstgerichte in entscheidender Weise: Dem VfGH kommt die Aufgabe zu, Kompetenzkonflikte zwischen Gerichten und Verwaltungsbehörden, zwischen den ordentlichen Gerichten und der Verwaltungsgerichtsbarkeit sowie zwischen ihm selbst und allen anderen Gerichten zu lösen.[61] Dahinter steht der Grundgedanke, dass Kompetenzkonflikte zwischen Verwaltung und

---

59 *Holoubek*, Auswirkungen des Unionsrechts auf das Verhältnis der österreichischen Höchstgerichte zueinander, in *Griller/Kahl/Kneihs/Obwexer* (Hrsg), 20 Jahre EU-Mitgliedschaft Österreichs (2015), 625 (636 f).

60 *Handstanger*, Zur Verfassungskonformität der verfassungskonformen Auslegung, in *Brünner* et al (Hrsg), Mensch – Gruppe – Gesellschaft. FS Prischnig (2010), 969 (975), mwN. Zu einer grundlegenden Kritik der Interpretationsmethode an sich siehe *Kneihs*, Wider die verfassungskonforme Interpretation, ZfV 2009/669, 354.

61 Art 138 Abs 1 B-VG.

Gerichtsbarkeit generell sowie insbesondere zwischen Gerichten, denen kein gemeinsames Gericht übergeordnet ist, vom VfGH entschieden werden sollen.[62] In diesem Sinne erkennt der VfGH mithin auch über Kompetenzkonflikte zwischen den Höchstgerichten.

Grundsätzlich liegt ein derartiger Kompetenzkonflikt vor, wenn sich zwei Organe in derselben Sache entweder für zuständig (positiver Kompetenzkonflikt) oder für unzuständig (negativer Kompetenzkonflikt) erklärt haben und dieser Ausspruch in einem Fall rechtswidrig erfolgt ist.[63] Insofern kann es vorkommen, dass der VfGH seiner Rechtsansicht entgegenstehende (Zuständigkeits-)Entscheidungen des OGH[64] oder des VwGH[65] aufhebt,[66] bisweilen korrigiert er aber auch seine eigenen (Zuständigkeits-)Entscheidungen.[67] Immer wieder wurden solcherart etwa in Zuständigkeitsfragen bestehende Judikaturdivergenzen mit dem VwGH gelöst.[68]

---

62 Siehe *Öhlinger/Eberhard*, Verfassungsrecht[11] (2016) Rz 995; *Holoubek*, Auswirkungen des Unionsrechts auf das Verhältnis der österreichischen Höchstgerichte zueinander, in *Griller/Kahl/Kneihs/Obwexer* (Hrsg), 20 Jahre EU-Mitgliedschaft Österreichs (2015), 625 (630).

63 *Kolar*, Kompetenzüberschneidungen zwischen den Gerichtshöfen des öffentlichen Rechts – Koordination oder gegenseitige Blockade?, in *Gotthard* et al (Hrsg), Kooperation und Koordination als Rechtsentwicklungstrends. Tagung der österreichischen Assistentinnen und Assistenten (2014) 49 (56), mwN.

64 So etwa VfSlg 19.668/2012 (Zuständigkeit des OGH zur Entscheidung über das Begehren der Stadtgemeinde Salzburg gegen den Bund auf Zahlung von Kosten für Sondierungsmaßnahmen betreffend Fliegerbombenblindgänger); jüngst VfGH 13.6.2017, K I 1/2017 (Zuständigkeit des OGH zur Entscheidung über die Rechtmäßigkeit des Berufungsverfahrens für eine Universitätsprofessorenstelle).

65 So etwa VfSlg 19.929/2014 (Zuständigkeit des VwGH zur Entscheidung über die an ihn abgetretene Beschwerde gegen die Versagung der Zulassung zum Studium der Humanmedizin).

66 Siehe dazu *Holoubek*, Auswirkungen des Unionsrechts auf das Verhältnis der österreichischen Höchstgerichte zueinander, in *Griller/Kahl/Kneihs/Obwexer* (Hrsg), 20 Jahre EU-Mitgliedschaft Österreichs (2015), 625 (632), mit Verweis auf *Bernard*, Aus der Böhmischen Hofkanzlei oder: Szenen einer Verfassungsehe, Österreichische Juristen-Zeitung (ÖJZ) 1997, 161.

67 So etwa VfSlg 19.572/2011 (Zuständigkeit des VfGH zur Entscheidung über einen Bescheid der Tiroler Landes-Grundverkehrskommission betreffend die Verweigerung einer Auskunft).

68 Kritisch *Kolar*, Kompetenzüberschneidungen zwischen den Gerichtshöfen des öffentlichen Rechts – Koordination oder gegenseitige Blockade?, in *Gotthard* et al (Hrsg), Kooperation und Koordination als Rechtsentwicklungstrends. Tagung der österreichischen Assistentinnen und Assistenten (2014) 49 (56), unter Hinweis auf VfSlg

Die Befugnis, Entscheidungen des VwGH und des OGH aufzuheben (also aus dem Rechtsbestand zu beseitigen), kommt dem VfGH gleichwohl – wie bereits dargelegt – *ausschließlich* im Rahmen der Kompetenzgerichtsbarkeit und damit auch ausschließlich bezogen auf Zuständigkeitsfragen zu.

3. Die „Sonderverwaltungsgerichtsbarkeit" des VfGH: Zuständigkeitsüberschneidungen zwischen VfGH und VwGH

Abgrenzungsschwierigkeiten zwischen der Zuständigkeit des VfGH und des VwGH ergeben sich vor allem im Bereich der Sonderverwaltungsgerichtsbarkeit.[69] Gegen Entscheidungen der Verwaltungsgerichte erster Instanz kann nämlich nach dem österreichischen Rechtsschutzsystem sowohl der VfGH (Beschwerde mit der Behauptung der Anwendung einer rechtswidrigen generellen Norm oder der Verletzung eines verfassungsgesetzlich gewährleisteten Rechts) als auch der VwGH (Revision mit der Behauptung einer einfachen Rechtsverletzung) angerufen werden. Dies ist grundsätzlich auf zweifache Weise möglich: Einerseits durch gleichzeitige Anrufung beider Höchstgerichte, andererseits im Wege der sukzessiven Erhebung eines Rechtsmittels – zuerst an den VfGH und im Fall der Abweisung oder Ablehnung sodann an den VwGH.[70]

Art 133 Abs 5 B-VG bestimmt zwar, dass Rechtssachen von der Zuständigkeit des VwGH ausgeschlossen sind, die zur Zuständigkeit des VfGH gehören. Dessen ungeachtet bestehen gewisse Kompetenzüberschneidungen, die sich vor allem aus der zwischen VfGH und VwGH vollzogenen Aufgabenteilung der

---

14.295/1995 (Zuständigkeit des VwGH zur Entscheidung über die bei ihm eingebrachte Säumnisbeschwerde hinsichtlich eines Antrags auf Anerkennung der Zeugen Jehovas als Religionsgesellschaft) und VfSlg 19.499/2011 (Zuständigkeit des VwGH zur Entscheidung über die Beschwerde gegen den Bescheid der Verkehrsministerin betreffend die Genehmigung des Brenner Basistunnels).

69 Eingehend dazu *Eberhard*, Zuständigkeitsabgrenzung von VwGH und VfGH, in *Holoubek/Lang* (Hrsg), Das Verfahren vor dem VwGH (2015) 331. Ausführlich zum Beschwerdeverfahren nach Art 144 B-VG (zur Fassung vor der Verwaltungsgerichtsbarkeitsnovelle 2012) *Fuchs*, Das Bescheidbeschwerdeverfahren gemäß Art 144 B-VG, in *Holoubek/Lang* (Hrsg), Das verfassungsgerichtliche Verfahren in Steuersachen (2010) 51.

70 Diese Abtretungsmöglichkeit ist auch unter arbeitsteiligen Gesichtspunkten zu sehen, trägt sie doch erheblich zur Verringerung des Arbeitsaufwands des VfGH bei. Zu all dem *Holoubek/Fuchs*, Der VfGH im neuen Gefüge der Verwaltungsgerichtsbarkeit, ecolex 2013, 598.

„Grobprüfung" (auf das Vorliegen von Verfassungsverstößen) durch den VfGH und der „Feinprüfung" (auf das Vorliegen von einfachgesetzlichen Rechtsverletzungen) durch den VwGH ergeben. Mitunter tritt aber auch der VfGH in eine „Feinprüfung" ein. Häufig genanntes Beispiel in diesem Zusammenhang sind die Grundrechte mit so genanntem „Ausgestaltungsvorbehalt",[71] wie etwa die Vereins- und Versammlungsfreiheit. Fasst der VfGH eine Verletzung des (einfachgesetzlichen) Vereins- oder Versammlungsrechts auch als Verletzung des damit korrespondierenden verfassungsgesetzlich gewährleisteten Rechts auf,[72] so bleibt für eine Prüfung durch den VwGH am Maßstab der Ausführungsgesetze grundsätzlich kein Spielraum.[73] Unlängst hat der VfGH seine diesbezügliche Rechtsprechungslinie in diesem Bereich jedoch geändert.[74] So nimmt der VfGH neuerdings nur mehr in bestimmten „Kernbereichen" der Vereins- und Versammlungsfreiheit eine Feinprüfung vor, wodurch gleichzeitig die Zuständigkeit des VwGH in diesen, nicht vom Kernbereich erfassten Bestimmungen eröffnet wird.[75]

Auch im Zusammenhang mit dem verfassungsrechtlichen Willkürverbot[76], dem Recht auf den gesetzlichen Richter[77] oder anderen Verfahrensgrundrechten wie etwa Art 6 ERMK lassen sich gewisse Parallelzuständigkeiten von VfGH

71 Damit ist gemeint, dass auf verfassungsrechtlicher Ebene nur eine allgemeine Grundrechtsgewährleistung normiert ist, die genaue Ausgestaltung jedoch der einfachen Gesetzgebung überlassen ist.

72 Diesbezüglich wird davon gesprochen, dass der VfGH auch eine Feinprüfung vornimmt.

73 *Holoubek*, Auswirkungen des Unionsrechts auf das Verhältnis der österreichischen Höchstgerichte zueinander, in *Griller/Kahl/Kneihs/Obwexer* (Hrsg), 20 Jahre EU-Mitgliedschaft Österreichs (2015), 625 (632); *Öhlinger/Eberhard*, Verfassungsrecht[11] (2016) Rz 903.

74 VfSlg 19.741/2013; 19.961/2015; 19.994/2015.

75 Siehe dazu *Holoubek*, Auswirkungen des Unionsrechts auf das Verhältnis der österreichischen Höchstgerichte zueinander, in *Griller/Kahl/Kneihs/Obwexer* (Hrsg), 20 Jahre EU-Mitgliedschaft Österreichs (2015), 625 (632); *Haas*, 'No to Meat'-March on Holy Saturday – Freedom of Assembly and the Constitutional Court's New Standard of Review, Vienna Journal on International Constitutional Law (ICL) 2015, 432.

76 Art 7 B-VG. Zum Willkürverbot als dem Hebel, mit dem das deutsche Bundesverfassungsgericht bisweilen die Auslegung (und nicht nur den verfassungsrechtlichen Rahmen) des einfachen Rechts beurteilt, s. den Länderbericht Deutschland in diesem Band, Punkt C.3.

77 Art 83 Abs 2 B-VG.

und VwGH nicht – oder nur schwer – vermeiden.[78] Nicht jeder einfachgesetzliche Verfahrensfehler stellt nämlich bereits für sich eine Verfassungsverletzung dar, was der VfGH in Bezug auf die Abgrenzung zwischen seiner Zuständigkeit und jener des VwGH auch mehrfach klargestellt hat.[79] Dennoch zeigen sich in diesem Bereich diffizile Abgrenzungsschwierigkeiten: So ist eine Behörde qua gesetzlicher Regelung entweder für eine Angelegenheit zuständig oder nicht; das Recht auf den gesetzlichen Richter – als ein verfassungsgesetzlich gewährleistetes Recht – kann „als grundrechtlicher Garant für die Einhaltung der gesetzlichen Zuständigkeitsordnung dementsprechend gewahrt oder entzogen sein."[80] Nach der Rechtsprechung des VfGH liegt hierbei nur dann eine Verletzung des Rechts auf den gesetzlichen Richter vor, wenn die Verletzung der Zuständigkeitsordnung in ihrer Intensität einer Rechtsschutzverweigerung gleichkommt. Während etwa eine Verletzung der sachlichen Zuständigkeit jedenfalls in die Verfassungssphäre reicht, ist dies bei Verletzung der örtlichen Zuständigkeit nicht zwingend der Fall.[81]

Für den hier interessierenden Kontext geht damit die Konsequenz einher, dass je nach Vorbringen der Partei sowohl VfGH als auch VwGH angerufen werden können. Der VfGH hat das Vorbringen, mit dem eine Verkürzung verfassungsgesetzlich gewährleisteter Rechte behauptet wird, am Maßstab verfassungsrechtlicher Überlegungen zu prüfen, während der VwGH den behaupteten einfachgesetzlichen Verstoß beurteilt. Aus diesen sachlichen Zuständigkeitsüberschneidungen können Judikaturdivergenzen entstehen bzw bedürfen zu ihrer Vermeidung der Koordination zwischen den Höchstgerichten. Diese Koordinierung kann auf unterschiedliche Art und Weise erfolgen: Entweder durch

---

78 Siehe eingehend dazu *Fuchs*, Verfahrensgrundrechte im Eingriffs- und Schrankenmodell? Überlegungen zur Struktur grundrechtlicher Verfahrensgarantien, Zeitschrift für Öffentliches Recht (ZÖR) 2012, 537; *Kolar*, Kompetenzüberschneidungen zwischen den Gerichtshöfen des öffentlichen Rechts – Koordination oder gegenseitige Blockade?, in *Gotthard* et al (Hrsg), Kooperation und Koordination als Rechtsentwicklungstrends. Tagung der österreichischen Assistentinnen und Assistenten (2014) 49 (50 ff).

79 Siehe bspw VfSlg 19.221/2010. In Deutschland wird dies in die dogmatische Figur des „spezifischen Verfassungsrechts" gefasst; hierzu s. den Länderbericht Deutschland in diesem Band, Punkt C.2.

80 *Fuchs*, Verfahrensgrundrechte im Eingriffs- und Schrankenmodell? Überlegungen zur Struktur grundrechtlicher Verfahrensgarantien, ZÖR 2012, 537 (541).

81 Weiterführend *Fuchs*, Verfahrensgrundrechte im Eingriffs- und Schrankenmodell? Überlegungen zur Struktur grundrechtlicher Verfahrensgarantien, ZÖR 2012, 537 (548).

Übernahme der Rechtsprechung(slinie) des jeweils anderen Gerichtshofs oder womöglich auch durch schlichtes Abwarten, bis das andere Höchstgericht entschieden hat, um sich sodann auf diese Entscheidung zu berufen. Dennoch gilt es zu beachten, dass keine diesbezüglichen „Kooperationspflichten" in der Verfassung normiert sind. Ebenso erachten sich sowohl VfGH als auch VwGH – abseits der Respektierung der Bindungswirkungen im fortgesetzten Verfahren – grundsätzlich nicht an die Entscheidungen des jeweils anderen Höchstgerichts gebunden. Die Koordinierung erfolgt insofern prinzipiell auf „freiwilliger" Basis.[82]

4. Grundrechte

Rechtsprechung aller Höchstgerichte gibt es auf dem Gebiet der Grundrechte. In Österreich sind alle Behörden und Gerichte von Verfassungs wegen an die Grundrechte gebunden. Auf Basis dessen haben insbesondere auch OGH und VwGH die Entfaltung des Grundrechtsschutzes wesentlich mitentwickelt.[83] Dennoch genießt der VfGH eine besondere Stellung im Grundrechtsschutz. Diese besondere Stellung ergibt sich daraus, dass es in Österreich kein anderes Organ gibt, das, „teilweise monopolistisch, eine so breite Palette grundrechtswidriger Rechtsakte zu prüfen und aufzuheben berechtigt ist, ohne dass es eine weitere nationale Instanz gäbe, die eine derartige Entscheidung ihrerseits überprüfen könnte."[84]

In gewisser Weise kann hierin eine „Leitfunktion des VfGH für die Auslegung verfassungsgesetzlich gewährleisteter Rechte" ausgemacht werden.[85] Diese Aussage ist jedoch dahingehend zu relativieren, dass in der ordentlichen Gerichtsbarkeit, speziell im Bereich des Strafrechts, (auch) der OGH Grundrechtsgericht

82 Eingehend dazu *Kolar*, Kompetenzüberschneidungen zwischen den Gerichtshöfen des öffentlichen Rechts – Koordination oder gegenseitige Blockade?, in *Gotthard* et al (Hrsg), Kooperation und Koordination als Rechtsentwicklungstrends. Tagung der österreichischen Assistentinnen und Assistenten (2014) 49 (53 ff), mit diversen Literatur- und Judikaturnachweisen.

83 *Holoubek*, Auswirkungen des Unionsrechts auf das Verhältnis der österreichischen Höchstgerichte zueinander, in *Griller/Kahl/Kneihs/Obwexer* (Hrsg), 20 Jahre EU-Mitgliedschaft Österreichs (2015), 625 (632 f).

84 *Gamper*, Der Grundrechtsschutz durch den VfGH, in *Pabel/Raschauer* (Hrsg), Die Organisation des Grundrechtsschutzes (2014) 1 (2).

85 *Holoubek*, Auswirkungen des Unionsrechts auf das Verhältnis der österreichischen Höchstgerichte zueinander, in *Griller/Kahl/Kneihs/Obwexer* (Hrsg), 20 Jahre EU-Mitgliedschaft Österreichs (2015), 625 (637).

ist.[86] Außerdem gilt es zu beachten, dass die hervorgehobene Stellung des VfGH im Bereich der Grundrechtsprüfung durch die vorgesehenen Modalitäten seiner Anrufbarkeit beschränkt ist: Grundrechtskontrolle kann einerseits im Rahmen des Normenkontrollverfahrens stattfinden (dessen Einleitung wie bereits erwähnt grundsätzlich antragsbedürftig ist)[87], andererseits im Wege der Sonderverwaltungsgerichtsbarkeit gegenüber der Verwaltungsgerichtsbarkeit, sowie drittens mittels Parteiantrag auf Normenkontrolle in begrenztem Umfang gegenüber der ordentlichen Gerichtsbarkeit.[88] Abgesehen davon kommt dem VfGH hinsichtlich der Urteile ordentlicher Gerichte – auch des OGH – sowie der Entscheidungen des VwGH keine Prüfungsbefugnis zu. In jedem Fall kann schließlich der VfGH nur mittels Kassation vorgehen; eine Reformation bzw die Möglichkeit, den Behörden präzise Handlungsaufträge zu erteilen, steht ihm nicht zu.[89]

Auch im Bereich des Grundrechtsschutzes gilt damit zusammengefasst: Will der VfGH seine Rechtsansicht von den beiden anderen Höchstgerichten – OGH und VwGH – angewendet wissen, hat er sie von seiner Argumentation zu überzeugen. Dementsprechend ist im Bereich der Grundrechtsauslegung ein ausgeprägtes „Dialog- oder Kooperationsverhältnis" zwischen den Höchstgerichten erkennbar.[90]

---

86 *Öhlinger/Eberhard*, Verfassungsrecht[11] (2016) Rz 740. Aus diesem Grund wurde im Jahr 1992 ein außerordentliches Rechtsmittel in Form der sog Grundrechtsbeschwerde eingerichtet. Wer sich im Recht auf persönliche Freiheit durch eine strafgerichtliche Verfügung oder Entscheidung verletzt sieht, kann unter Erfüllung bestimmter Voraussetzungen Beschwerde beim OGH erheben.

87 Auch ein amtswegiger Prüfungsbeschluss zur Normenkontrolle bedarf eines – über Antrag – eingeleiteten Ausgangsverfahrens vor dem VfGH.

88 *Holoubek*, Auswirkungen des Unionsrechts auf das Verhältnis der österreichischen Höchstgerichte zueinander, in *Griller/Kahl/Kneihs/Obwexer* (Hrsg), 20 Jahre EU-Mitgliedschaft Österreichs (2015), 625 (637).

89 *Gamper*, Der Grundrechtsschutz durch den VfGH, in *Pabel/Raschauer* (Hrsg), Die Organisation des Grundrechtsschutzes (2014) 1 (5).

90 *Holoubek*, Auswirkungen des Unionsrechts auf das Verhältnis der österreichischen Höchstgerichte zueinander, in *Griller/Kahl/Kneihs/Obwexer* (Hrsg), 20 Jahre EU-Mitgliedschaft Österreichs (2015), 625 (637), nennt in FN 31 das Beispiel, wonach „der OGH die Ausformung des Gleichheitsgrundsatzes als Sachlichkeitsgebot durch die verfassungsgerichtliche Rechtsprechung übernommen", diesem „gegenüber der privatwirtschaftlich tätigen Verwaltung aber eigenständige Konturen verliehen" hat. Siehe weiters *Kolar*, Kompetenzüberschneidungen zwischen den Gerichtshöfen des öffentlichen Rechts – Koordination oder gegenseitige Blockade?, in *Gotthard* et al

5. Zwischenfazit

Insgesamt zeigt sich trotz der grundsätzlichen Gleichrangigkeit der drei Höchstgerichte eine gewisse „Vorrangstellung" des VfGH gegenüber den anderen beiden Höchstgerichten. Diese ergibt sich einerseits aus seiner Stellung als „Schiedsrichter" in Kompetenzkonflikten zwischen den Höchstgerichten – mit der Möglichkeit, entgegenstehende Entscheidungen von OGH und VwGH aufzuheben. Andererseits ist sie Folge des dem VfGH zukommenden Normenkontrollmonopols: Verfassungsrechtlich sind alle Behörden und Gerichte an (einfache) Gesetze gebunden, sie können deren Vereinbarkeit mit höherrangigem (Verfassungs-)Recht nicht selbst überprüfen. Diese Funktion kommt im österreichischen Rechtsschutzsystem vielmehr allein dem VfGH zu. Hebt der VfGH eine Gesetzesvorschrift auf (das heißt: er entfernt sie aus dem Rechtsbestand), hat das antragstellende (Höchst-)Gericht in weiterer Folge die Rechtssache am Maßstab der vom VfGH bereinigten Rechtslage weiterzuführen.[91]

Bestehende Judikaturdivergenzen zwischen den Höchstgerichten werden in der Praxis oftmals dadurch gelöst, dass sich ein Höchstgericht nachträglich der Entscheidung des anderen Höchstgerichts anschließt, ohne dass indes eine diesbezügliche Verpflichtung bestünde.[92] Dass eine solche „echte" Dialog- bzw Kooperationsbereitschaft vorhanden ist, zeigt sich besonders anhand der Grundrechtsjudikatur.

(Hrsg), Kooperation und Koordination als Rechtsentwicklungstrends. Tagung der österreichischen Assistentinnen und Assistenten (2014) 49 (53) mwN.

91 *Holoubek*, Auswirkungen des Unionsrechts auf das Verhältnis der österreichischen Höchstgerichte zueinander, in *Griller/Kahl/Kneihs/Obwexer* (Hrsg), 20 Jahre EU-Mitgliedschaft Österreichs (2015), 625 (635). Und zwar selbst dann, wenn dies für die Partei des Anlassverfahrens nachteilig ist; vgl VwGH 29.8.1996, 96/06/0131.

92 Siehe bspw VwSlg 17845 A/2010 unter Bezugnahme auf VfSlg 17.165/2004. In dieser Entscheidung hat der VwGH in einem ersten Schritt in der Begründung die Rechtsansicht des VfGH zu einer anderen Rechtssache referiert und in weiterer Folge erklärt, dass er sich „[d]ieser letzt genannten verfassungskonformen Interpretation" des VfGH anschließe. Siehe dazu eingehend *Kolar*, Kompetenzüberschneidungen zwischen den Gerichtshöfen des öffentlichen Rechts – Koordination oder gegenseitige Blockade?, in *Gotthard* et al (Hrsg), Kooperation und Koordination als Rechtsentwicklungstrends. Tagung der österreichischen Assistentinnen und Assistenten (2014) 49 (56 ff).

C. Das Verhältnis der Höchstgerichte zueinander: Anschauungsfelder

Im Weiteren sollen die solcherart dargestellten Grundlinien anhand zweier Anschauungsfelder verdeutlicht werden. Einerseits ist die jüngere Rechtsprechung des VfGH zur Geltung der Rechte der EU-Grundrechtecharta als verfassungsgesetzlich gewährleistete Rechte in den Blick zu nehmen. Andererseits soll das praktische Zusammenspiel der österreichischen Höchstgerichte im Einflussbereich des Unionsrechts am Beispiel der Rechtsprechung zum österreichischen Glücksspielmonopol exemplifiziert werden.

1. Rechte der EU-Grundrechtecharta

Das europäische Unionsrecht ist grundsätzlich kein Prüfungsmaßstab des VfGH, da Unionsrecht – wie der VfGH betont – nicht Verfassungsrecht (im formalen Verständnis des B-VG) ist und daher die Einhaltung von Unionsrecht der verfassungsgerichtlichen Kontrolle nicht zugänglich ist.[93] Verstöße gegen das Unionsrecht werden im System des österreichischen Rechtsschutzes grundsätzlich gleich behandelt wie Verstöße gegen einfaches Gesetzesrecht: Sie sind entweder vor den Verwaltungsgerichten erster Instanz oder vor den ordentlichen Gerichten geltend zu machen.[94] Eine Aufhebung von Entscheidungen der Verwaltungsgerichte erster Instanz wegen Unionsrechtswidrigkeit durch den VfGH kommt prinzipiell ebenso wenig in Betracht wie eine Aufhebung von Verordnungen und Gesetzen aufgrund Widerspruchs zu unionsrechtlichen Vorgaben.[95]

Eine zentrale Ausnahme von diesem Grundsatz besteht in Bezug auf die EU-Grundrechtecharta (GRC). In einer bahnbrechenden Entscheidung aus dem Jahr 2012[96] hat der VfGH – gegründet im Wesentlichen auf dem unionsrechtlichen

93 So etwa VfSlg 15.753/2000; 18.266/2007.

94 *Holoubek*, Verfassungsgerichtshof der Republik Österreich (Landesbericht), in: Die Kooperation der Verfassungsgerichte in Europa. Aktuelle Rahmenbedingungen und Perspektiven. XVI. Kongress der Konferenz der Europäischen Verfassungsgerichte (https://www.vfgh.gv.at/cms/vfgh-kongress/downloads/landesberichte/LB_Autriche_DE.pdf, zuletzt abgerufen am 12.06.2017) 1 (2), unter Verweis auf VfSlg 14.886/1997, 16.143/2001. Für den Einfluss des EGMR auf die Grundrechtsprechung des VfGH siehe ebda, 3 ff, insb 7 f; *Öhlinger/Eberhard*, Verfassungsrecht[11] (2016) Rz 195 f.

95 Dazu grundlegend und weiterführend ausführlich *Öhlinger/Potacs*, EU-Recht und staatliches Recht[6] (2017) 180 ff; *Öhlinger/Eberhard*, Verfassungsrecht[11] (2016) Rz 195 ff.

96 VfSlg 19.632/2012. Eingehend zu diesem Erkenntnis siehe neben vielen anderen *Pöschl*, Verfassungsgerichtsbarkeit nach Lissabon, ZÖR 67 (2012) 587; *Potacs*, Das Erkenntnis des VfGH zur Grundrechte-Charta und seine Konsequenzen, in *Baumgartner*

Äquivalenzgrundsatz[97] – ausgesprochen, dass Rechte der GRC, die „in ihrer Formulierung und Bestimmtheit verfassungsgesetzlich gewährleisteten Rechten der österreichischen Bundesverfassung" gleichen, „als verfassungsgesetzlich gewährleistete Rechte gemäß Art 144 [...] B-VG geltend gemacht werden können und [...] im Anwendungsbereich der Grundrechte-Charta einen Prüfungsmaßstab in Verfahren der generellen Normenkontrolle, insbesondere nach Art 139 und Art 140 B-VG bilden." Im Ergebnis setzt der VfGH damit die Rechte der GRC mit innerstaatlichem Verfassungsrecht gleich.[98] Diese Sichtweise hat auch durchaus Auswirkungen auf die Rechtsprechungspraxis des VfGH: Seit dieser „Leitentscheidung" aus dem Jahr 2012 zieht er die GRC regelmäßig als Prüfungsmaßstab heran.[99]

An dieser Stelle sollen zwei damit verbundene Fragen im Vordergrund stehen:[100] Einerseits geht es darum, ob und inwieweit die Zuständigkeit des VwGH beschnitten wird, seinerseits die GRC als Prüfungsmaßstab heranzuziehen. Andererseits ist darzustellen, wie der VwGH vorzugehen hat, wenn er in einem konkreten Verfahren Bedenken hat, ob eine gesetzliche Norm mit der GRC vereinbar ist.

Zum Ersten hat das „An-sich-Ziehen" der (Rechte der) GRC als Prüfungsmaßstab seitens des VfGH im Ergebnis nur geringfügige Auswirkungen auf

---

(Hrsg), Jahrbuch Öffentliches Recht 2013 (2013), 11; *Holoubek*, Auswirkungen des Unionsrechts auf das Verhältnis der österreichischen Höchstgerichte zueinander, in *Griller/Kahl/Kneihs/Obwexer* (Hrsg), 20 Jahre EU-Mitgliedschaft Österreichs (2015), 625 (643 ff); *Gamper*, Der Grundrechtsschutz durch den VfGH, in *Pabel/Raschauer* (Hrsg), Die Organisation des Grundrechtsschutzes (2014) 1 (6 ff); *Merli*, Umleitung der Rechtsgeschichte, JRP 2012, 355; *Thienel*, Auswirkungen des Unionsrechts auf Zuständigkeiten und Verfahren des VwGH, in *Griller/Kahl/Kneihs/Obwexer* (Hrsg), 20 Jahre EU-Mitgliedschaft Österreichs (2015) 567 (583 ff).

97 Der Äquivalenzgrundsatz besagt, dass beim Vollzug von Unionsrecht durch die Mitgliedstaaten derselbe Rechtsschutz zu gewähren ist, wie er im nationalen Recht für Angelegenheiten eingeräumt wird, die nicht in den Anwendungsbereich des Unionsrecht fallen und ähnlich und vergleichbar sind. Siehe dazu nur *Öhlinger/Potacs*, EU-Recht und staatliches Recht[6] (2017) 114 f, mwN.

98 VfSlg 19.632/2012.

99 Aus jüngster Zeit bspw VfGH 14.3.2017, G 164/2016, Rz 106 ff (kein Verstoß gegen Art 16 GRC); 24.11.2016, E 1079/2016, Rz 7 ff und 10.6.2016, E 2108/2015, Rz 10 ff (jeweils Verletzung von Art 47 Abs 2 GRC); VfSlg 19.972/2015, Rz 83 (keine Verletzung von Art 15, 16 und 17 GRC).

100 Ausführlich zu diesen Fragen *Thienel*, Auswirkungen des Unionsrechts auf Zuständigkeiten und Verfahren des VwGH, in *Griller/Kahl/Kneihs/Obwexer* (Hrsg), 20 Jahre EU-Mitgliedschaft Österreichs (2015) 567 (584 ff).

die Zuständigkeit des VwGH mit sich gebracht. Zwar ist die Zuständigkeit des VwGH nach Art 133 Abs 5 B-VG ausgeschlossen, wenn eine Kompetenz des VfGH besteht. In diesem Zusammenhang darf jedoch das Unionsrecht und die dazu ergangene Rechtsprechung des EuGH nicht außer Acht gelassen werden. Dem EuGH zufolge sind nämlich *alle* innerstaatlichen Gerichte verpflichtet, im Rahmen ihrer Zuständigkeit Unionsrecht anzuwenden und, sind die diesbezüglichen Voraussetzungen erfüllt, bei Konflikten mit innerstaatlichem Recht letzteres unangewendet zu lassen.[101] Regelmäßig betont in diesem Sinne der VwGH, dass er aufgrund des Unionsrechts verpflichtet ist, die Wahrung auch der Rechte der GRC als Bestandteil des Unionsrechts sicherzustellen.[102] Das bedeutet letzten Endes also, dass hinsichtlich jener Rechte der GRC, die nach ihrer Formulierung und Bestimmtheit verfassungsgesetzlich gewährleisteten Rechten gleichen, eine (echte) parallele Zuständigkeit zwischen VfGH und VwGH bestehen kann.[103]

Auch die Frage, wie sich die Verpflichtung der Gerichte (so auch der VwGH und OGH) zur Stellung eines Normprüfungsantrags zur Verpflichtung, ein Vorabentscheidungsverfahren beim EuGH einzuleiten, verhält, ist anhand des Unionsrechts zu beantworten. So hat sich der EuGH explizit dazu geäußert, wie ein Gericht bei einem Widerspruch zwischen Bestimmungen des innerstaatlichen Rechts und den durch die GRC garantierten Rechten vorzugehen hat: Um die volle Wirksamkeit der unionsrechtlichen Bestimmungen zu gewährleisten, ist jede entgegenstehende nationale Rechtsvorschrift unangewendet zu lassen, „ohne dass (das Gericht) die vorherige Beseitigung dieser Bestimmung auf gesetzgeberischem Wege oder durch irgendein anderes verfassungsrechtliches Verfahren beantragen oder abwarten müsste“.[104] Gleichzeitig hat der EuGH wiederholt[105] ausgesprochen, dass das Unionsrecht einem Zwischenverfahren – wozu das verfassungsrechtliche Normenkontrollverfahren im österreichischen Recht zu zählen ist – nicht entgegensteht, sofern es den betreffenden Gerichten

---

101 Siehe bereits EuGH 9.3.1978, 106/77, Simmenthal, Rz 21-24.

102 *Thienel*, Auswirkungen des Unionsrechts auf Zuständigkeiten und Verfahren des VwGH, in *Griller/Kahl/Kneihs/Obwexer* (Hrsg), 20 Jahre EU-Mitgliedschaft Österreichs (2015) 567 (587) unter Verweis auf entsprechende Judikatur des VwGH.

103 *Thienel*, Auswirkungen des Unionsrechts auf Zuständigkeiten und Verfahren des VwGH, in *Griller/Kahl/Kneihs/Obwexer* (Hrsg), 20 Jahre EU-Mitgliedschaft Österreichs (2015) 567 (585 f).

104 EuGH 22.6.2010, C-188/10, Melki und Abdeli, Rz 43; 26.2.2013, C-617/10, Åkerberg Fransson, Rz 45; 11.9.2014, C-112/13, A gegen B, Rz 36.

105 EuGH 22.6.2010, C-188/10, Melki und Abdeli, Rz 57; 11.9.2014, C-112/13, A gegen B, Rz 46.

freisteht, in jedem Stadium des Verfahrens jede für erforderlich gehaltene Frage dem EuGH zur Vorabentscheidung vorzulegen, erforderliche einstweilige Rechtsschutzmaßnahmen zu treffen und nach Abschluss des Zwischenverfahrens eine allenfalls unionsrechtswidrige Norm unangewendet zu lassen.

Umgemünzt auf die österreichische Rechtslage wird daher davon ausgegangen, dass die Anfechtung einer Norm (etwa einer Gesetzesbestimmung) beim VfGH bei Bedenken hinsichtlich der Vereinbarkeit mit den Rechten der GRC kaum in Betracht kommt. Hat ein Höchstgericht (OGH oder VwGH) derartige Bedenken, ist es nach der Rechtsprechung des EuGH selbst dann zur Vorlage an den EuGH berechtigt (und verpflichtet), wenn der VfGH zuvor einen ebensolchen Verstoß gegen die GRC verneint hätte. Ist aber die Unvereinbarkeit der innerstaatlichen Rechtsvorschrift mit unmittelbar anwendbarem Unionsrecht offenkundig, muss die innerstaatliche Norm ohnehin unangewendet bleiben – und zwar unabhängig davon, ob gleichzeitig Bedenken gegen die Verfassungsmäßigkeit der betreffenden Vorschrift bestehen.[106]

2. Verhältnis der Höchstgerichte im Einflussbereich des Unionsrechts: Glücksspielrecht

Wie das Zusammenspiel der Höchstgerichte unter dem Einfluss unionsrechtlicher Vorgaben aussehen kann, soll abschließend anhand der Rechtsprechung des EuGH und der drei österreichischen Höchstgerichte zum österreichischen Glücksspiel-Monopol skizziert werden[107].

Eine Monopolregelung, wie sie in Österreich im Bereich des Glücksspielrechts vorzufinden ist, stellt nach der Rechtsprechung des EuGH eine Beschränkung des durch Art 56 AEUV garantierten freien Dienstleistungsverkehrs dar. Generell können derartige Beschränkungen der Glücksspieltätigkeiten jedoch durch zwingende Gründe des Allgemeininteresses wie den Verbraucherschutz, die Betrugsvorbeugung und die Vermeidung von Anreizen für die Bürger zu übermäßigen Ausgaben für das Spielen gerechtfertigt sein. Zu beachten ist dabei, dass die Beschränkungen verhältnismäßig sein müssen und nicht diskriminierend

---

106 *Thienel*, Auswirkungen des Unionsrechts auf Zuständigkeiten und Verfahren des VwGH, in *Griller/Kahl/Kneihs/Obwexer* (Hrsg), 20 Jahre EU-Mitgliedschaft Österreichs (2015) 567 (587); ebenso *Gamper*, Der Grundrechtsschutz durch den VfGH, in *Pabel/Raschauer* (Hrsg), Die Organisation des Grundrechtsschutzes (2014) 1 (14 ff).

107 In Polen haben der EU-Beitritt, die Anwendbarkeit des EU-Rechts und die dadurch entstehenden Aufgaben der gerichtlichen Prüfung der Übereinstimmung nationalen Rechts mit Unionsrecht das Verhältnis zwischen den Höchstgerichten nicht spürbar verändert: Länderbericht Polen in diesem Band, Punkt 5.

ausgestaltet sein dürfen. Eine nationale Regelung ist demnach nur dann geeignet, „die Erreichung des geltend gemachten Ziels zu gewährleisten, wenn sie tatsächlich dem Anliegen gerecht wird, es in kohärenter und systematischer Weise zu erreichen".[108]

Auf dem Boden dessen hat der VwGH in einer Entscheidung vom März 2016[109] festgehalten, dass das österreichische Glücksspiel-Monopol ebenjene Ziele – wie etwa Spielerschutz und Spielsuchtbekämpfung – in kohärenter und systematischer Weise verfolgt. Die Beschränkung der Dienstleistungsfreiheit gemäß Art 56 AEUV sowie der Niederlassungsfreiheit gemäß Art 49 AEUV wurde daher als verhältnismäßig angesehen, weswegen – so der VwGH – kein Verstoß gegen Unionsrecht vorlag.

Nur wenig später, ebenfalls noch im März 2016,[110] vertrat der OGH jedoch eine gegenteilige Ansicht. Er unterbrach ein bei ihm anhängiges Revisionsverfahren und stellte einen Gesetzesprüfungsantrag an den VfGH. Dem lag die Auffassung zugrunde, dass sich die Konzessionäre nicht auf eine maßvolle Werbung für das Glücksspiel beschränken, die Ziele daher nicht in kohärenter Weise verfolgt würden und insgesamt ein Verstoß gegen die Dienstleistungs- und Niederlassungsfreiheit vorliege. Daraus ergebe sich allerdings für den vom OGH zu entscheidenden Fall – ein reiner Inlandssachverhalt – eine verfassungswidrige Inländerdiskriminierung, weil der Anwendungsvorrang des Unionsrechts sich eben nicht auf bloß innerstaatliche Sachverhalte beziehe und diese daher unsachlicher Weise nachteilig behandelt würden.

In seinem Beschluss vom Oktober 2016 ging der VfGH zunächst aus formalen Gründen nicht auf eine materielle Prüfung des Gesetzesprüfungsantrags des OGH ein.[111] Zugleich stellte er aber anlässlich von hunderten von Beschwerden, die gestützt auf Art 144 B-VG an ihn herangetragen wurden, fest, dass (entgegen der Auffassung des OGH) kein Verstoß gegen Unionsrecht und damit auch keine verfassungswidrige Inländerdiskriminierung vorliegt.[112] In der Begründung schloss sich der VfGH im Wesentlichen der Rechtsmeinung des VwGH an.[113]

108 Siehe nur EuGH 30.4.2014, C-390/12, Pfleger, Rz 39 bis 43.

109 VwGH 16.3.2016, Ro 2015/17/0022.

110 OGH 30.3.2016, 4 Ob 31/16m.

111 VfGH 15.10.2016, G 103-104/2016.

112 VfGH 15.10.206, E 945/2016.

113 Alle anderen Anlassfälle trat der VfGH zur Entscheidung an den VwGH ab, der vor diesem Hintergrund die abgetretenen Beschwerden am 7.11.2016 als unzulässig zurückwies, da keine grundsätzliche Rechtsfrage zu klären sei; siehe VwGH 7.11.2016, Ra 2016/17/0086 ua.

Auch der OGH schloss sich schließlich im November 2016[114] in dem zunächst unterbrochenen Revisionsverfahren der Rechtsmeinung der beiden anderen Höchstgerichte an und wies im Ergebnis sämtliche Revisionen zurück. Allerdings gelangte in einem anderen Ausgangsfall das Landesverwaltungsgericht Oberösterreich wiederum zum gegenteiligen Schluss, weshalb es Anfang 2017 ein Vorabentscheidungsverfahren beim EuGH einleitete.[115] Im „Dreieck" der österreichischen Höchstgerichte verbleibt somit im Einflussbereich des Unionsrechts – nach wie vor und unbeeinträchtigt der vielzählig bestehenden Verschränkungen – dem vierten Spieler das letzte Wort: dem EuGH.

114 OGH 22.11.2016, 4 Ob 31/16m.

115 EuGH Rs C-79/17, Gmalieva. Das Urteil des EuGH steht gegenwärtig (Stand: 18.1.2018) noch aus.

Piotr Czarny

Länderbericht Polen

Kontroversen und Dialog zwischen dem Verfassungsgericht, dem Obersten Gericht und dem Hauptverwaltungsgericht in Polen*

Abstract: The Polish Constitution 'decentralises' the judicial power, establishing four supreme courts resp. judicial organs in relative independence of each other. These four organs are the Constitutional Court, the State Court of Justice, the Supreme Court and the Supreme Administrative Court. These four institutions have existed in the Polish constitutional system for more than 30 years. In some areas they co-operate without problems, but from time to time tensions arise as well, especially between the Constitutional Court and the Supreme Court. Their controversies refer to the binding power of the Constitutional Court's 'generally binding interpretations of statutory acts' that existed until 1997, the power of the ordinary courts to exercise a decentralised control of the constitutionality of statutes, and the consequences of the so-called interpretative rulings of the Constitutional Court. These conflicts had their peak around the year 2009; since then, relations gradually have become more amicable. However, the perspectives for the future are quite unclear due to the far-reaching changes that have taken place in Poland since 2015.

---

* Dieser Beitrag wurde teilweise im Rahmen eines vom polnischen Nationalen Zentrum für Wissenschaft finanzierten Forschungsprojekts (Vertragsnummer UMO-2015/18/E/HS5/00353) verfasst.

9. Bedeutung der gerichtlichen Auslegung der Gesetze für das Verfassungsgericht
10. Vollzug der Urteile des Verfassungsgerichts durch die Gerichte – ausgewählte Probleme
11. Oberstes Gericht und Hauptverwaltungsgericht und die Krise der Verfassungsgerichtsbarkeit (2016)
12. Zusammenfassung

1. Einführung

Wie in der Mehrheit der Staaten des kontinentaleuropäischen Rechtskreises gibt es auch in Polen kein einheitliches oberstes Gericht als höchstes Organ der Judikative. Die derzeit gültige Verfassung von 1997 (in der Folge: Verf.) kennt vier Hauptorgane der rechtsprechenden Gewalt. Diese sind das Oberste Gericht, das Hauptverwaltungsgericht, das Verfassungsgericht und der Staatsgerichtshof[1]. Alle sind in ihrem jeweiligen Kompetenzbereich unabhängig und formell gleichwertig und zählen zu den Verfassungsorganen des Staates[2]. Laut Verfassung sollen diese Gerichte und Gerichtshöfe ihre Beziehungen nach dem Prinzip der Zusammenarbeit der Gewalten, wie es in der Präambel zum Ausdruck kommt, gestalten. Die Verfassung sieht keine unmittelbaren Mittel zur Wahrung der Einheitlichkeit der Rechtsprechung und der Auslegung vor.

Tatsächlich ist die Lage komplizierter. Schon *Montesquieu* hat geschrieben, dass wenn man die Zahl der gerichtlichen Instanzen erhöht, sie sich in geringerem Maße um die Rechtspflege, aber in verstärktem Ausmaß um die gegenseitigen Streitigkeiten kümmern werden[3]. Obwohl die Zustände in Polen die Meinung „des Vaters" der Gewaltenteilung nicht bestätigen, ist klar, dass die Beziehungen zwischen genannten Gerichtsorganen nicht frei von Kontroversen und Spannungen waren.

Um diese Kontroversen besser zu verstehen, muss man einen Blick auf den geschichtlichen Hintergrund werfen. Das polnische Oberste Gericht entstand im Jahre 1917, was in unmittelbarem Zusammenhang mit der Wiedergeburt des polnischen Staates nach der sog. Fremdherrschaftszeit (1795-1918) stand. In der Zwischenkriegszeit war es die höchste Instanz in zivil- und strafgerichtlichen

---

1 Deutsche Übersetzung der polnischen Verfassung vom 2. April 1997 s. unter http://www.sejm.gov.pl/prawo/konst/niemiecki/kon1.htm.

2 Zu der vergleichbaren Lage in Österreich s. den Länderbeitrag zu Österreich in diesem Band, Punkt A. 1.

3 *Montesquieu*, Myśli [Gedanken], (1987), 67.

Sachen. Nach der Verfassung von 1921 sollte zur Entscheidung über die Gesetzmäßigkeit von Verwaltungsakten im Bereich der Staats- wie der Selbstverwaltung eine Verwaltungsgerichtsbarkeit mit einem Obersten Verwaltungsgerichtshof an der Spitze eingeführt werden. Tatsächlich wurde – nach österreichischem Muster[4] – nur der Oberste Verwaltungsgerichtshof errichtet. Das Oberste Gericht und der Oberste Verwaltungsgerichtshof waren institutionell getrennt, aber die Richter beider Gerichte saßen in einem Kompetenzgerichtshof, der über Streitigkeiten über die Zuständigkeit zwischen Gerichten und Verwaltungsbehörden entschied.

Seit 1945 stand das Oberste Gericht an der Spitze der Gerichtsbarkeit. Laut Art. 61 der Verfassung von 1952 übte es auf dem Gebiet der Rechtsprechung die Aufsicht über die Tätigkeit sämtlicher Gerichte aus. Da nach dem Zweiten Weltkrieg die Verwaltungsgerichtsbarkeit in Polen abgeschafft wurde, hatte das Oberste Gericht keine „Konkurrenz", wenn es um „Führungsrolle" in der Gerichtsbarkeit ging, es war das unangefochtene oberste Organ der Justiz. Es durfte sogar Richtlinien der Rechtsprechung und Gerichtspraxis erlassen, die für andere Gerichte bindend waren[5]. Die Lage änderte sich auch nach der Errichtung des Hauptverwaltungsgerichts 1980 nicht wesentlich. Das Hauptverwaltungsgericht war befugt, über Beschwerden gegen Verwaltungsentscheidungen zu entscheiden, wenn auch nur in einigen Bereichen, und unterstand zunächst der Aufsicht des Obersten Gerichts. In einigen Fällen konnte das Oberste Gericht Urteile des Hauptverwaltungsgerichts aufheben. Obwohl das Oberste Gericht natürlich der politischen Kontrolle der kommunistischen Partei unterlag[6], bildete sich in dieser Zeit seine große Autorität unter den polnischen Juristen heraus.

Das Verfassungsgericht ist das jüngste der Hauptorgane der rechtsprechenden Gewalt in Polen. Sowohl nach dem Ersten als auch unmittelbar nach dem Zweiten Weltkrieg lehnte man in Polen die Idee der Verfassungsgerichtsbarkeit ab. Erst 1982 wurde das Verfassungsgericht in der Verfassung verankert. Vier Jahre später nahm es seine Tätigkeit auf. Es war das einzige Verfassungsgericht

---

4 Näher zu der institutionellen Seite des österreichischen Verwaltungsgerichtshofs s. den Länderbericht zu Österreich in diesem Band, Punkt A. 1.

5 *Rzepliński*, Sądownictwo w PRL [Gerichtsbarkeit in Volksrepublik Polen], (1990), 74.

6 Die Richter des Obersten Gerichts wurden auf fünf Jahre berufen. Die Kandidaten mussten die Zustimmung der kommunistischen Partei bekommen, und die Richter konnten vom Staatsrat abberufen werden: *Rzepliński*, Sądownictwo w PRL, (1990), 77-78.

in den Staaten des damaligen Sowjetblocks[7]. Es ist aber anzumerken, dass sich der seinerzeitige Erste Präsident des Obersten Gerichts stark dem Vorschlag widersetzte, ein Verfassungsgericht einzusetzen. Er wollte die Erweiterung der Kompetenzen des Obersten Gerichts um die Normenkontrolle und die Ausübung dieser Befugnisse durch eine neu gebildete Kammer (Verfassungskammer) dieses Gerichts[8].

Am Anfang waren die Beziehungen zwischen dem Verfassungsgericht einerseits und dem Obersten Gericht und dem Hauptverwaltungsgericht andererseits nicht besonders „entwickelt". Obwohl der Erste Präsident des Obersten Gerichts und der Präsident des Hauptverwaltungsgerichts dem Verfassungsgericht Vorlagen unterbreiten durften, um die Unvereinbarkeit von Gesetzen mit der Verfassung feststellen zu lassen, machte nur der Präsident des Hauptverwaltungsgerichts hiervon einige Male Gebrauch.

2. Streit zwischen dem Verfassungsgericht und dem Obersten Gericht um die allgemeingültige Gesetzesauslegung

Die Ursache der späteren Probleme war vor allem der Streit zwischen dem Verfassungsgericht und dem Obersten Gericht um die allgemeingültige (allgemeinverbindliche) Auslegung der Gesetze. Diese Kompetenz erhielt das Verfassungsgericht aufgrund einer Verfassungsänderung 1989[9]. Das Oberste Gericht vertrat die Meinung, dass die vom Verfassungsgericht angenommene Auslegung für die Gerichte nicht bindend sei[10]. Sein Hauptargument war die damals gültige Verfassungsbestimmung, die vorsah, dass die Richter unabhängig und nur dem Gesetz unterworfen sind. Nach dem Obersten Gericht schloss die klare

---

7 *Czarny*, Begrenzung der Staatsgewalt und Verfassungsgerichtsbarkeit in Polen, in *Caliess/Mahlmann* (Hrsg.), Der Staat der Zukunft, ARSP Beiheft Nr. 83, (2002), 218-219.

8 *Zoll*, Trybunał Konstytucyjny i Sąd Najwyższy [Verfassungsgericht und Oberstes Gericht], in Trybunał Konstytucyjny. Księga XV-lecia [Verfassungsgericht. Buch XV. Jahrestag], (2001), 93. Zu den Widerständen insbesondere der Spitzen der ordentlichen Gerichtsbarkeit gegen die Einrichtung eines Verfassungsgerichts ein Deutschland und Ungarn s. in diesem Band die Länderbeiträge zu Deutschland, Punkt A. 1., und zu Ungarn, Punkt A. 1.

9 Mehr zu diesem Thema s. *Brunner/Garlicki*, Verfassungsgerichtsbarkeit in Polen, (1990), 53.

10 So z. B. der Beschluss des Obersten Gerichts vom 26. Mai 1995, OSNAPiUS [Rechtsprechung des Obersten Gerichts] 1995, Nr. 23.

grammatische Auslegung dieser Bestimmung die Situation aus, dass Richter an die durch ein nicht-gerichtliches Organ festgelegte Gesetzesinterpretation gebunden seien. Damals gehörte das Verfassungsgericht nicht zu den Organen der Judikative (der Gerichtsbarkeit), sondern zu einer besonderen Gruppe, den Organen der staatlichen Kontrolle und des Rechtsschutzes[11]. Natürlich bedeutete dies nicht, dass das Oberste Gericht in konkreten Fällen die Auslegung des Verfassungsgerichtes überhaupt nicht berücksichtigte. Es ist ihr meistens nach dem Prinzip *non ratione imperii sed imperio rationis* gefolgt.

Das Problem kann am besten anhand eines – natürlich vereinfachten – Beispiels dargestellt werden. Das Oberste Gericht vertrat damals die Meinung, dass bestimmte finanzielle Ansprüche von Beamten nicht in die Zuständigkeit der Zivilgerichte fallen, weil die Beziehungen zwischen Beamten und dem Staat öffentlich-rechtlichen Charakter trügen. Falls eine ausdrückliche gesetzliche Regelung fehlt, seien also Zivilgerichte nicht zuständig, da sie nach der Zivilprozessordnung nur zivilrechtliche Streitigkeiten lösen durften. In der Praxis bedeutete dies eine Lücke im Rechtsschutz, weil auch das Hauptverwaltungsgericht für solche Fälle nicht zuständig war. Das Verfassungsgericht stellte aber fest, dass der Begriff der zivilrechtlichen Streitigkeit weit ausgelegt werden müsse. Für das Verfassungsgericht war entscheidend, dass in einem Rechtsstaat der gerichtliche Schutz möglichst lückenlos sein soll[12]. Die Prozessordnungen müssen so weit wie möglich verfassungskonform interpretiert werden, wenn es um Zuständigkeitsbereiche der Gerichte geht[13].

In der Wissenschaft wurde der Standpunkt des Obersten Gerichts zumeist kritisch beurteilt. Man behauptete vor allem, dass die Einführung der allgemeinverbindlichen Auslegung der Gesetze durch das Verfassungsgericht in Jahre 1989 eine Modifikation der richterlichen Unabhängigkeit mit sich gebracht

11 In Ungarn ist die genaue verfassungsrechtliche Qualifizierung der Zugehörigkeit des Verfassungsgerichts zur Justiz zumindest zweifelhaft, während in Deutschland das Grundgesetz eindeutig klarstellt, dass das Verfassungsgericht einen integralen Bestandteil der Gerichtsbarkeit des Bundes bildet. Hierzu s. in diesem Band die Länderberichte zu Deutschland, Punkt B., und zu Ungarn, Punkt B. 1.

12 In den 1990er Jahren leitete das Verfassungsgericht aus dem Rechtsstatsprinzip viele „Unterprinzipien" als Verfassungsnormem ab, so etwa das Recht auf gerichtlichen Schutz: *Czarny*, Rechtsrezeption im polnischen Verfassungsrecht durch Verfassungsgebung und Verfassungsgericht, in *Heun/Starck/Tsung-jen Tsai* (Hrsg.), Rezeption und Paradigmenwechsel im öffentlichen Recht, (2009), 121-122.

13 *Zoll*, Trybunał Konstytucyjny a Sąd Najwyższy, in Trybunał Konstytucyjny. Księga XV-lecia, 95.

habe. Außerdem wäre die Formel „allgemeingültige Auslegung“ wenig sinnvoll, wenn sie für Bürger und Verwaltungsorgane verbindlich und für Gerichte nicht verbindlich ist[14].

Hinter dieser Streitigkeit standen tatsächliche Konflikte. In einigen Fällen erklärte das Verfassungsgericht eine solche Auslegung der Gesetze für verbindlich, die von der früheren Interpretation des Obersten Gerichts abwich. Für das Obersten Gericht bedeutete dies, dass seine höchste Stellung in der Justiz und die damit verbundene Interpretationshoheit in Frage gestellt wurde. Die allgemeingültige Auslegung der Gesetze stellte also eine „Konkurrenz“ für die Interpretation dar, die die Rechtsprechung des Obersten Gerichts einnahm[15].

Diesen Konflikt zwischen beiden Organen löste der Verfassunggeber so, dass er in der Verfassung von 1997 die allgemeinverbindliche Auslegung der Gesetze abschaffte und frühere Beschlüsse des Verfassungsgerichtes in diesen Fällen ihre Rechtskraft verlieren[16]. Dieser Wegfall wurde überwiegend positiv beurteilt. Die Atmosphäre in den Beziehungen zwischen beiden Organen war aber dennoch nicht besonders freundlich.

Die allgemeinverbindliche Gesetzesauslegung führte auch dazu, dass das Verfassungsgericht als Ersatzgesetzgeber oder Korrektor von Gesetzen fungierte, was mit dem Gewaltenteilungsprinzip nicht ganz vereinbar war[17].

3. Die gegenwärtige Struktur der rechtsprechenden Gewalt in Polen

Nach Art. 10 Abs. 1 Verf. stützt sich die staatliche Ordnung der Republik Polen auf die Trennung und das Gleichgewicht der gesetzgebenden, der vollziehenden und der rechtsprechenden Gewalt. Die rechtsprechende Gewalt üben Gerichte und Gerichtshöfe aus (Art. 10 Abs. 2 Verf.). Sie ist eine eigene und von den anderen Gewalten unabhängige Gewalt (Art. 173 Verf.). Das bedeutet eine weit gehende Trennung zwischen den Organen der rechtsprechenden Gewalt und

---

14 *Zoll*, Trybunał Konstytucyjny a Sąd Najwyższy, in Trybunał Konstytucyjny. Księga XV-lecia, 94.

15 *Brunner/Garlicki*, Verfassungsgerichtsbarkeit in Polen, (1999), 54.

16 Rechtskräftige Gerichtsurteile und andere bestandskräftige Entscheidungen der Organe der öffentlichen Gewalt, die unter Berücksichtigung der vom Verfassungsgericht für allgemein verbindlich erklärten Auslegung getroffen worden sind, bleiben aber in Kraft: Art. 239 Abs. 3 Verf.

17 *Freytag*, Die neue polnische Verfassung in gesamteuropäischen Sicht, ROW 1/1998, 12.

den Organen der gesetzgebenden und der vollziehenden Gewalt[18]. Die Rechtsprechung üben das Oberste Gericht, ordentliche Gerichte, Verwaltungs- und Militärgerichte aus (Art. 117 Verf.)[19].

Das Oberste Gericht besteht seit April 2018 aus fünf Kammern (Zivilkammer; Strafkammer; Arbeits- und Sozialversicherungskammer; Kammer für öffentlich-rechtliche Angelegenheiten; außerordentliche Kontroll- und Disziplinarkammer). Die Richter des Obersten Gerichts werden wie die anderen Richter berufen, d.h. vom Staatspräsidenten auf Antrag des Landesjustizrats auf unbestimmte Zeit[20]. Nach dem Gesetz soll die Zahl der Richter nicht weniger als 120 betragen[21]. An der Spitze des Gerichts steht der Erste Präsident, der vom Staatspräsidenten aus der Mitte der mindestens fünf Kandidaten, die die Generalversammlung der Richter des Obersten Gericht vorschlägt, für eine sechsjährige Amtszeit berufen wird (Art. 183 Abs. 3 Verf.). Die Arbeit der einzelnen Kammern wird von den Präsidenten des Obersten Gerichts geleitet, die auch vom Staatspräsidenten aus der Mitte der mindestens drei Kandidaten, die von Richterversammlung der konkreten Kammer vorgeschlagen worden sind, für eine dreijährige Amtszeit berufen werden.

Das Hauptverwaltungsgericht steht an der Spitze der Verwaltungsgerichtsbarkeit, die seit 2004 ein vom Obersten Gericht unabhängiger Zweig der Rechtsprechung ist[22]. Die Verwaltungsgerichtsbarkeit kontrolliert in dem durch das Gesetz

---

18 *Tuleja*, Grundlagen und Grundzüge staatlichen Verfassungsrechts: Polen, in *v. Bogdandy/Villalón/Huber* (Hrsg.), Handbuch Ius Publicum Europeaeum, B. I, (2007), 497.

19 Mehr zu der Struktrur der Rechtsprechung in Polen s. *Banaszak/Milej*, Polnisches Staatsrecht, (2009), 172-176; *Ibrom*, Gerichtsbarkeit in Polen, http://www.de-iure-pl.org/gesetze/show_lib_fs.php?ID = 6&LANG = DE.

20 Der Landesjustizrat besteht aus dem Justizminister, dem Ersten Präsidenten des Obersten Gerichtes, dem Präsidenten des Obersten Verwaltungsgerichts und einer vom Präsidenten der Republik berufenen Person, fünfzehn Mitgliedern, die aus der Mitte der Richter des Obersten Gerichts, der ordentlichen Gerichte, der Verwaltungs- und Militärgerichte (seit der Gesetzesänderung vom April 2018 durch den Sejm, zuvor durch die entsprechenden Richterversammlungen) gewählt werden, vier Mitgliedern, die vom Sejm aus der Mitte der Abgeordneten und zwei Mitgliedern, die vom Senat aus der Mitte der Senatoren gewählt werden.

21 Seit 2018 sollen an den neu eingeführten sog. Sonderrevisionsverfahren am Obersten Gericht auch Beisitzer teilnehmen. Sie werden vom Senat (der zweiten Parlamentskammer) gewählt. Juristische Ausbildung und Erfahrung sind in diesem Fall nicht vorgeschrieben.

22 Unter dem Hauptverwaltungsgericht bestehen als erste Instanz die Woiwodschaftsverwaltungsgerichte.

bestimmten Umfang die Tätigkeit der öffentlichen Verwaltung. Diese Kontrolle umfasst auch Entscheidungen über die Gesetzmäßigkeit der Beschlüsse der örtlichen Selbstverwaltungsorgane und der Normativakte der lokalen Organe der Staatsverwaltung (Art. 184 Verf.)[23]. Die Richter des Hauptverwaltungsgerichts werden (wie die Richter des Obersten Gerichts) vom Staatspräsidenten auf Antrag des Landesjustizrats auf unbestimmte Zeit berufen. Ihre Zahl ist gesetzlich nicht fixiert, in der Praxis beträgt sie etwa 100. Der Präsident des Hauptverwaltungsgerichts wird vom Staatspräsidenten für eine sechsjährige Amtszeit aus der Mitte der Kandidaten berufen, die von der Generalversammlung der Richter des Hauptverwaltungsgerichts vorgeschlagen worden sind (Art. 185 Verf.). Das Gericht besteht aus drei Kammern (Finanzkammer; Wirtschaftskammer; Kammer für allgemein-verwaltungsrechtliche Fragen).

Das Verfassungsgericht besteht aus 15 Richtern, die vom Sejm (der ersten Kammer des Parlaments) mit der Mehrheit der abgegebenen Stimmen gewählt werden[24]. Die Amtsperiode dauert neun Jahre, eine Wiederwahl ist unzulässig. Der Präsident und der Vizepräsident werden vom Staatspräsidenten berufen. Der Verfassungsrichterversammlung steht das Recht zu, Kandidaten vorzuschlagen[25]. Das Verfassungsgericht gliedert sich nicht in bestimmte feste Kammern, sondern verhandelt in wechselnder Besetzung. Die Spruchkörper sind mit drei oder fünf Richtern besetzt, nur ausnahmsweise entscheidet das Plenum, d.h. mindestens elf Richter. Die Besetzung der Spruchkörper wird nicht abstrakt-generell festgesetzt, sondern in jeder Sache gesondert bestimmt; das ist das sog. roulierende System[26]. Um die Meinungsunterschiede zwischen den verschiedenen Spruchkörpern zu vermeiden, sind die Rechtsauffassungen des Plenums für sie verbindlich.

---

23 Der Begriff Normativakt umfasst einen Rechtsakt, der abstrakt-generelle Normen enthält.

24 In der Zusammensetzung des Verfassungsgerichts dominieren seit den Anfängen die Professoren der Rechtswissenschaft: *Garlicki*, Die Verfassungsgerichtsbarkeit in Polen, in *Luchterhand/Starck/Weber* (Hrsg.), Verfassungsgerichtsbarkeit in Mittel- und Osteuropa, Bd. I, (2007), 79. Zum deutschen Bundesverfassungsgericht als „Professorengericht" s. den Länderbeitrag zu Deutschland in diesem Band, Punkt B. 1; zur Ersetzung von Juristenpersönlichkeiten durch Parteisoldaten im ungarischen Verfassungsgericht s. den Länderbeitrag zu Ungarn, in diesem Band, Punkt B. 2.

25 Nach dem Gesetz von 2016 schlägt die Generalversammlung als Kandidaten alle Richter des Gerichts vor, die mindestens fünf Stimmen erhalten haben, zumindest aber zwei Kandidaten.

26 *Czarny*, Begrenzung der Staatsgewalt und Verfassungsgerichtsbarkeit in Polen, in *Caliess/Mahlmann* (Hrsg.), Der Staat der Zukunft, ARSP Beiheft Nr. 83, (2002), 220.

Der Staatsgerichtshof schließlich besteht aus einem Vorsitzenden, zwei stellvertretenden Vorsitzenden und sechzehn Mitgliedern, die vom Sejm am Anfang jeder Legislaturperiode gewählt werden. Die Richter des Staatsgerichtshofes dürfen weder Abgeordnete noch Senatoren sein. Die stellvertretenden Vorsitzenden des Staatsgerichtshofs und mindestens die Hälfte seiner Mitglieder sollen die Befähigung zum Richteramt haben. Der Erste Präsident des Obersten Gerichts ist von Amts wegen Präsident des Staatsgerichtshofes.

4. Funktionen der einzelnen Höchstgerichte

Das Oberste Gericht führt die Aufsicht über die Tätigkeit der ordentlichen und der Militärgerichte im Bereich richterlicher Entscheidungen (Art. 183 Verf.). Insbesondere soll es die Richtigkeit (Rechtmäßigkeit) und Einheitlichkeit der Rechtsprechung dieser Gerichte sichern. Außerdem obliegt ihm - nicht dem Verfassungsgericht - die Wahlprüfung (Art. 101, 129 Verf.). Es verfährt grundsätzlich als Kassationsgericht, das sich nur mit Rechtsfragen beschäftigt.

Nach dem Gesetz ist das Oberste Gericht berechtigt, die Grundsätze in strittigen Rechtsfragen zu bestimmen, v.a. wenn die Auslegungen der ordentlichen Gerichte, der Militärgerichte und des Obersten Gerichts voneinander abweichen. Man unterscheidet zwischen sog. konkreten und abstrakten Beschlüssen. Im ersten Fall geht es um Vorlagen der Berufungsgerichte, wenn die Entscheidung in einer Strafsache eine grundsätzliche Auslegung der Gesetze erfordert oder ein Rechtsproblem in einer Zivilsache entstanden ist, das ernsthafte Zweifel aufwirft. Die „Antworten“ des Obersten Gerichts sind in diesem Fall für die konkrete gerichtliche Entscheidung bindend. Außerdem fasst das Oberste Gericht sog. abstrakte Auslegungsbeschlüsse, wenn es in der Rechtsprechung der ordentlichen Gerichte, der Militärgerichte oder des Obersten Gerichts zu Diskrepanzen bei der Auslegung von Rechtsvorschriften gekommen ist. Antragsberechtigt sind vor allem der Erste Präsident und die Präsidenten des Obersten Gerichts, der Generalstaatsanwalt (Justizminister) und der Beauftragte für Bürgerrechte. Die Auslegung der Gesetze, die das Oberste Gericht vornimmt, ist für die ordentlichen Gerichte und die Militärgerichte rechtlich nicht verbindlich, faktisch genießt sie aber große Autorität, und die Gerichte folgen ihr grundsätzlich[27].

---

27 *Malicka*, Die rechtsprechende Gewalt in Polen, einzusehen unter https://prawo.uni.wroc.pl/sites/default/files/students-resources/RECHTSPRECHENDE%20GEWALT%20ERASMUS_2016.pdf, 8.

Das Hauptverwaltungsgericht führt die Aufsicht über die Tätigkeit der Woiwodschaftsverwaltungsgerichte im Bereich der Rechtsprechung, erkennt insbesondere über Rechtsmittel gegen Entscheidungen dieser Gerichte und fasst Beschlüsse zur Klärung von Rechtsfragen. Diese Beschlüsse können ähnlich wie die Beschlüsse des Obersten Gerichts konkreten oder abstrakten Charakter besitzen. Die erste Gruppe löst die Rechtsfragen, wenn in einem konkreten Fall ernsthafte Zweifel auftreten. Die zweite Gruppe hat die Klärung der Bedeutung derjenigen Rechtsvorschriften zum Ziel, deren Anwendung in der Rechtsprechung der Verwaltungsgerichte Diskrepanzen verursacht hat.

Polen gehört zu den Staaten, die sich für das System der konzentrierten Verfassungsgerichtsbarkeit entschieden haben. Das Verfassungsgericht ist aber nicht nur der „Hüter der Verfassung", sondern auch der „Hüter der (durch die Verfassung bestimmten) Hierarchie der Rechtsquellen"[28]. Zu seinen Aufgaben gehört nicht nur die Prüfung der Vereinbarkeit der Gesetze, der völkerrechtlichen Verträge und der anderen untergesetzlichen Vorschriften mit der Verfassung; darüber hinaus entscheidet es auch über die Vereinbarkeit der Gesetze mit völkerrechtlichen Verträgen und über die Vereinbarkeit der untergesetzlichen Vorschriften mit den Gesetzen (Art. 188 Verf.).

Das Verfassungsgericht (Trybunał Konstytucyjny) ist ein Verfassungsorgan (oberstes Staatsorgan). Als solches ist es den anderen obersten Staatsorganen nicht untergeordnet. Seine Entscheidungen sind endgültig und allgemein verbindlich (Art. 190 Abs. 1 Verf.). Er ist auch ein Organ der rechtsprechenden Gewalt. Der genaue Name *Tribunal* bedeutet sprachlich ein Gericht mit besonders hoher Stellung. Die Richter sind unabhängig und nur der Verfassung unterworfen. Das Verfassungsgericht darf nur auf Antrag tätig werden (Antragsprinzip) und entscheidet in einem kontradiktorischen Verfahren.

Die Verfassung legt nicht genau fest, in welchem Rangverhältnis das Verfassungsgericht zum Obersten Gericht und zum Hauptverwaltungsgericht steht. Es darf Urteile der anderen Gerichte weder aufheben noch über dort anhängige individuelle Rechtsstreitigkeiten selbst entscheiden. Es steht also nicht an der Spitze der Judikative, sondern ist eher eines der selbständigen obersten Organe der rechtsprechenden Gewalt.

Die vergleichbaren Rechtseinheitsbeschlüsse des ungarischen obersten Gerichts hingegen sind verbindlich für die nachgeordneten Gerichte: s. den Länderbericht zu Ungarn in diesem Band, Punkt B. 1.

28 *Czarny*, Begrenzung der Staatsgewalt und Verfassungsgerichtsbarkeit in Polen, in *Caliess/Mahlmann* (Hrsg.), Der Staat der Zukunft, ARSP Beiheft Nr. 83, (2002), 223.

Die Normenkontrolle kann auf drei Wegen (Verfahrensarten) stattfinden:

- Verfassungsbeschwerde (1997 eingeführt): nur gegen Gesetze und andere Rechtsvorschriften, d.h. keine unmittelbare Urteilsbeschwerde; zulässig, wenn der Beschwerdeführer selbst durch ein Urteil oder eine endgültige Entscheidung in seinen Grundrechten verletzt worden ist[29];
- konkrete Normenkontrolle (Richtervorlagen);
- abstrakte Normenkontrolle: ein breiter Katalog von Antragsberechtigten, z.B. auch Selbstverwaltungskörperschaften, Religionsgemeinschaften und Gewerkschaften; in diesem Rahmen auch eine präventive Gesetzeskontrolle auf Antrag des Präsidenten nach französischem Muster.

Darüber hinaus gehören in den Zuständigkeitsbereich des Verfassungsgerichts:

- die Lösung von Verfassungskompetenzstreitigkeiten zwischen obersten Staatsorganen;
- Parteiverbotsverfahren, auch präventiv, auf Vorlage des für die Registrierung der politischen Parteien zuständigen Gerichts;
- Entscheidung über die vorübergehende Verhinderung des Staatspräsidenten bei der Amtsausübung.

Über Anklagen gegen den Staatspräsidenten, Regierungsmitglieder und andere höchste Amtsträger wegen einer Verfassungsverletzung entscheidet der Staatsgerichtshof (Art. 198 Verf.). Da er in der Praxis eine „halbtote" Einrichtung ist, können seine Beziehungen mit dem Verfassungsgericht außer Acht bleiben[30].

Sowohl das Verfassungsgericht als auch der Staatsgerichtshof stehen außerhalb des Gerichtssystems. Sie bilden einen gesonderten Teil der rechtsprechenden Gewalt[31]. Aus rechtsvergleichender Perspektive kann man feststellen, dass die Struktur und Funktionen der Höchstgerichte in Polen ziemlich ähnlich wie in Österreich aussehen[32].

---

29 So war auch der Rechtszustand in Ungarn von 1990 bis 2011: Länderbericht zu Ungarn in diesem Band, Punkt A. 1.

30 Der Staatsgerichtshof hat seit 1982 nur einen Fall rechtskräftig entschieden. Mehr über die Ursachen dieser Lage bei *Czarny*, Die Entwicklung der Staatsgerichtsbarkeit in Polen, in *Kohl/Szabó* (Hrsg.), Staatsgerichtsbarkeit in Mitteleuropa, (2017), 98-99.

31 *Garlicki*, Die Verfassungsgerichtsbarkeit in Polen, in *Luchterhand/Starck/Weber* (Hrsg.), Verfassungsgerichtsbarkeit in Mittel- und Osteuropa, B. I, (2007), 80.

32 Dazu s. den Länderbeitrag Österreich in diesem Band, insbesondere Punkt A. mit Unterpunkten.

5. Kompetenzverteilung im Bereich der Normenkontrolle – das Problem des Unionsrechts

Im Bereich der Normenkontrolle sind nach einhelliger Meinung alle Gerichte berechtigt, die Vereinbarkeit untergesetzlicher Rechtsakte (Rechtsnormen) mit der Verfassung und mit den Gesetzen zu prüfen. Diese Kompetenz der Gerichte ergibt sich aus dem Verfassungsprinzip der richterlichen Unabhängigkeit. Nach Art. 178 Verf. sind die Richter bei der Ausübung ihres Amtes unabhängig und nur der Verfassung und den Gesetzen unterworfen. Diese Bestimmung wird so ausgelegt, dass die Richter die Befugnis haben, verfassungs- oder gesetzwidrige Rechtsverordnungen und andere dem Gesetz nachgeordnete Vorschriften im konkreten Fall außer Acht zu lassen und nicht anzuwenden, was formell nicht zu ihrer Aufhebung führt. Die Rechtsprechung des Obersten Gericht und des Hauptverwaltungsgerichts zu diesem Thema ist klar und gefestigt. Obwohl man in diesem Fall von einer „Verzahnung" der Kompetenzen des Verfassungsgerichts und der Gerichte sprechen kann, hat das Verfassungsgericht den Standpunkt der Gerichte akzeptiert[33].

Wenn es um die Kontrolle der Übereinstimmung der Gesetze mit dem Recht der Europäischen Union geht, sind die Kompetenzen ebenfalls teilweise geteilt. Der EUV und der AEUV gelten in Polen als völkerrechtliche Verträge, deren Ratifizierung ein Zustimmungsgesetz vorausgegangen ist. Also haben sie Vorrang vor einem Gesetz, falls dieses mit dem Vertrag unvereinbar ist (Art. 90 Abs. 2 Verf.). Das bedeutet, dass alle Gerichte verpflichtet sind, die Vereinbarkeit der Gesetze mit dem primären Unionsrecht zu prüfen und unionsrechtswidrige Gesetze im konkreten Fall nicht anzuwenden, falls das Gesetz nicht unionsrechtskonform ausgelegt werden kann. Die gerichtliche Entscheidung hat Wirkung *inter partes.* Der Verfassungsgericht entscheidet über die Vereinbarkeit der Gesetze mit den ratifizierten völkerrechtlichen Verträgen, deren Ratifizierung eine vorherige Zustimmung durch Gesetz voraussetzt (Art. 188 Nr. 2 Verf.). Er darf also den Widerspruch des Gesetzes oder eines Teils eines Gesetzes mit dem EUV oder dem AEUV feststellen. Diese Entscheidung entfaltet Wirkung *erga omnes.*

Das sekundäre Unionsrecht genießt in Polen Anwendungsvorrang gegenüber den Gesetzen. Nach Art. 91 Abs. 3 Verf. wird das von einer internationalen Organisation erlassene Recht unmittelbar angewandt und hat im Fall der Unvereinbarkeit mit dem Gesetz Vorrang, wenn sich dies aus dem ratifizierten Vertrag, der die internationale Organisation errichtet, ergibt. Die Gerichte dürfen also

---

33 *Brunner/Garlicki*, Verfassunggerichtsgerichtsbarkeit in Polen, (1999), 70-71, und dort zitierte Rechtsprechung.

die Vereinbarkeit der Gesetze mit EU-Verordnungen und EU-Richtlinien, wenn diese unmittelbar angewendet werden sollen, kontrollieren.

In diesem Bereich hat das Verfassungsgericht keine Kompetenzen, da für es nur die Rechtsquellen, die von polnischen Organen der öffentlichen Gewalt erlassen wurden, als Prüfungsmaßstab infrage kommen. Es ist aber wichtig zu bemerken, dass das polnische Verfassungsgericht in einem Urteil aus dem Jahre 2011 festgestellt hat, dass es – unter bestimmten prozessualen Bedingungen, d. h. infolge einer Verfassungsbeschwerde – berechtigt ist, die Vereinbarkeit des sekundären EU-Rechts mit der Verfassung zu prüfen[34]. Allgemein kann man aber sagen, dass die Mitgliedschaft Polens in der EU in der Praxis keine Probleme im Bereich der Beziehungen des Verfassungsgerichts und der Gerichte mit sich gebracht hat[35].

6. Bedeutung der Richtervorlagen

Nach Art. 193 Verf. können alle Gerichte dem Verfassungsgericht die Frage der Vereinbarkeit eines Normativaktes mit der Verfassung, mit ratifizierten völkerrechtlichen Verträgen oder dem Gesetz vorlegen, wenn von der Beantwortung der Rechtsfrage die Entscheidung einer bei dem Gericht anhängigen Sache abhängig ist[36]. Diese Bestimmung sieht also eine bestimmte Form der Zusammenarbeit zwischen den Gerichten und dem Verfassungsgericht vor, die die höchste rechtliche Kraft der Verfassung stärken soll. Das Verfassungsgericht hat keine Eigeninitiative, seine praktische Rolle hängt also auch von der Aktivität der Gerichte ab, die dem Verfassungsgericht eine Rechtsfrage auch ohne Antrag der Prozessparteien vorlegen dürfen.

Die Vorlage hat aber zu Folge, dass das gerichtliche Verfahren ausgesetzt werden muss. Das bedeutet eine Verzögerung des gerichtlichen Verfahrens[37].

---

34 Urteil vom 16. November 2011, Orzecznictwo Trybunału Konstytucyjnego – Zbiór Urzędowy [Rechtsprechung des Verfassungsgerichtes – amtliche Sammlung] 2011, Nr 97.

35 Anders in Österreich: Länderbericht Österreich in diesem Band, Punkt C. mit Unterpunkten.

36 Dieses Instrument kann man auch als Rechtsanfrage oder Richtervorlage bezeichnen.

37 Weil das Verfahren vor dem Verfassungsgericht ziemlich lang dauert, z.B. 2012 durchschnittlich 19 Monate, ist eine solche Verzögerung aus der Perspektive des Rechts auf eine gerichtliche Entscheidung innerhalb einer angemessenen Frist (Art. 45 Abs. 1 Verf., Art. 6 EMRK) relvant. Zu den ungarischen Maßnahmen zur Beschleunigung der konkreten Normenkontrollverfahren (Richtervorlagen) s. den Länderbeitrag Ungarn in diesem Band, Punkt E. 2.

Außerdem muss das Gericht beweisen, dass die Verfassungsmäßigkeit der Gesetzesvorschrift wirklich für seine Entscheidung im konkreten Fall von wesentlicher Bedeutung ist (sog. funktionelle Voraussetzung der Richtervorlage). Das Verfassungsgericht untersucht ziemlich genau, ob diese Voraussetzung wirklich vorliegt[38].

Nach dem Gesetz muss das Gericht die Verfassungswidrigkeit in seinem Vorlageantrag begründen. Das bedeutet zusätzliche Pflichten für die Richter. Trotzdem erhöhte sich die Anzahl der Rechtsanfragen in der Praxis stufenweise von 12 bis 15 pro Jahr (1998-2000) auf 121 (2008) und 80 (2014)[39]. In diesem Bereich waren das Oberste Gericht und das Hauptverwaltungsgericht nicht besonders aktiv, der überwiegende Teil der Richtervorlagen stammt von unteren Gerichten. Wegen der Krise der Verfassungsgerichtsbarkeit, auf die unter Punkt 11 eingegangen wird, sank die Zahl der Richtervorlagen jüngst auf etwa 20.

7. Streit um das richterliche Prüfungsrecht

Nach dem Inkrafttreten der Verfassung von 1997 entstand ein neuer Konflikt zwischen dem Verfassungsgericht und dem Obersten Gericht. Das Verfassungsgericht vertrat konsequent die Meinung, dass die Feststellung der Verfassungswidrigkeit von Gesetzen seine exklusive Kompetenz sei. Das hat zu Folge, dass alle Gerichte im Falle einer vermuteten Unvereinbarkeit einer Gesetzesbestimmung mit der Verfassung verpflichtet sind, dem Verfassungsgericht eine Richtervorlage zu unterbreiten. Das Oberste Gericht hat aber in einigen Entscheidungen die Rechtsansicht geäußert, dass die Gerichte befugt sind, verfassungswidrige Gesetze auch dann nicht anzuwenden, wenn das Verfassungsgericht die Unvereinbarkeit mit der Verfassung nicht festgestellt hat[40]. Zur Begründung führt es drei Hauptargumente an. Das erste ist ein rein sprachliches. Art. 193 Verf. sieht

---

38 *Sarnecki*, Die Entscheidungsbefugnis des Verfassungsgerichtes hinsichtlich der ihm vorgelegten Rechtsfragen, in *Grote/Härtel/Hain/Schmidt/Schmitz/Schuppert/Winterhoff* (Hrsg.), Die Ordnung der Freiheit. FS Starck, (2007), 932. Zu dieser Frage s. auch den Länderbeitrag zu Deutschland in diesem Band, Punkt 3.

39 Informacja o istotnych problemach wynikających z orzecznictwa i działalności Trybunału Konstytucyjnego [Information über die wesentlichen Probleme der Rechtsprechung und Tätigkeit des Verfassungsgerichts], http://trybunal.gov.pl/fileadmin/content/dokumenty/publikacje/informacje_o_problemach/Informacja2016.pdf, 72

40 *Garlicki*, Sąd Najwyższy [Oberstes Gericht], in *Skrzydło* (Hrsg.), Sądy i Trybunały w Konstytucji i w praktyce [Gerichte und Tribunale in der Verfassung und in der Praxis], (2005), 22.

vor, dass die Gerichte eine Rechtsfrage stellen „können" und nicht „sollen" oder „müssen". Zweitens sind die Richter bei der Ausübung ihres Amtes unabhängig und nur der Verfassung und den Gesetzen unterworfen (Art. 178 Abs. 1 Verf.). Wenn zwischen der Verfassung und dem Gesetz ein Widerspruch besteht, darf das Gericht ihn nach dem Regel *lex superior derogat legi inferiori* lösen. Die Verfassung als höchstes Recht (Art. 8 Abs. 1 Verf.) hat in diesem Fall Vorrang. Drittens betont das Oberste Gericht, dass die frühere unbedingte Unterordnung eines Richters unter das Gesetz durch die neue Verfassung relativiert worden ist (s. oben Punkt 4). Allerdings ist die Rechtsprechung des Obersten Gericht zu dieser Frage nicht einheitlich. Trotzdem begann man von einem „gemischten System der Normenkontrolle in Polen" zu sprechen[41].

Es ist vorgekommen, dass dem Obersten Gericht die Rechtsfrage vorgelegt wurde, ob die Gerichte an die Feststellung der Verfassungsmäßigkeit einer Gesetz- oder Verordnungsbestimmung durch das Verfassungsgericht rechtlich gebunden sind. Die Antwort war positiv[42].

Etwas vorsichtiger war das Hauptverwaltungsgericht. Es nimmt eine Mittelposition ein. Danach sind die Gerichte grundsätzlich nicht zur selbstständigen Entscheidung über die Verfassungswidrigkeit eines Gesetzes berechtigt, auch nicht mit bloßer Wirkung *inter partes*. Ausnahmsweise ist dies aber zulässig[43], und zwar in zwei Fällen. Erstens bei der Anwendung vorkonstitutioneller Gesetze, weil das Problem in diesem Fall nach dem Prinzip der *lex posterior* gelöst werden kann. Zweitens wenn die Gesetzesvorschrift offensichtlich verfassungswidrig ist. Eine solche Lage kann sich aus dem „einfachen" Vergleich zwischen der konkreten Verfassungsbestimmung und dem Gesetz ergeben. Außerdem kann man eine solche offensichtliche Verfassungswidrigkeit annehmen, wenn eine verfassungsrechtliche Frage durch das Verfassungsgericht schon eindeutig gelöst wurde und es nur um eine sog. Parallelregelung in einem anderen Gesetz

---

41 *Sarnecki*, Die Entscheidungsbefugnis des Verfassungsgerichtes hinsichtlich der ihm vorgelegten Rechtsfragen, in *Grote/Härtel/Hain/Schmidt/Schmitz/Schuppert/Winterhoff* (Hrsg.), Die Ordnung der Freiheit. FS Starck, (2007), 932-933; *Czarny*, Begrenzung der Staatsgewalt und Verfassungsgerichtsbarkeit in Polen, in *Caliess/Mahlmann* (Hrsg.), Der Staat der Zukunft, ARSP Beiheft Nr. 83, (2002), 223.

42 *Florczak-Wątor*, Orzeczenia Trybunału Konstytucyjnego i ich skutki prawne [Entscheidungen des Verfassungsgerichtes und ihre Rechtsfolgen], (2006), 197-198.

43 *Hauser/Trzciński*, Prawotwórcze znaczenie orzeczeń Trybunału Konstytucyjnego w orzecznictwie Naczelnego Sądu Administracyjnego [Die rechtschöpfende Rolle der Entscheidungen des Verfassungsgerichts in der Entscheidungspraxis des Hauptverwaltungsgerichts], (2008), 26.

geht. Im Laufe der Zeit hat sich der Standpunkt des Hauptverwaltungsgerichts durchgesetzt.

Wegen dieser Meinungsunterschiede versuchten die Gerichte, dass Problem im Wege der verfassungskonformen Auslegung der Gesetze – in einigen Fällen unter Überschreitung der Grenze, die der Wortlaut zieht – zu lösen, um sich nicht mit dem strittigen Problem des richterlichen Prüfungsrechts auseinandersetzen zu müssen.

8. Streit um Bindungswirkung der verfassungskonformen Auslegung durch das Verfassungsgericht

Das polnische Verfassungsgericht hat von anderen Verfassungsgerichten die sog. zusammengesetzte Urteilsformel übernommen. Dazu gehören vor allem die Interpretationsurteile. Das Verfassungsgericht stellt in solchen Entscheidungen fest, dass eine Gesetzesbestimmung, wenn man sie auf bestimmte Weise auslegt, mit der Verfassung vereinbar ist (sog. positive Interpretationsurteile) oder, was in der Praxis viel seltener ist, dass ein gewisses Verständnis der Gesetzesbestimmung mit der Verfassung unvereinbar ist. Solche Interpretationsurteile kann man als besonderes Beispiel der verfassungskonformen Auslegung betrachten[44]. Die Anwendung dieser „Rechtsprechungstechnik" bedeutet aber in einigen Fällen, dass die frühere gerichtliche Auslegung infrage gestellt wird.

Diese Praxis des Verfassungsgerichts hob den Einwand des Obersten Gerichts auf, das solche Urteile als eine Überschreitung der Kompetenzen des Verfassungsgerichts betrachtete. Das Verfassungsgericht sei berechtigt, die Vereinbarkeit der Gesetze mit der Verfassung zu prüfen, aber zu seinen Aufgaben gehöre nicht, die Verfassungsmäßigkeit der Auslegung, vor allem der gerichtlichen Auslegung, und der Anwendung der Gesetze zu kontrollieren[45]. Aus der „Natur der Sache" ergibt sich, dass die Auslegung der Gesetze die Kompetenz der Instanzgerichte bildet. Die Ausübung dieser Kompetenz unterliegt im Bereich der ordentlichen und der Militärgerichtsbarkeit der Aufsicht des Obersten Gerichts. Das Oberste Gericht betonte außerdem, dass Interpretationsurteile des Verfassungsgerichts

---

44 *Czarny*, Trybunał Konstytucyjny a wykładnia ustaw w zgodzie z Konstytucją [Verfassungsgericht und die verfassungskonforme Auslegung der Gesetze], in *Wronkowska* (Hrsg.), Polska kultura prawna a proces integracji europejskiej [Die polnische Rechtskultur und der Prozess der europäischen Integration], (2005), 67.

45 *Tuleja*, Das polnische Verfassungsgericht, in *v. Bogdandy/Grabenwarter/Huber* (Hrsg.), Handbuch Ius Publicum Europaeum, Bd. VI, 510.

in der Praxis eine Wiedereinführung der allgemeinverbindlichen Gesetzesauslegung bedeuten, die durch die Verfassung von 1997 abgeschafft worden ist[46].

Dies hat nicht zur Folge, dass die Interpretationsurteile des Verfassungsgerichtes von den Gerichten einschließlich des Obersten Gerichts und des Hauptverwaltungsgerichts gänzlich ignoriert würden. In konkreten Fällen kam es aber von Zeit zu Zeit durchaus zu Kontroversen, insbesondere wenn die Auslegung des Verfassungsgerichts von früheren Interpretation des Obersten Gerichts abwich.

Wahrscheinlich wegen dieser Streitigkeiten war etwa seit dem Jahr 2004 die Zahl der Interpretationsurteile wesentlich niedriger als früher[47]. Das Verfassungsgericht benutzte im Urteilstenor häufiger die sog. Teilverfassungswidrigkeits-Formel mit oder ohne Textreduzierung, deren Zulässigkeit unumstritten war[48].

9. Bedeutung der gerichtlichen Auslegung der Gesetze für das Verfassungsgericht

1997 wurde in Polen die Verfassungsbeschwerde eingeführt, die aber nur Rechtsnormen zum Gegenstand haben kann[49]. Nach Art. 79 Abs. 1 Verf. hat – gemäß den durch Gesetz geregelten Grundsätzen – jedermann, dessen verfassungsmäßige Freiheiten oder Rechte verletzt worden sind, das Recht, Beschwerde beim Verfassungsgericht einzulegen und die Verfassungsmäßigkeit eines Gesetzes oder eines anderen normativen Aktes prüfen zu lassen, auf dessen Grundlage ein Gericht oder ein Organ der öffentlichen Verwaltung endgültig über seine in der Verfassung bestimmten Freiheiten, Rechte oder Pflichten entschieden hat. Die Einschränkung des Prüfungsgegenstandes – nur die normative Grundlage der individuellen Entscheidung – ist unter anderen dadurch begründet, dass man nicht die gerichtliche Auslegung und Anwendung der Gesetze der Kontrolle des Verfassungsgerichts unterstellen wollte. Das würde auch einen Eingriff in die

46 Dazu s. oben Punkt 2. Zu vergleichbaren Konflikten in Deutschland, Tschechien und Ungarn und zur abweichenden Lage in Österreich s. in diesem Band die Länderbeiträge zu Deutschland Punkt D. 3., zu Österreich Punkt B. 1., zu Tschechien Punkt C., zu Ungarn Punkt D. 2.

47 *Florczak-Wątor*, Orzeczenia Trybunału Konstytucyjnego i ich skutki prawne [Entscheidungen des Verfassungsgerichts und ihre Rechtsfolgen], (2006), 99, 101.

48 In solchen Urteilen stellt das Verfassungsgericht fest, dass eine Gesetzesbestimmung in einem bestimmten (subjektiven, objektiven oder zeitlichen) Bereich verfassungswidrig ist. In der polnischen Literatur verwendet man die Bezeichnung „Bereichsurteile".

49 Das terminologische Problem, ob es sich in der Tat um eine Verfassungsbeswerde oder um einen Individualantrag handelt, hat keine praktische Bedeutung.

Rolle des Obersten Gerichts und des Hauptverwaltungsgerichts im Bereich der Gesetzesauslegung bedeuten.

In der Praxis hat sich herausgestellt, dass es nicht leicht ist, zwischen Situationen, in denen die Verfassungsverletzung durch den Inhalt der Rechtsnorm verursacht wird, und Situationen, in denen die Norm an sich verfassungsmäßig zu sein scheint und nur ihre gerichtliche Auslegung im konkreten Fall zu einer verfassungswidrigen Entscheidung (Urteil) führt, zu unterscheiden[50]. Im zweiten Fall ist die Verfassungsbeschwerde unzulässig, auch wenn die Gerichtsentscheidung offensichtlich die Verfassung verletzt. Das sind die negativen Folgen des in Polen eingeführten sog. engen Modells der Verfassungsbeschwerde[51].

Das Verfassungsgericht befindet sich also von Zeit zu Zeit in einer schwierigen Lage, wenn es feststellen muss, welche von diesen Situationen gerade vorliegt. In der Praxis hat es eine allgemeine Formel gefunden, die besagt, dass falls die Auslegung und Anwendungsweise der konkreten Rechtsvorschriften in der Gerichtspraxis „fest" und „allgemein anerkannt" ist, sie für das Verfassungsgericht als maßgebend zu betrachten ist[52]. Für die Feststellung, dass eine solche „feste" „ständige" Auslegung besteht, sind vor allem die Auslegungsbeschlüsse und Urteile des Obersten Gerichts und des Hauptverwaltungsgerichts von Bedeutung. Nach dem Gesetz über die Organisation und Verfahren vor dem Verfassungsgericht aus dem Jahre 2016 kann sich das Verfassungsgericht an das Oberste Gericht und an das Hauptverwaltungsgericht wenden, um Informationen über die Anwendung oder Auslegung einer bestimmten Rechtsvorschrift in gerichtlichen Entscheidungen zu erhalten. Es ist dies eine besondere Form der Zusammenarbeit zwischen diesen Organen. Sie ist in diesem Sinne problematisch, dass das Oberste Gericht keine erschöpfenden Informationen über die ganze Rechtsprechung der ordentlichen Gerichte besitzt[53].

---

50 *Tuleja*, Das polnische Verfassungsgericht, in *v. Bogdandy/Grabenwarter/Huber* (Hrsg.), Handbuch Ius Publicum Europaeum, Bd. VI, 508.

51 Zum Widerstand in Ungarn gegen diesen (mittlerweile überwundenen) Rechtszustand s. den Länderbeitrag zu Ungarn in diesem Band, Punkt A. 1.

52 *Tuleja*, Das polnische Verfassungsgericht, in *v. Bogdandy/Grabenwarter/Huber* (Hrsg.), Handbuch Ius Publicum Europaeum, Bd. VI, 510.

53 In Bezug auf das Hauptverwaltungsgericht ist diese Kompetenz des Verfassungsgerichthofes in der Praxis irrelevant, weil es in Polen eine zentrale Datenbank für Urteile von Verwaltungsgerichten im Internet gibt.

10. Vollzug der Urteile des Verfassungsgerichts durch die Gerichte - ausgewählte Probleme

Im rein technischen Sinne brauchen die Entscheidungen des Verfassungsgerichtes keine Vollziehung. Die Folgen der Feststellung der Verfassungswidrigkeit eines Normativaktes treten *ex lege* in Kraft. Wenn man also in Polen von dem Vollzug der Urteile des Verfassungsgerichts spricht, denkt man vor allem an die Pflicht des Gesetzgebers, eine verfassungswidrige Regelung zu korrigieren, um eventuelle Gesetzeslücken zu füllen[54]. Diese Pflicht hat eine besondere Bedeutung, wenn das Verfassungsgericht eine Frist bestimmt, mit deren Ablauf der Normativakt seine bindende Kraft verliert (sog. Urteile mit aufgeschobener Wirkung).

Die Folgen der Urteile des Verfassungsgerichts, die eine Verfassungswidrigkeit feststellen, sind weder in der Verfassung noch im Gesetz klar, eindeutig, kohärent und vollständig geregelt. Nach Art. 190 Abs. 1 Verf. sind die Entscheidungen des Verfassungsgerichtes allgemein bindend und endgültig. Die Bindungswirkung trifft also auch die Gerichte. Die Entscheidungen des Verfassungsgerichtes werden unverzüglich in dem amtlichen Veröffentlichungsorgan bekannt gemacht, in dem der Normativakt veröffentlicht worden ist. Sie treten am Tag der Verkündung in Kraft. Das Verfassungsgericht kann jedoch eine andere Frist bestimmen, mit deren Ablauf der Normativakt seine bindende Kraft verliert[55]. Diese Regelung hat zwei Ziele. Erstens soll die Entstehung von Rechtslücken, die einen noch verfassungswidrigeren Zustand als die Existenz der verfassungswidrigen Norm hervorrufen, infolge eines Verfassungsgerichtsurteils vermieden werden. Zweitens wollte der Verfassunggeber es ermöglichen, die Haushaltsgesetzgebung an die finanziellen Folgen eines Urteils anzupassen[56].

Auf den ersten Blick scheint es, als ob Polen der österreichischen Lehre der *Ex-nunc*-Folgen der verfassungsgerichtlichen Entscheidungen folgt[57]. Tatsächlich ist die Lage nicht so einfach, weil der Verlust der rechtlichen Bindungswirkung

54 *Wojtyczek*, Sądownictwo konstytucyjne w Polsce. Wybrane zagadnienia [Verfassungsgerichtsbarkeit in Polen. Ausgewählte Probleme], (2013), 234.

55 Wenn ein Gesetz betroffen ist, darf diese Frist achtzehn Monate nicht überschreiten. Bei anderen Normativakten darf die Frist nicht länger als zwölf Monate betragen.

56 Nach Art. 190 Abs. 3 S. 2 Verf. setzt das Verfassungsgericht im Falle eines Urteils, das finanzielle Aufwendungen zur Folge hat, die im Haushaltsgesetz nicht vorgesehenen sind, die Frist für das Außerkrafttreten des Gesetzes nach Anhörung des Ministerrates fest.

57 Hierzu s. den Länderbericht zu Österreich in diesem Band, Punkt B. 1.

etwas anderes als die Aufhebung des Gesetzes bedeutet. Wenn das Verfassungsgericht die Unvereinbarkeit eines Normativaktes mit der Verfassung, mit einem völkerrechtlichen Vertrag oder mit einem Gesetz feststellt und auf der Grundlage dieses Normativaktes eine rechtskräftige Gerichtsentscheidung, bestandskräftige Verwaltungsentscheidung oder endgültige Entscheidung in anderen Angelegenheiten ergangen ist, bildet die Entscheidung des Verfassungsgerichts die Grundlage für die Wiederaufnahme des Verfahrens oder aber für die Aufhebung der Entscheidung nach den Grundsätzen und gemäß der Verfahrensweise, die in den auf diese Verfahren anwendbaren Vorschriften geregelt sind (Art. 190 Abs. 4 Verf.). Es ist anzumerken, dass Art. 190 Abs. 4 Verf. einige rückwirkende Folgen der Urteile des Verfassungsgerichts vorsieht. Im „neuen" Verfahren darf das Gericht die verfassungswidrigen Gesetzesbestimmungen, die aufgrund der Entscheidung des Verfassungsgerichts ihre rechtliche Geltung verloren haben, grundsätzlich nicht anwenden. Sonst wäre die Wiederaufnahme des Verfahrens sinnlos.

Nach den verschiedenen Prozessordnungen erfolgt die Wiederaufnahme des Verfahrens auf Antrag einer Prozesspartei und ist von Amts wegen unzulässig. Nach der Meinung des Verfassungsgerichts bedeutet Art. 190 Abs. 4 Verf., dass ein subjektives Recht der Prozessparteien auf die Restitution des verfassungsmäßigen Zustands besteht[58]. Das hat zu Folge, dass die Gerichte eigentlich auch im Rahmen der wiederaufgenommenen Verfahren in gewisser Weise die Urteile des Verfassungsgerichtes vollziehen sollen. Man kann auch nicht außer Acht lassen, dass die oben vorgestellte Verfassungsvorschrift eine Gefahr für die Rechtssicherheit, die Stabilität der endgültigen Gerichtsentscheidungen und den Schutz erworbener Rechte mit sich bringt.

Die Grundsätze in Art. 190 Abs. 3 Verf. sind nicht an die Regelung im Abs. 4 angepasst. In der Praxis entstanden deswegen zahlreiche Interpretationsprobleme, von denen hier nur einige kursorisch erwähnt werden.

In der Gerichtspraxis war es zum Beispiel am Anfang nicht klar, ob ein Urteil des Verfassungsgerichts mit aufgeschobener Wirkung die Grundlage für die Wiederaufnahme eines konkreten Verfahrens bilden kann. Einerseits kann man anführen, dass Art. 190 Abs. 4 Verf. nicht die Folgen von „einfachen" und „zusammengesetzten" Urteilen unterscheidet. Also soll man nach dem Prinzip *lege non distinguente nec nostrum est distinguere* annehmen, dass in beiden Fällen

---

58 *Jackowski*, Następstwa wyroków Trybunału Konstytucyjnego w procesie sądowego stosowania prawa [Folgen der Urteile des Verfassungsgerichtes im Prozess der gerichtlichen Rechtsanwendung], (2016), 189.

die Rechtslage ähnlich ist. Andererseits ist der Zweck der aufgeschobenen Wirkung ganz klar. Es geht um die Weitergeltung der verfassungswidrigen Norm. Es wäre unlogisch, diese Norm auch nach dem Urteil des Verfassungsgerichts anzuwenden und diese Verfahren später wiederaufzunehmen.

Das Verfassungsgericht vertrat zu Beginn die Rechtsauffassung, dass die Gerichte nach seinem Urteil mit aufgeschobener Wirkung die verfassungswidrigen Vorschriften bis zur Änderung des Gesetzes anwenden sollen. Das Oberste Gericht bezog ähnlich Stellung. Im Laufe der Zeit stellte es sich aber heraus, dass diese „rigorose" Meinung zu ungerechten Folgen führt. Das Oberste Gericht hat seine Rechtsprechung dahin gehend geändert, dass es die Nichtanwendung des verfassungswidrigen Gesetzes zugelassen hat, wenn im konkreten Fall der Schutz der Verfassungswerte und der Menschenrechte dies erfordert. Diese pragmatische Einstellung hat aber negative Folgen für die Eindeutigkeit des Rechtszustands.

Das Verfassungsgericht ist nach seiner eigenen Rechtsprechung nicht berechtigt, die Verfassungswidrigkeit gesetzgeberischen Unterlassens festzustellen. Unter diesem Begriff versteht man die Situationen, dass ein Fragenkomplex überhaupt nicht im Gesetz geregelt ist, obwohl die Verfassung dies ausdrücklich vorsieht. Davon unterscheidet sich das sog. gesetzgeberische Übersehen (Unterlassen im engeren Sinne). In diesem Fall ist die Regelung unvollständig, d.h. einige Elemente fehlen, die das Gesetz gemäß der Verfassung enthalten sollte. Das Paradebeispiel ist der zu enge Anwendungsbereich einer Norm, der einige Situationen nicht umfasst, die er aber gemäß dem Gleichheitssatz umfassen sollte. In diesen Fällen stellt das Verfassungsgericht die Unvereinbarkeit der Gesetzesnorm mit der Verfassung fest, aber mit einem Zusatz, der besagt, dass die Verfassungswidrigkeit darin besteht, dass die Norm eine bestimmte Regelung nicht enthält. Ein solches Urteil bedeutet, dass die Gesetzesbestimmung nicht ihre Geltung verliert, aber der Gesetzgeber die „fehlende" Regelung beschließen soll. Eine wichtige Frage, die in der Praxis relativ oft auftauchte, betrifft die schon anhängigen gerichtlichen Verfahren. In diesem Fall kann man nicht auf eine Entscheidung des Gesetzgebers „warten"; außerdem ist es nicht sicher, ob er überhaupt das Gesetz ergänzt[59].

Sowohl das Verfassungsgericht als auch die Gerichte haben auf diese Frage eine einheitliche Antwort gegeben. Falls es um die „einfache" Erweiterung einer

59 In Ungarn bildet die verfassungsgerichtliche Feststellung der Verfassungswidrigkeit durch legislatives Unterlassen eine eigene Verfahrensart: Länderbericht Ungarn in diesem Band, Punkt A. 2.

Gesetzesbestimmung auf „neue" Fälle geht, dürfen die Gerichte im Wege der verfassungskonformen Auslegung oder durch die unmittelbare Anwendung der Verfassung die Folgen der Verfassungswidrigkeit selbständig beseitigen. Es ist aber klar, dass dies tatsächlich bedeutet, dass der Entscheidung des Verfassungsgerichts ein rechtsetzender Charakter zukommt[60].

Allgemein kann man feststellen, dass die Folgen der Urteile des Verfassungsgerichts, v.a. die intertemporalen (zeitlichen) Folgen, zu Divergenzen in der Rechtsprechung der verschiedenen Gerichte geführt haben. Unter zeitlichen Folgen versteht man in diesem Fall v.a. das Problem der Anwendung der Gesetze auf die vor dem Außerkrafttreten wegen Verfassungswidrigkeit verwirklichten Tatbestände. Das Verfassungsgericht versuchte die Rechtslage zu klären, indem es in der Urteilsbegründung diese Folgen mindestens teilweise regelte[61]. Die Begründung hat aber keine bindende Kraft. Das führte zu den sog. Applikationsurteilen. In dieser Urteilsgruppe stellt das Verfassungsgericht schon in der Urteilsformel fest, welche Folgen seine Entscheidung für die Rechtsanwendung hat. Diese Idee hat einige positive Konsequenzen, denn sie bringt Klarheit und Eindeutigkeit in die Rechtslage. Kritisch kann man anmerken, dass für solche Applikationsformeln die unmittelbare verfassungsrechtliche und gesetzliche Grundlage fehlt.

Aufgrund der vorstehenden Erwägungen könnte man vermuten, dass die Gerichte auch die Applikationsurteile des Verfassungsgerichts – genauer gesagt: die Applikationsbestimmungen im Urteilstenor – als nicht bindende Hinweise betrachteten, ähnlich wie die verfassungsgerichtlichen Interpretationsurteile. Es war aber ganz anders. Entscheidend scheint ein praktischer Aspekt zu sein. In Applikationsurteilen stellte das Verfassungsgericht oft fest, dass aufgrund seiner konkreten Entscheidung die Wiederaufnahme des Verfahrens ausgeschlossen ist. Solche Bestimmung war aus praktischen Gründen für alle Gerichte sehr bequem. Anträge auf Wiederaufnahme des Verfahrens konnten einfach mit Verweis auf das Urteil des Verfassungsgerichts abgewiesen werden.

---

60 *Dąbrowski*, Funkcje Trybunału Konstytucyjnego związane z hierarchiczną kontrolą konstytucyjności prawa [Funktionen des Verfassungsgerichtes im Bereich der Normenkontrolle], (2015), 289.

61 In der amtlichen Sammlungen des Urteile des Verfassungsgerichts sind – im Gesensatz zu den Sammlungen, die vom Obersten Gericht und vom Hauptverwaltungsgericht heraugegeben werden – keine Thesen oder Kerngründe der Entscheidung besonders hervogehoben.

Um nicht inkonsequent zu sein, haben die Gerichte auch andere Applikationsformeln des Verfassungsgerichts akzeptiert[62].

Zusammenfassend kann feststellen, dass es in diesem Bereich zu einem Dialog und zur Zusammenarbeit des Verfassungsgerichts, des Obersten Gerichts und des Hauptverwaltungsgerichts gekommen ist. Alle diese Organe versuchen, den Instanzgerichten durch Hinweise für konkrete Fallgruppen zu helfen, die sehr komplizierte Rechtslage zu bewältigen.

11. Oberstes Gericht und Hauptverwaltungsgericht und die Krise der Verfassungsgerichtsbarkeit (2016)

In Polen begann nach den Parlamentswahlen im Herbst 2015 ein scharfer Streit zwischen dem Sejm, d.h. der neuen Regierungsmehrheit, und dem Verfassungsgericht. Der Verlauf und die Ursachen dieses Konflikts können hier aus Platzgründen nicht vorgestellt werden[63]. Es soll aber erwähnt werden, dass im Verlauf dieses Streits auch das Oberste Gericht und das Hauptverwaltungsgericht Stellung bezogen haben.

Die Versammlung der Richter des Obersten Gerichts fasste einen Beschluss zu dem Problem, dass das Urteil des Verfassungsgerichts vom 9. März 2016 und seine späteren Entscheidungen im Gesetzblatt nicht veröffentlicht werden. Die Richter stellten fest, dass schon die mündliche Verkündung eines Urteils durch das Verfassungsgericht die Vermutung der Verfassungsmäßigkeit eines Gesetzes widerlegt[64]. Das bedeutet, dass die Richter berechtigt sind, die nach diesem Urteil verfassungswidrigen Gesetzesbestimmungen nicht anzuwenden, auch

62 Es geht um das sog. Vorteilsprivileg, das ähnlich wie in Österreich gemäß Art. 140 Abs. 7 Bundes-Verfassungsgesetz im Falle einer Verfassungsbeschwerde für den Anlassfall besondere, für den Beschwerdeführer günstige Regelung vorsieht. Näher zu der österreichischen Regelung s. den Länderbeitrag zu Österreich in diesem Band, Punkt B. 1.

63 Mehr zu diesem Thema s. *Czarny*, Der Streit um Verfassungsgericht in Polen 2015-2016. Grundriss des Verlaufs und der verfassungsrechtlichen Probleme, Osteuropa Recht 1/2018, S. 5-20; *de Vries*, Die Änderung des Gesetzes über den Verfassungsgerichtshof auf dem verfassungsgerichtlichen Prüfstand. Übersetzung des Urteils des Verfassungsgerichtshofs zur Änderung des Verfassungsgerichtshofsgesetzes vom 9. März 2016 (Signatur: K 47/15) mit einer Einführung, Jahrbuch für Ostrecht 57 (2016) S. 371–402.

64 Beschluss vom 26. April 2016, http://trybunal.gov.pl/uploads/media/Uchwala_Zgr_Og_SSN_26_04_2016.pdf.

wenn die Veröffentlichung des Urteils im Gesetzblatt unterbleibt. Eine ähnliche Rechtsauffassung vertrat das Richterkollegium des Hauptverwaltungsgerichts[65]. In der Praxis bedeuteten diese Beschlüsse eine Unterstützung für das Verfassungsgericht in seinem „Kampf" um die Unabhängigkeit.

Weil fast gleichzeitig auch ein Konflikt zwischen dem Obersten Gericht und den politischen Verfassungsorganen ausbrach, sind alle früheren Meinungsunterschiede zwischen den Höchstgerichten in Vergessenheit geraten.

12. Zusammenfassung

Schon seit mehr als 30 Jahren bestehen das Verfassungsgericht, das Oberste Gericht und das Hauptverwaltungsgericht gemeinsam in der polnischen Verfassungsordnung. In dieser Zeit haben sich die gegenseitigen Beziehungen ziemlich stark verändert. Am Anfang war die Zusammenarbeit zwischen dem Verfassungsgericht und dem Obersten Gericht sehr begrenzt.

In der Mitte der 1990er Jahre kam es zu einem ersten scharfen Konflikt um die Bindungswirkung der allgemeingültigen Gesetzesauslegung. Die Verfassung von 1997 hat dieses Problem normativ gelöst.

Dann begannen die Kontroversen zwischen beiden Organen um die Bindungswirkung der sog. Interpretationsurteile des Verfassungsgerichts und um das Recht der Gerichte auf diffuse Normenkontrolle. Der Höhepunkt dieses Konflikts war wohl ein Beschluss des Obersten Gerichts aus dem Jahre 2009, der die Interpretationsurteile am stärksten kritisierte[66]. Es wäre aber eine Übertreibung, von einem „Krieg der Gerichte" wie in Tschechien zu sprechen[67]. Das Hauptverwaltungsgericht bezog in diesem Konflikt eine Mittelstellung.

In den nächsten Jahren sank die „Temperatur" des Streits wieder. Dazu trug die Kompromisshaltung des Hauptverwaltungsgerichts bei, das grundsätzlich dem Verfassungsgericht folgte. Die Gerichte und das Oberste Gericht versuchen mithilfe der verfassungskonformen Auslegung, die eindeutige Feststellung der Unvereinbarkeit von Gesetzen mit der Verfassung ohne Urteil des

---

65 Beschluss vom 27. April 2016, http://www.nsa.gov.pl/komunikaty/uchwala-kolegium-naczelnego-sadu-administracyjnego-z-dnia-27-kwietnia-2016-r,news,4,309.php.

66 Beschluss des Obersten Gerichts in der Besetzung von sieben Richtern vom 1. Dezember 2009, einzusehen unter http://sn.pl/sites/orzecznictwo/Orzeczenia1/III%20PZP%202-09.pdf.

67 *Tuleja*, Das polnische Verfassungsgericht, in *v. Bogdandy/Grabenwarter/Huber* (Hrsg.), Handbuch Ius Publicum Europaeum, Bd. VI, (2016), 511. Zum „Krieg der Gerichte" in Tschechien s. den Länderbeitrag zu Tschechien in diesem Band, Punkt C.

Verfassungsgerichts zu vermeiden. Die wegen der Unklarheit der Verfassungsbestimmungen schwierigen Probleme des Vollzugs der Verfassungsgerichtsurteile wurden stufenweise gemeinsam im Wege des Dialogs gelöst.

Nach den Parlamentswahlen 2015 begann ein Konflikt zwischen dem Sejm einerseits und dem Verfassungsgericht andererseits[68]. Es kam zu einem großen Personalwechsel. Im April 2018 trat ein neues Gesetz über das Oberste Gericht in Kraft[69]. Auch dieses Gesetz sieht große Änderungen in der Zusammensetzung des Gerichts vor. Es ist sehr wahrscheinlich, dass es zu einem wesentlichen Wandel in der Rechtsprechung führen wird. Die Zukunftsperspektiven der Zusammenarbeit zwischen den beiden Organen sind deswegen unklar[70].

---

68 *Czarny*, Der Streit um den Verfassungsgerichtshof in Polen 2015-2016, Osteuropa Recht 2018 S. 5–20; *Dziadzio*: Quis custodiet ipsos custodes? Die Auseinandersetzung um den Verfassungsgerichtshof in Polen (2015-2016), Osteuropa Recht 2018 S. 21–38.

69 Polens Justizreform genau betrachtet: 3. das Oberste Gericht, einzusehen unter http://www.radiodienst.pl/polens-justizreform-genau-betrachtet-3-das-oberste-gericht/.

70 *Tuleja*, Das polnische Verfassungsgericht, in *v. Bogdandy/Grabenwarter/Huber* (Hrsg.), Handbuch Ius Publicum Europaeum, Bd. VI, (2016), 511.

Attila Vincze

Länderbeitrag Tschechien

Die Beziehungen zwischen der Verfassungsgerichtsbarkeit und den Obergerichten in Tschechien[1]

Abstract: Establishing the Constitutional Court after the collapse of the communism was symbolic for a new democracy on the one hand and the rebirth of the first Constitutional Court in Europe, on the other. Despite its deep historic roots, the Czech Constitutional Court was perceived as hostile by the courts, and a war within the judiciary broke out. Thus, the Czech judges had to learn the hard way how to co-operate and cohabitate with a new institution. This makes the Czech experience very special. This paper outlines the precise practical steps applying the subsidiarity of constitutional complaints, the concept and limits of *res iudicata* in constitutional review, and the referrals by judges to the constitutional court. In addition to doctrine, emphasis is given to the court practice.

A. Grundlegende Regeln

Das tschechische Verfassungsgericht ist zwar gemäß Art. 83 der tschechischen Verfassung (Verf.) das gerichtliche Organ des Verfassungsschutzes. Es ist aber nicht das einzige Organ, das den Schutz der grundlegenden Rechte und Freiheiten zur Aufgabe hat, denn gemäß Art. 4 Verf. stehen diese unter dem Schutz der Gerichte, worunter auch die ordentlichen und die Verwaltungsgerichte zu verstehen sind.

1 Aus dem Ungarischen übersetzt von *Herbert Küpper*.

Da das Verfassungsgericht das gerichtliche Organ des Schutzes der Verfassung ist, muss man es als ein besonderes Gericht betrachten, das ausschließlich zur Kontrolle der Verfassungsmäßigkeit berufen ist.[2] Diese Definition ist nicht erschöpfend, aber offensichtlich fließt aus ihr, dass die Funktion des Verfassungsgerichts nicht darin besteht, eventuelle Verletzungen des einfachen Rechts zu prüfen,[3] sondern die Verfassungsmäßigkeit der Akte der öffentlichen Gewalt einschließlich der Entscheidungen des Obersten Gerichts und des Obersten Verwaltungsgerichts. Es ist aber diesen Gerichten nicht übergeordnet, und infolgedessen ist die Verfassungsbeschwerde kein weiterer Rechtsbehelf und kann dies auch nicht sein.[4] Dementsprechend prüft es nicht die Gesetzmäßigkeit der ordentlichen und der Verwaltungsgerichte und auch nicht, ob das Instanzgericht das Gesetz richtig auslegt und ob die rechtlichen Argumentationen und Schlussfolgerungen folgerichtig sind, denn eine Verletzung des einfachen Rechts bedeutet für sich genommen noch keine Verletzung der Verfassung.[5] Aus der Tatsache, dass sich die Entscheidungskompetenz des Verfassungsgerichts auf die Prüfung der Verfassungsmäßigkeit anderweitig getroffener Entscheidungen beschränkt, ergibt sich, dass seine Kompetenzen grundsätzlich subsidiär sind. Das bedeutet, dass eine Verletzung des einfachen Rechts alleine nicht zu einer Verfassungswidrigkeit führen kann[6] und es nicht die Aufgabe des Verfassungsgerichts ist zu prüfen, ob das einfache Recht verletzt wurde, jedenfalls so lange nicht, wie diese Rechtsverletzung nicht eine Intensität erreicht, die zugleich eine Verfassungsverletzung bewirkt,[7] etwa wenn eine Rechtsauslegung willkürlich ist.[8]

---

2 *Sládeček*, Art. 83, Rn. 6, in *Sládeček – Syllová – Mikule*: Ústava České republiky; s. auch *Filip*, Časopis pro právní vědu a praxi, 2/2010, S. 91 (92-93).

3 *Sládeček*, Art. 83, Rn. 6, in *Sládeček – Syllová – Mikule*: Ústava České republiky; Verfassungsgericht Nr. 1/2003 Sbírka nálezů a usnesení (Entscheidungssammlung, in der Folge abgekürzt Sb. n. u.), Bd. 27.

4 Das ist die ständige Rechtsprechung des tschechischen Verfassungsgerichts: I. ÚS 51/98 vom 7. 5. 1998, IV. ÚS 1633/14 vom 5. 8. 2014, I. ÚS 401/98 vom 13. 1. 1999, III. ÚS 1624/09 vom 5. 3. 2010, III. ÚS 351/04, III. ÚS 501/04 und III. ÚS 606/04.

5 Verfassungsgericht Beschluss IV. ÚS 22/2000 vom 6. 4. 2000.

6 Verfassungsgericht Erkenntnis II. ÚS 45/94 vom 25. 1. 1995, Erkenntnis I. ÚS 60/97 vom 12. 5. 1998.

7 Verfassungsgericht Erkenntnis I. ÚS 68/93 vom 21. 4. 1994 (N 17/1 Sb. n. u. 123), Erkenntnis Pl. ÚS 20/16 vom 9. 8. 2016.

8 Verfassungsgericht Erkenntnis III. ÚS 166/95 vom 30. 11. 1995 (N 79/4 Sb. n. u. 255). Zur willkürlichen Auslegung des einfachen Rechts als einer der Fälle, in denen die Auslegung des einfachen Rechts in Deutschland verfassungsrechtliche und verfassungsgerichtliche Relevanz gewinnt, s. den Länderbericht Deutschland in diesem Band, Punkt C.3.; zum Willkürverbot als parallele Zuständigkeitsbegründung für Verfassungs- und

Aus der Perspektive der Gerichte setzt diese Subsidiarität voraus, dass auch die ordentlichen und die Verwaltungsgerichtsbarkeit die verfassungsrechtlichen Aufgaben erfüllen, die Art. 4 Verf. ihnen aufträgt,[9] nämlich den Schutz der Grundrechte,[10] der zugleich das Erfordernis der verfassungskonformen Auslegung der Gesetze umfasst.[11] Die Erfüllung dieser Pflicht rechtfertigt, dass das Verfassungsgericht seine Einwirkungen auf die richterliche Rechtsauslegung möglichst gering hält.

Das Oberste Verwaltungsgericht hat in diesem Zusammenhang in einer Entscheidung[12], in der die Rechtmäßigkeit einer Steuerprüfung fraglich war, hervorgehoben, dass es nicht die Aufgabe des Gerichts ist, die Rechte der Steuerbehörde, sondern im Einklang mit Art. 4 Verf. die Grundrechte und -freiheiten des Steuerpflichtigen zu schützen. In diesem Zusammenhang berief es sich auf eine frühere Entscheidung des Verfassungsgerichts, gemäß der im Verwaltungsverfahren die Analogie nur begrenzt und nur zugunsten des Bürgers angewendet werden kann.[13]

B. Verfassungsbeschwerde

Gemäß Art. 87 Buchst. d) Verf. und § 72 Gesetz über das Verfassungsgericht (VerfGG) kann die Verfassungsbeschwerde[14] gemäß den gesetzlichen Voraussetzungen gegen eine rechtskräftige Entscheidung und andere Akte der öffentlichen Gewalt, die die verfassungsrechtlich gewährleisteten Grundrechte verletzen, eingelegt werden. Die gesetzlichen Voraussetzungen haben einen sehr weiten

---

Verwaltungsgerichtsbarkeit in Österreich s. den Länderbericht Österreich in diesem Bande, Punkt B.3.

9 Verfassungsgericht Erkenntnis IV. ÚS 208/2000 vom 31. 1. 2003 (N 16/29 Sb. n. u. 123).

10 Verfassungsgericht Erkenntnis Pl. ÚS 42/02 vom 26. 3. 2003 (N 42/29 Sb. n. u. 389).

11 Verfassungsgericht Erkenntnis III. ÚS 495/02 vom 4. 3. 2004 (N 33/32 Sb. n. u. 303).

12 Oberstes Verwaltungsgericht, 3 Aps 2/2006 – 68, 20. 6. 2007.

13 Verfassungsgericht Erkenntnis Pl. ÚS 21/04 vom 26. 4. 2005. Zum Dissens zwischen Oberstem Verwaltungsgericht und Verfassungsgericht bei der Beurteilung von Steuerprüfungen s. Punkt C.

14 Sowohl die tschechische Verfassung als auch das Verfassungsgerichtsgesetz kennen insgesamt drei Arten der Verfassungsbeschwerde: erstens die klassische Individualbeschwerde, die im Wesentlichen der deutschen und aktuellen ungarischen Verfassungsbeschwerde sehr ähnlich ist, zweitens die Kommunalverfassungsbeschwerde und drittens die Verfassungsbeschwerde, die politische Parteien einlegen können. Da aus der Sicht dieser Studie die beiden letztgenannten Arten von nur geringer Bedeutung sind, werden wir uns in der Folge ausschließlich mit der Individualbeschwerde befassen.

Mechanismus des Grundrechtsschutzes geschaffen, durch den das Verfassungsgericht in der Lage ist, die Spruchpraxis der ordentlichen Gerichte recht weit gehend zu beeinflussen.[15]

Aus der Sicht des Verhältnisses zwischen den Obergerichten und den Verfassungsgerichten ist in erster Linie entscheidend, wie sich dieser Rechtsbehelf gegenüber anderen Rechtsbehelfen verhält. Hierzu sind v.a. drei Teilfragen von Bedeutung:

1. Was bedeutet die rechtskräftige endgültige Entscheidung, gegen die Verfassungsbeschwerde eingelegt werden kann?
2. Das Erfordernis des rechtskräftigen und endgültigen Urteils setzt die Erschöpfung der zur Verfügung stehenden Rechtsschutzmöglichkeiten voraus, d.h. die Verfassungsbeschwerde ist gegenüber anderen Formen des Rechtsschutzes subsidiär. Daher stellt sich die Frage, was genau diese Subsidiarität bedeutet.
3. Schließlich ist zu untersuchen, wie dem in der Praxis am besten genügt werden kann.

1. Endgültigkeit der Entscheidung

Eine der Voraussetzungen der Verfassungsbeschwerde ist entweder eine rechtskräftige Entscheidung oder ein anderer Akt der öffentlichen Gewalt, der die Grundrechte verletzt. Der Begriff der rechtskräftigen Entscheidung umfasst die Erschöpfung aller zur Verfügung stehenden Rechtsmittel. Die Existenz eines anderen Rechtsmittels schließt nicht nur die Verfassungsbeschwerde aus, sondern wird von ihr geradezu vorausgesetzt, denn gegen ein solches Rechtsmittel kann sie dann subsidiär in Anspruch genommen werden.[16] Ob ein anderes Rechtsmittel gegeben ist, ist im Hinblick auf die Umstände des konkreten Einzelfalls zu ermitteln. So kann es sein, dass irgendein (im Allgemeinen außerordentlicher) prozessualer Rechtsbehelf wegen des geringen Streitwerts nicht zur Verfügung steht, aber das schließt dann auch die Einlegung einer Verfassungsbeschwerde nicht aus; das ist eine typische Konstellation bei der Revision.[17] Es

15 *Filip*, Art. 87, Rn. 110, in *Šimíček – Filip – Molek – Bahýľová – Podhrázký – Suchánek – Vyhnánek*: Ústava České Republiky – Komentář.

16 *Filip*, Art. 87, Rn. 137, in *Šimíček – Filip – Molek – Bahýľová – Podhrázký – Suchánek – Vyhnánek*: Ústava České Republiky – Komentář.

17 *Filip*, Art. 87, Rn. 110, in *Šimíček – Filip – Molek – Bahýľová – Podhrázký – Suchánek – Vyhnánek*: Ústava České Republiky – Komentář.

kommen auch Fälle vor, dass ein außerordentlicher prozessualer Rechtsbehelf von dem Annahmeermessen der oberen Instanz abhängt, auf das die Parteien und ihre Rechtsvertreter keinen Einfluss haben. Wenn in dem Fall die rechtskräftige endgültige Entscheidung den Antrag auf den Rechtsbehelf zurückweist, ist sie nicht inhaltlicher, d.h. materieller, sondern rein formaler, d.h. prozessualer Natur.[18]

2. Subsidiarität[19]

Die Zulässigkeitsvoraussetzung der Erschöpfung aller (zur Verfügung stehenden) Rechtsschutzmöglichkeiten macht die Verfassungsbeschwerde gegenüber dem Rechtsschutz durch die ordentlichen Gerichte, der im Übrigen auch aus Art. 4 Verf. fließt, subsidiär.[20] Diese Subsidiarität bewirkt ein empfindliches Gleichgewicht zwischen der Rechtssicherheit und dem Vorrang der Verfassung sowie der richterlichen Unabhängigkeit und dem verfassungsgerichtlichen

18 *Šimíček*, Bulletin advokacie, 7-8/2016, S. 17–2; *Šimíček*, § 72 Rn. 35, *Filip – Holländer – Šimíček*: Zákon o Ústavním soudu. In diesem Zusammenhang ist Tschechien mehrfach durch den Europäischen Menschenrechtsgerichtshof verurteilt worden, weil die Frist zur Einreichung der Verfassungsbeschwerde von dem Zeitpunkt an berechnet wurde, an dem die Entscheidung erlassen wurde, und weil die Revision als außerordentliches Rechtsmittel von dem Ermessen des Obersten Gerichts abhing. Daher war es vorstellbar, dass das Oberste Gericht die Revision *a limine* abweist und so einen prozessrechtlichen Entschluss fasst, gegen den (weil er kein Beschluss in der Sache ist) keine Verfassungsbeschwerde eingelegt werden kann. Eine andere Möglichkeit wäre es gewesen, gleichzeitig Revision und Verfassungsbeschwerde einzulegen, aber dann wäre, worauf auch der EGMR hinweist, die Gefahr groß, dass das Oberste Gericht und das Verfassungsgericht einander widersprechende Urteile fassen, wodurch das Recht auf angemessenen Rechtsschutz verletzt wird: EGMR, 12.11.2002, Běleš u.a. ./. Tschechische Republik, AZ.: 47273/99; 12.11.2002, Zvolský und Zvolská ./. Tschechische Republik, AZ.: 46129/99. Zur Existenz widersprechender Urteile des Bundesgerichtshofs, des Bundesverfassungsgerichts und des Europäischen Menschenrechtsgerichtshofs in Deutschland s. Länderbericht Deutschland in diesem Band, Punkt F, zu den Mechanismen in Österreich, eben dies zu verhindern, s. Länderbericht Österreich in diesem Band, Punkt C.2.

19 Die in Tschechien im Zusammenhang mit der Subisidarität entwickelten Fragen werden in Deutschland und ihm folgend in Ungarn unter dem Stichwort der „Superrevisionsinstanz“, die das Verfassungsgericht nicht sein will, diskutiert: dazu s. in diesem Band die Länderberichte zu Deutschland, Punkt C. 2. und zu Ungarn, Punkt C.2.

20 *Šimíček*, Bulletin advokacie, 7-8/2016, S. 17–24; Verfassungsgericht, Erkenntnis III. ÚS 205/97 vom 11. 12. 1997.

Rechtsschutz.[21] Die Subsidiarität ist einer der Wesenszüge der Verfassungsbeschwerde, denn diese ist zwar auch ein Rechtsbehelft, aber noch nicht einmal Teil der außerordentlichen prozessualen Rechtsbehelfe, denn sie kann nur dann eingelegt werden, wenn der Beschwerdeführer nicht nur die Verletzung einer gesetzlichen Vorschrift in den vorangegangenen behördlichen oder gerichtlichen Verfahren behauptet, sondern die Verletzung einer seiner verfassungsrechtlich gewährleisteten Grundrechte und -freiheiten.[22]

Laut Verfassungsgericht hat die Subsidiarität zwei Dimensionen: eine formelle und eine materielle.[23] Die formelle Dimension bedeutet die Erschöpfung aller durch die Rechtsordnung zur Verfügung gestellten Rechtsbehelfe,[24] während die Bedeutung der materiellen Dimension der Subsidiarität darin liegt, dass das Verfassungsgericht als das gerichtliche Organ zum Schutz der Verfassung gemäß Art. 83 Verf. nur zum Schutz der Grundrechte bestimmt ist, der Rechtsschutz im allgemeinen hingegen Aufgabe und Zuständigkeit anderer Organe darstellt, denen Gelegenheit zu geben ist, die Rechtsverletzung innerhalb ihrer eigenen Zuständigkeiten zu beheben. Anders ausgedrückt: Beim Schutz der Grundrechte und -freiheiten ist auf den primären und unmittelbaren Rechtsschutz zu achten. Da in einem demokratischen Rechtsstaat alle Organe der öffentlichen Gewalt verpflichtet sind, die Grundrechte und -freiheiten zu respektieren, und zudem Art. 4 Verf. den Gerichten diesen Schutz zur Aufgabe macht, ist jedes Gericht, das eine Verletzung der Grundrechte und -freiheiten wahrnimmt, verpflichtet einzuschreiten, damit keine weiteren Rechtsverletzungen stattfinden, und die bereits eingetretenen Rechtsverletzungen im Rahmen seiner Zuständigkeiten zu beheben.[25] Der Grundsatz der Subsidiarität bedeutet mithin, dass die Nachrangigkeit der Verfassungsbeschwerde als spezifisches Mittel des Grundrechtsschutzes gegenüber den ordentlichen Rechtsbehelfen nur dann zur Geltung kommen

---

21 *Filip*, Art. 87, Rn. 139, in *Šimíček – Filip – Molek – Bahýľová – Podhrázký – Suchánek – Vyhnánek*: Ústava České Republiky – Komentář.

22 *Šimíček*, Art. 72 Rn. 35, in *Filip – Holländer – Šimíček*: Zákon o Ústavním soudu.

23 Verfassungsgericht Beschluss I. ÚS 236/04 vom 28. 4. 2004 (U 25/33 Sb. n. u. 475).

24 Verfassungsgericht Erkenntnis III. ÚS 117/2000 vom 13. 7. 2000: „K základním zásadám, ovládajícím řízení o ústavních stížnostech, patří zásada subsidiarity, dle níž je podmínkou podání ústavní stížnosti vyčerpání všech procesních prostředků, které k zákon k ochraně práva poskytuje" (Zu den relevanten Grundsätzen, die das Verfassungsbeschwerdeverfahren beherrschen, gehört der Grundsatz der Subsidiarität, dessen Voraussetzung die Ausschöpfung aller prozessualen Mittel ist, die das Gesetz zum Rechtsschutz vorsieht).

25 Verfassungsgericht Erkenntnis III. ÚS 205/97 vom 11. 12. 1997.

kann, wenn im Übrigen die ordentlichen Rechtsmittelforen ihre vorrangige Rechtsschutzfunktion wahrnehmen und im Falle von Grundrechtsverletzungen einen wirksamen Rechtsschutz gewährleisten.[26]

Aufgrund des Subsidiaritätsprinzips stellt das Verfassungsgericht also eine institutionalisierte *ultima ratio* dar, die dann einschreiten muss, wenn alle anderen Verwaltungs- und Gerichtsorgane beim individuellen Grundrechtsschutz versagt haben. Der Subsidiaritätsgrundsatz beruht auf dem Respekt vor den Zuständigkeiten der übrigen Organe und auf der Gewaltenteilung und setzt nicht nur voraus, dass diese Organe ihre eigenen verfassungsrechtlichen Aufgaben erfüllen, sondern auch, dass die Verfassung unmittelbar anzuwenden ist, denn ohne diese unmittelbare Anwendbarkeit ist ein unmittelbarer gerichtlicher Rechtsschutz nicht vorstellbar.[27]

Ein weiterer umstrittener Aspekt der Subsidiarität ist es, inwieweit dem Erfordernis der Erschöpfung der vor ordentlichen oder Verwaltungsgerichten gegebenen Rechtsmittel auch eine materielle und nicht nur eine formelle Seite zukommt, d.h. inwieweit der Subsidiaritätsgrundsatz verlangt, dass der spätere Beschwerdeführer seine Argumente in Bezug auf die Grundrechtsverletzung bereits in dem Verfahren vor den ordentlichen Gerichten vorbringt oder zumindest einen diesbezüglichen Klageantrag stellt. Dieses Erfordernis würde stark den Prozessgrundsätzen der Klageänderung ähneln, die im Rahmen der ordentlichen Rechtsmittel die Möglichkeit der Parteien beschränken, die Klage abzuändern, und diese im Fall außerordentlicher Rechtsbehelfe sogar fast ausnahmslos ausschließen. Falls diese Grundsätze auch bei der Verfassungsbeschwerde gelten, würde daraus folgen, dass die Behauptungen und Argumente in Bezug auf die Grundrechtsverletzung in irgendeiner Form bereits vor den ordentlichen Gerichten vorgebracht werden müssen, denn ansonsten würde aus dem Verfassungsgericht nicht nur eine weitere Gerichtsinstanz, sondern im Übrigen auch eine Instanz, vor der Klageanträge vorgebracht werden könnten, die der Kläger vergessen hat, in den früheren Instanzen anzubringen.[28] Die Frage ist, wie weit der Grundsatz der Beibringung des Prozessstoffes und die damit einhergehenden Obliegenheiten auszulegen sind, in welchem Umfang die Parteien hierfür verantwortlich sind und in welchem Umfang eine solche Obliegenheit auch die Gerichte trifft.[29]

---

26 Verfassungsgericht Erkenntnis III. ÚS 205/97 vom 11. 12. 1997.

27 *Filip*, Art. 87, Rn. 139, in *Šimíček – Filip – Molek – Bahýľová – Podhrázký – Suchánek – Vyhnánek*: Ústava České Republiky – Komentář.

28 Verfassungsgericht Erkenntnis III. ÚS 242/2000 vom 21. 12. 2000.

29 Verfassungsgericht Erkenntnis III. ÚS 242/2000 vom 21. 12. 2000.

3. Praktische Stufen bei der Prüfung von Verfassungsbeschwerden

Um die oben vorgestellten theoretischen Anforderungen in der Praxis umzusetzen, hat das Verfassungsgericht zur Prüfung von Verfassungsbeschwerden ein System von Voraussetzungen, im Wesentlichen einen Algorithmus, erarbeitet, der die Subsidiarität und v.a. gewährleistet, dass sich das Verfassungsgericht nicht zu sehr in die Rechtsauslegung der ordentlichen Gerichte einmischt.[30]

Die Prüfung von Verfassungsbeschwerden gegen Gerichtsentscheidungen hat drei aufeinander aufbauende Komponenten:

- Als erstes prüft das Verfassungsgericht die Verfassungsmäßigkeit der angewendeten Rechtsvorschrift.
- Als zweites prüft es, ob während des Verfahrens die verfassungsrechtlichen Verfahrensgarantien eingehalten wurden.
- Als drittes schließlich prüft das Verfassungsgericht, ob die ordentlichen und Verwaltungsgerichte die materiellen Rechtsvorschriften verfassungskonform ausgelegt und angewendet haben.

Diese drei Schritte folgen exakt der Logik, dass sich das Verfassungsgericht so wenig wie möglich in konkrete Entscheidungen der Gerichte einmischen und somit die richterliche Unabhängigkeit so weit wie möglich respektieren soll.

Falls nämlich das anzuwendende Gesetz selbst verfassungswidrig ist, dann hat dessen Aufhebung nebenbei tatsächlich zur Folge, dass die auf ihm beruhende (gerichtliche) Entscheidung ebenfalls aufzuheben ist, aber dies ist immer noch die am wenigsten intensive Einmischung in die richterliche Entscheidungsfindung. Die Kontrolle der Verfassungsanforderungen an ein faires Verfahren prüft nur die fairen Umstände der Entscheidungsfindung, aber nicht die eigentliche, auf Ermessen beruhende Entscheidung. Das dritte Element, d.h. das Erfordernis der verfassungskonformen Auslegung, bedeutet schon eine intensivere Kontrolle der Rechtsanwendung, aber es prüft die Auslegung und Anwendung von Rechtsvorschriften nur in einer einzigen Dimension, nämlich daraufhin, inwieweit das Gericht die verfassungsrechtlichen Vorgaben berücksichtigt hat[31]. Die Auslegung des „einfachen" Rechts ist nämlich nicht die Aufgabe des

---

30 *Holländer*: Verfassungsgerichtsbarkeit in der Tschechischen Republik, in *Brunner/Hofmann/Holländer*: Verfassungsgerichtsbarkeit in der Tschechischen Republik, S. 34–36; Verfassungsgericht Erkenntnis III. ÚS 2301/2015 vom 19. 2. 2015, III. ÚS 205/97 vom 11. 12. 1997.

31 Zum vergleichbaren Prüfungsumfang des deutschen Bundesverfassungsgerichts s. den Länderbericht zu Deutschland in diesem Band, Punkt C.2.

Verfassungsgerichts, weil es nicht den ordentlichen Gerichten übergeordnet ist und daher die Kontrolle über deren Rechtsauslegung nicht an sich ziehen kann.[32] Die fehlerhafte Auslegung des einfachen Rechts wird nur dann verfassungsrechtlich relevant, wenn sie eine willkürliche Auslegung bedeutet, z.B. bei der eindeutigen Verletzung einer klaren Norm, oder wenn die Rechtsauslegung in extremem Widerspruch zur Gerechtigkeit steht, z.B. im Falle eines derart übertriebenen Formalismus, dass dieser die Rechtsdurchsetzung verhindert.[33] Falls z.B. die Tatsachenfeststellungen des Gerichtsurteils und die Rechtsfolgen, die es daraus zieht, in einem extremen Widerspruch zueinander stehen oder keine Auslegung der Rechtsvorschriften zu dem im Urteil formulierten Ergebnis führen kann, dann verletzt das zugleich die Erfordernisse eines fairen Verfahrens.[34] Im Hinblick auf den Grundsatz der Unmittelbarkeit der Beweisführung würdigt das Verfassungsgericht nicht selbst die Beweise, die im Verfahren vor den ordentlichen Gerichten erhoben worden sind, und beschäftigt sich mit dem Tatbestand nur im Hinblick darauf, ob dieser auf der Grundlage von Beweisen festgestellt wurde, die dem Grundsatz des fairen Verfahrens entsprechen, und ob die daraus abgeleiteten Rechtsfolgen nicht in einem eklatanten Widerspruch zu den Tatsachen stehen.[35]

Alle diese Anforderungen können darauf zurückgeführt werden, dass das Verfassungsgericht eben keine weitere Rechtsschutzinstanz darstellt und daher die Entscheidungsbefugnisse der ordentlichen und der Verwaltungsgerichte nicht an sich ziehen kann. Das wiederum beruht, wie bereits dargestellt, auf der Grundannahme, dass die ordentlichen Gerichte ihre Aufgabe des Schutzes der Grundrechte und -freiheiten grundsätzlich erfüllen.[36]

C. Bindungswirkung der Verfassungsgerichtsentscheidungen

Die tschechische Verfassungsgerichtsbarkeit machte in ihren ersten Jahren die bittere Erfahrung, dass zwar die Legislative und die Exekutive die durch das

32 Verfassungsgericht Erkenntnis III. ÚS 373/98 vom 25. 2. 1999.

33 Verfassungsgericht Erkenntnis III. ÚS 545/99 vom 3. 2. 2000, III. ÚS 224/98 vom 8. 7. 1999, III. ÚS 150/99 vom 20. 1. 2000, I. ÚS 89/02 vom 21. 5. 2002 (N 60/26 Sb. n. u. 135). Auch in Deutschland ist die willkürliche Auslegung des einfachen Rechts ein Fall, in dem das Bundesverfassungsgericht gegen die richterliche Auslegung des einfachen Rechts einschreitet: Länderbericht Deutschland in diesem Band, Punkt C.3.

34 Verfassungsgericht Erkenntnis III. ÚS 150/99 vom 20. 1. 2000.

35 Verfassungsgericht Erkenntnis I. ÚS 108/93 vom 30. 11. 1994 (N 60/2 Sb. n. u. 165), Erkenntnis I. ÚS 68/93 vom 21. 4. 1994 (N 17/1 Sb. n. u. 123).

36 Verfassungsgericht Erkenntnis III. ÚS 23/93 vom 1. 2. 1994 (N 5/1 Sb. n. u.).

Verfassungsgericht geschaffene Machtsymmetrie relativ schnell akzeptierten, dass aber von der Seite, von der es dies am wenigsten erwartete, nämlich von der Judikative, d.h. den ordentlichen Gerichten, eine starke Ablehnung ausging. Diese Ablehnung ging in den 1990er Jahren so weit, dass die Gerichte sogar die Bindungswirkung der Verfassungsgerichtsentscheidungen in Zweifel zogen. Sowohl in Bezug auf den konkreten Fall als auch im Allgemeinen war zu beobachten, dass die Gerichte es sehr verzögerten, in ihrer Rechtsprechung im Zuge der Auslegung von Rechtsvorschriften die Verfassungsrechtsprechung zu berücksichtigen.[37]

So kam es vor, dass das Oberste Gericht im Zusammenhang mit einem seiner Urteile, das mit einer Verfassungsbeschwerde angegriffen worden war, ausführte, dass einerseits die Gerichte seiner Ansicht nach keine öffentliche Gewalt ausübten und ihre Entscheidungen daher kein Gegenstand einer Verfassungsbeschwerde sein könnten[38] und dass andererseits das Verfassungsgericht keinen Bestandteil der Gerichtshierarchie bilde[39] und es daher nicht berechtigt sei, Gerichtsurteile zu überprüfen, außer wenn es die dem Urteil zugrunde liegende Rechtsvorschrift und als dessen Nebenfolge auch das Urteil aufhebt. Das Verfassungsgericht reagierte, indem es klarstellte, dass die Entscheidungen des Obersten Gericht ohne jeden Zweifel endgültig seien und gegen sie keinerlei Rechtsmittel gegeben sei, so wie auch kein Zweifel daran bestehe, dass die Gerichte bei ihrer Rechtsprechungstätigkeit öffentliche Gewalt ausüben und folglich das Verfassungsgericht die Befugnis zur Verfassungskontrolle auch ihrer Rechtsprechung hat.[40] Das beendete den Konflikt allerdings nicht, sondern der „Krieg der Gerichte“[41] zog sich noch lange hin, v.a. weil die Bindungswirkung der Verfassungsgerichtsurteile unklar war.

---

37 *Holländer*: Verfassungsgerichtsbarkeit in der Tschechischen Republik, in *Brunner/Hofmann/Holländer*: Verfassungsgerichtsbarkeit in der Tschechischen Republik, S. 37–38.

38 So eröffnen die Verfassung und das VerfGG die Verfassungsbeschwerde gegen eine rechtskräftige Entscheidung eines Organs, das öffentliche Gewalt ausübt; anders als z.B. das ungarische Grundgesetz nennen sie hierbei das Gerichtsurteil nicht ausdrücklich.

39 Das ist für sich genommen auf der Grundlage der systematischen Auslegung der Verfassung richtig, nur hat man daraus die falschen Schlussfolgerungen gezogen.

40 *Holländer*: Verfassungsgerichtsbarkeit in der Tschechischen Republik, in *Brunner/Hofmann/Holländer*: Verfassungsgerichtsbarkeit in der Tschechischen Republik, S. 39–40.

41 *Koudelka*, Politologický časopis, 1/1998, S. 71–74. In Deutschland hingegen herrschte zwischen dem Bundesverfassungsgericht und dem obersten Bundesgerichten, allen voran dem Bundesgerichtshof, eher eine Art unterschwelliger Stellungskrieg: Länderbericht Deutschland in diesem Band, Punkt A.1.

Art. 89 Verf. ist reichlich lakonisch formuliert und schreibt in Abs. 1 vor, dass die auf gesetzlich festgelegte Weise verkündeten Entscheidungen des Verfassungsgerichts vollstreckbar sind. Gemäß Abs. 2 sind die vollstreckbaren Entscheidungen für sämtliche Organe und Personen verbindlich. Da die Prozessordnungen die konkreten Rechtswirkungen verfassungsgerichtlicher Beschlüsse lange Zeit nicht regelten,[42] zogen die ordentlichen Gerichte in ihrem aus sozialistischer Rechtspraxis überkommenen übertriebenen Formalismus die Bindungswirkung der Entscheidungen des Verfassungsgerichts lange Zeit in Zweifel. Das führte immer wieder zu einem Pingpong-Verfahren zwischen den Gerichten. So hob z.B. das Verfassungsgericht ein Urteil des Obersten Gerichts auf, weil es gegen das Verbot des *ne bis in idem* verstoßen hatte, woraufhin das Oberste Gericht ausführte, aus den Verfassungsvorschriften über die Bindungswirkung verfassungsgerichtlicher Entscheidungen folge nicht, dass das Oberste Gericht auch an den Rechtsstandpunkt in der Verfassungsgerichtsentscheidung gebunden sei, weshalb dieser in dem weiteren Verfahren des Obersten Gerichts nicht verbindlich sein könne. Das Oberste Gericht urteilte abweichend von den Inhalten des Verfassungsgerichtsurteils, woraufhin das Verfassungsgericht das erneute Urteil des Obersten Gerichts in einem weiteren Verfahren für verfassungswidrig erklärte, weil es gegen die Verfassungsbestimmung über die Bindungswirkung der Verfassungsgerichtsentscheidungen verstoße.[43]

Mittlerweile hat der Konflikt im Vergleich mit den 1990er Jahren deutlich an Schärfe verloren, und der kräftige richterliche Widerstand, der seinerzeit teilweise auch durch individuelle psychologische Faktoren erklärbar war, ließ nach. Es wurde sogar aus Karrieregesichtspunkten zu einer Prestigefrage, in welchem Verhältnis die Urteile des gegebenen Richters später (nicht) durch das Verfassungsgericht aufgehoben wurden. Zugleich wäre es aber ein Fehler anzunehmen, dass das Verhältnis zwischen den Gerichten und dem Verfassungsgericht die reine Harmonie sei. Bis heute kommen Urteile vor, in denen das Verfassungsgericht Gerichtsurteile deshalb aufhebt, weil das Gericht der Verfassungsrechtsprechung nicht gefolgt ist[44] oder weil die Obergerichte ausdrücklich mit

42 Wie das Verfassungsgericht in einer Entscheidung darlegt, wurden die Prozessordnungen nicht an die Einführung der Verfassungsgerichtsbarkeit und die damit einhergehenden Veränderungen angepasst, denn es wurde keinerlei Bezugnahme auf das Verfassungsgericht oder seine Urteile eingefügt: Verfassungsgericht Erkenntnis III. ÚS 425/97 vom 2. 4. 1998 (N 42/10 Sb. n. u. 285).

43 Verfassungsgericht Erkenntnis III. ÚS 425/97 vom 2. 4. 1998 (N 42/10 Sb. n. u. 285).

44 Verfassungsgericht Erkenntnis Pl. ÚS 9/06 vom 2. 6. 2009 (N 126/53 Sb. n. u. 577), IV. ÚS 3465/12 vom 1. 2. 2013 (N 27/68 Sb. n. u. 313).

der Rechtsauslegung des Verfassungsgerichts nicht übereinstimmen und dies in ihren Urteilen auch deutlich aussprechen.[45]

Dieser Konflikt hatte aber auch nicht zu unterschätzende positive Auswirkungen, weil er - im Gegensatz zu Ungarn[46] - einerseits eine lebhafte wissenschaftliche Diskussion ausgelöst hat[47] und andererseits sich eine beachtenswerte Rechtsprechung zur Bindungswirkung verfassungsgerichtlicher Entscheidungen herausbilden konnte, die zu dem - nicht immer spannungsfreien, aber oft inspirierenden - Dialog zwischen den ordentlichen Gerichten und dem Verfassungsgericht beigetragen hat.

Die Debatte kreiste im Wesentlichen um zwei Punkte,[48] nämlich:

- Welcher Teil einer Verfassungsgerichtsentscheidung ist für ordentliche und Verwaltungsgerichte bindend: die Entscheidung als Ganzes oder nur einzelne Teile, und wenn nur einzelne Teile, dann genau welche (Tenor, Begründung, tragende Elemente der Begründung)?
- Wie können die Verfassungsgerichtsentscheidungen, die die Rechtsordnung teils in Richtung eines mit der kontinentalen Auffassung schwer zu vereinbarenden Präzedenzsystems verschieben, mit der richterlichen Unabhängigkeit in Einklang gebracht werden? In den kontinentalen Rechtsordnungen bedeutet die richterliche Unabhängigkeit nämlich auch, dass unterinstanzliche Gerichte, die mit der Rechtsauslegung der Obergerichte nicht einverstanden sind, diese - im Gegensatz zum Prinzip des stare decisis des *common law* - nicht anwenden müssen, sondern davon abweichen können. Ungeachtet dieser Abweichung bleiben ihre Urteile rechtmäßig und gelten so lange nicht als willkürlich, wie sie das geltende kodifizierte Recht auf der Grundlage

---

45 So z.B. die Verfügung des Obersten Verwaltungsgerichts vom 14. 6. 2009, 6 A 76/2001 - 137.

46 *Vincze*, § 32/A, Rn. 219-221, in *Jakab* (Hrsg.): Az Alkotmány kommentárja (Budapest: Századvég, 2009). Hierzu s. auch den Länderbericht Ungarn in diesem Band, Punkt C. 3.

47 *Mikule – Sládeček*, Bulletin advokacie 1995/8, S. 36; *Procházka*, Bulletin advokacie 1995/8, S. 32; *Ševčík*, Bulletin advokacie 1997/5, S. 7; *Procházka*, Správní právo 1997/2, S. 65; *Holländer* in *Šimíček* (Hrsg.): Ústava České republiky po pěti letech; *Kühn*, Právník 2001/9, S. 857; *Holländer*, Ústavněprávní argumentace, ohlédnutí po deseti letech Ústavního soudu, S. 77; *Klíma* in *Kysela* (Hrsg.): Zákon o Ústavním soudu po třinácti letech, S. 78–85.

48 *Holländer*, Verfassungsgerichtsbarkeit in der Tschechischen Republik, in *Brunner/Hofmann/Holländer*: Verfassungsgerichtsbarkeit in der Tschechischen Republik, S. 46–47; *Šrůtková*, Časopis pro právní vědu a praxi, 4/2009, S. 293–301.

der akzeptierten Auslegungsgrundsätze logisch und willkürfrei anwenden. Falls die Rechtsauslegung eines in der Hierarchie höher stehenden Gerichts keine Bindungswirkung entfalten kann, dann kann die eines außerhalb der Gerichtshierarchie stehenden Organs dies im Grundsatz noch viel weniger.

Verfassungsgerichtsentscheidungen bestehen wie jede andere Gerichtsentscheidung aus einem Tenor und einer Begründung, und die Debatte um die Bindungswirkung drehte sich auch darum, ob die gesamte Entscheidung (Tenor und volle Begründung) oder nur der Tenor oder aber der Tenor und die wesentlichen Gründe verbindlich i.S.v. Art. 89 Abs. 2 Verf. sind. In diesem bis heute nicht vollständig entschiedenen Streit haben sich im Wesentlichen zwei Standpunkte entwickelt:[49]

- Gemäß der einen Ansicht ist nur der Tenor der Entscheidung, d.h. der Entscheidung in der Sache, bindend. Ein Urteil, das eine Rechtsvorschrift aufhebt, wirkt *erga omnes*, die übrigen Entscheidungen hingegen nur *inter partes*. Die rechtliche Argumentation des Verfassungsgerichts ist in dem gegebenen Gerichtsverfahren bindend, und das ordentliche Gericht kann davon nur in einem gesetzlich geregelten qualifizierten Verfahren abweichen. In sonstigen gerichtlichen und behördlichen Verfahren jedoch kommt der Verfassungsgerichtsentscheidung keine bindende, sondern nur argumentative Wirkung zu, d.h. ihr ist in dem Maße zu folgen, wie sie logisch ist.[50]
- Gemäß der anderen Ansicht hat nicht nur der Tenor in einer Entscheidung in der Sache Bindungswirkung, sondern auch derjenige Teil der Argumentation in der Begründung, auf dem die Feststellungen des Tenors beruhen; das sind die „tragenden Gründe" der deutschen Dogmatik[51]. Deren Notwendigkeit folgt aus der verfassungskonformen Auslegung,[52] die v.a. dadurch sichergestellt werden kann, dass auch die Gründe einer Verfassungsgerichtsentscheidung in ähnlichen Situationen eine gewisse Bindungswirkung entfalten. Ein weiterer Grund ist, dass das Verfassungsgericht einen Antrag auf Aufhebung einer Rechtsvorschrift auch dergestalt abweisen kann, dass es in der Entscheidung festlegt, wie die gegebene Rechtsvorschrift im Einklang mit der

49 *Sládeček*, Art. 89, Rn. 3, in *Sládeček – Syllová – Mikule*: Ústava České republiky.

50 *Sládeček*, Art. 89, Rn. 3, in *Sládeček – Syllová – Mikule*: Ústava České republiky; *Sládeček – Mikule*, Bulletin advokacie 1995/8, S. 36–47.

51 In Deutschland ist dieser Streit im Wesentlichen ausgestanden: Länderbericht Deutschland in diesem Band, Punkt C.4.

52 *Filip*, Art. 89, Rn. 9, in *Šimíček – Filip – Molek – Bahýľová – Podhrázký – Suchánek – Vyhnánek*: Ústava České Republiky – Komentář.

Verfassungsordnung ausgelegt werden kann.[53] Derartige Entscheidungsformen ähneln der ungarischen „verfassungsrechtlichen Anforderung".[54] Wenn aber zur Schonung des Gesetzgebers die verfassungskonforme Auslegung Vorrang vor der Derogation (Aufhebung) der Norm haben soll, kann dies in der Praxis nur so funktionieren, dass die ordentlichen und Verwaltungsgerichte in ihrer Spruchpraxis und vermittelt dadurch auch die Behörden die gegebene Vorschrift verfassungskonform auslegen.[55] Das wiederum kann nur dann funktionieren, falls auch die Begründung bindend ist.[56]

Die Intensität der Bindungswirkung von Verfassungsgerichtsentscheidungen schwankt jedoch. Es liegt auf der Hand, dass die Bindungswirkung bei Entscheidungen in der konkreten, mit einer Verfassungsbeschwerde erfolgreich angegriffenen Gerichtssache am intensivsten ist. Hier hebt das Verfassungsgericht die angegriffene Gerichtsentscheidung auf, und das ordentliche Gericht entscheidet erneut. Falls das Gericht sich nicht an den Rechtsstandpunkt hält, den das Verfassungsgericht in seiner der Verfassungsbeschwerde stattgebenden Entscheidung formuliert, verletzt es damit unmittelbar Art. 89 Abs. 2 Verf. Ferner ist eine solche Entscheidung willkürlich und damit verfassungswidrig und kann somit durch eine erneute Verfassungsbeschwerde angegriffen werden.[57]

Weniger stark gebunden sind die ordentlichen Gerichte hingegen, wenn sie einen Fall entscheiden müssen, den das Verfassungsgericht konkret nicht entschieden hat, der aber in Tatbestand und Rechtslage einer früheren Entscheidung sehr ähnlich ist. In diesem Fall können die Gerichte von dem Inhalt der verfassungsgerichtlichen Entscheidung(en) abweichen, vor allem wenn

53 *Filip*, Art. 89, Rn. 9, in *Šimíček – Filip – Molek – Bahýľová – Podhrázký – Suchánek – Vyhnánek*: Ústava České Republiky – Komentář.

54 *Vincze*, § 32/A, Rn. 189-192, in *Jakab* (Hrsg.): Az Alkotmány kommentárja (Budapest: Századvég, 2009). Hierzu s. den Länderbericht Ungarn in diesem Band, Punkt D. 2.

55 *Holländer*, § 70 Rn. 17, in *Filip – Holländer – Šimíček*: Zákon o Ústavním soudu.

56 Das Verfassungsgericht nimmt bisweilen die von ihm für verbindlich gehaltene Auslegung in den Tenor seiner Entscheidung auf. Diese Handlungsalternative vermeidet zwar die Gefahr von Missverständnissen, hat aber den offensichtlichen Nachteil, dass sie die zukünftige Rechtsentwicklung sehr einengt.

57 Verfassungsgericht Erkenntnis III. ÚS 252/04 vom 25. 1. 2005, II. ÚS 76/95 vom 12. 9. 1995 (N 47/4 Sb. n. u. 27), I. ÚS 70/96 vom 18. 3. 1997 (N 29/7 Sb. n. u. 191), III. ÚS 127/96 vom 11. 7. 1996 (N 68/5 Sb. n. u. 519), III. ÚS 187/98 vom 1. 10. 1998 (N 112/12 Sb. n. u. 121), III. ÚS 206/98 vom 9. 7. 1998 (N 80/11 Sb. n. u. 231), III. ÚS 648/2000 vom 12. 4. 2001 (N 60/22 Sb. n. u. 39).

Abweichungen in den tatsächlichen oder rechtlichen Umständen vorliegen, eine neue Rechtsvorschrift zu beachten ist oder die anzuwendenden Rechtsvorschriften sich geändert haben. Ob die Abweichung des Prozessgerichts von den Argumenten des Verfassungsgerichts begründet war, entscheidet sich gegebenenfalls in einer erneuten Verfassungsbeschwerde.[58] Das ist ein Anlass für den gerichtlichen Dialog zwischen den Obergerichten und dem Verfassungsgericht: Das Obergericht kann in seinem Urteil darlegen, warum es mit der Rechtsprechung des Verfassungsgerichts nicht einverstanden ist, und das Verfassungsgericht kann hierauf auf zweierlei Art reagieren: Entweder bekräftigt es seine frühere Entscheidung und bringt neue Argumente gegen die obergerichtliche Rechtsansicht vor, oder aber es ändert seine frühere Praxis in dem Umfang ab, wie es dies für notwendig hält.[59] Obergerichte können aus zahlreichen Gründen mit dem Verfassungsgericht nicht übereinstimmen. Über den einfachen Fall hinaus, dass sie das Recht anders auslegen, ist auch vorstellbar, dass sich die anzuwendenden Rechtsvorschriften geändert haben, was die Notwendigkeit einer neuen Rechtsauslegung zu begründen scheint, oder das unmittelbar anzuwendende Völkerrecht, so insbesondere die Spruchpraxis des Europäischen Gerichtshofs und des Europäischen Menschenrechtsgerichtshofs, ändert sich. Schließlich ist auch nicht auszuschließen, dass sich ein Obergericht einer Literaturmeinung anschließt, die die fragliche Verfassungsgerichtsentscheidung kritisiert.

Das Verfassungsgericht neigt der zweiten Meinung zu und hält die zentralen Gründe der Entscheidung, auf denen das Ergebnis des Tenors beruht, für ebenso bindend wie den Inhalt des Tenors. Falls die ordentlichen Gerichte die verfassungsgerichtliche Rechtsauslegung nicht respektieren und ohne gehörigen Grund, d.h. ohne die konkurrierenden Argumente kohärent vorzulegen, davon abweichen wollen, verletzen sie die verfassungsrechtlichen Grundrechte, in erster Linie das Recht auf ein faires Verfahren, sowie Art. 89 Abs. 2 Verf.[60]

Diese Anforderung kann offensichtlich nur dann erfüllt werden, wenn die Verfassungsgerichtsentscheidungen auch für das Verfassungsgericht selbst bindend sind. Wie das Verfassungsgericht dargelegt hat, muss es selbst auch eine willkürliche Rechtsanwendung vermeiden, was aus dem Rechtsstaatsgrundsatz folgt, und daher müssen Verfassungsgerichtsentscheidungen auch das Verfassungsgericht selbst binden, das nur innerhalb eines sehr engen Rahmens seine

58 *Filip*, Art. 89, Rn. 58, in *Šimíček – Filip – Molek – Bahýľová – Podhrázký – Suchánek – Vyhnánek*: Ústava České Republiky – Komentář.

59 *Filip*, Art. 89, Rn. 59, in *Šimíček – Filip – Molek – Bahýľová – Podhrázký – Suchánek – Vyhnánek*: Ústava České Republiky – Komentář.

60 Verfassungsgericht, Erkenntnis IV. ÚS 3465/12 vom 1. 2. 2013.

eigene Rechtsauslegung ändern kann - etwa bei gesellschaftlichen, wirtschaftlichen oder kulturellen Änderungen, bei der wesentlichen Änderung des unterverfassungsrechtlichen Rechts, wie dies z.B. bei der Neukodifizierung eines ganzen Rechtszweigs durch ein neues Gesetzbuch vorkommen kann, bei der wesentlichen Änderung des Inhalts derjenigen Rechtsgrundsätze, auf denen die Rechtsauslegung gründet.[61] Diese innere Bindungswirkung von Verfassungsgerichtsentscheidungen ist nämlich die logische Grundlage und der Ausgangspunkt dafür, dass Verfassungsgerichtsentscheidungen auch nach außen, für Gerichte und Behörden verbindlich sein können. Falls die Verfassungsrechtsprechung nämlich nicht eindeutig, unverständlich, unübersichtlich, nicht verlässlich, unklar oder inkonsequent ist, dann kann in der Praxis auch nicht erwartet werden, dass die Gerichte ihr folgen.[62]

Die Obergerichte erkennen die Bindungswirkung von Verfassungsgerichtsentscheidungen grundsätzlich, d.h. abgesehen von einigen Ausnahmen in ihrer Mehrheit an. Das Oberste Verwaltungsgericht formuliert und begründet in einem Urteil seine Anerkennungspflicht wie folgt:[63] „Zunächst muss vorweggeschickt werden, dass die Grundlage der gesamten inneren Rechtsordnung das Prinzip der konsistenten und hierarchischen Ordnung ist. Von dieser Maxime ist auch bei der Rechtsauslegung auszugehen, und daher ist es fehlerhaft, die einzelnen Schichten (formell oder materiell) voneinander relativ isoliert zu betrachten. In diesem Kontext ist Art. 95 Verf. hervorzuheben, der - unter anderem - als eine Bekräftigung dieser Hierarchie zu betrachten ist und weiterhin als Kommunikationsmittel zwischen den ordentlichen und den Verwaltungsgerichten sowie dem Verfassungsgericht zu betrachten ist. Daraus folgt, dass die ordentlichen und die Verwaltungsgerichte bei ihrer Rechtsprechungstätigkeit nicht nur an die Gesetze im engen Sinn gebunden sind, sondern (a minori ad maius) auch an die Verfassungsordnung. Genau in diesem Zusammenhang tritt die Funktion des Verfassungsgerichts in den Vordergrund, das aufgrund Art. 83 Verf. der Wächter der Verfassung ist, der oberste Interpret der Verfassung, und in diesem Sinne sind auch seine Entscheidungen bindend.“

Das Oberste Verwaltungsgericht führt weiterhin aus, dass „es auf der Grundlage des Imperativs der verfassungskonformen Auslegung und Rechtsanwendung

---

61 Verfassungsgericht, Erkenntnis Pl. ÚS 11/02 vom 11.6.2003 (N 87/30 Sb. n. u. 309).

62 *Filip*, Art. 89, Rn. 61, in *Šimíček – Filip – Molek – Bahýľová – Podhrázký – Suchánek – Vyhnánek*: Ústava České Republiky – Komentář.

63 Urteil des Obersten Verwaltungsgerichts vom 14. 9. 2005, 2 Afs 180/2004 – 44. Zustimmend *Šimíček*, Art. 95, Rn. 8, in *Šimíček – Filip – Molek – Bahýľová – Podhrázký – Suchánek – Vyhnánek*: Ústava České Republiky – Komentář.

die Pflicht jedes Rechtsanwenders ist, so zu handeln, dass die gewählte Auslegung der Rechtsvorschriften mit der Verfassungsmäßigkeit im Einklang steht, d.h. mit dem ausdrücklichen Inhalt der konkreten Verfassungsnormen sowie mit den Verfassungsgrundsätzen und -werten, die häufig nicht expressis verbis im Verfassungstext auftauchen. Insoweit eine solche Auslegung nicht möglich ist, ist die Entfernung einer verfassungswidrigen Rechtsvorschrift mit dem hierfür eingerichteten rechtlichen Mechanismus statthaft. In diesem Zusammenhang ist offenbar, dass insoweit das Verfassungsgericht mit seinen Urteilen die verfassungskonforme Auslegung irgendeiner Rechtsvorschrift ausgestaltet, diese Auslegung auch in analogen Angelegenheiten zu respektieren ist, und zwar auch dann, wenn es sich formal um selbstständige Angelegenheiten handelt. Eine entgegenstehende Auslegung, die sich etwa darauf beruft, dass die Gerichte gemäß Art. 95 Abs. 1 Verf. nur dem Gesetz unterworfen seien, würde die Respektierung des Rechtsstandpunktes des Verfassungsgerichts ablehnen und an logischen Fehlern leiden, denn die über dem Gesetz stehenden Normen sind für den Richter bei der Anwendung des einfachen Rechts ebenfalls maßgeblich. Man kann auch nicht davon absehen, dass eine entgegenstehende Auslegung zu einer Unterscheidung zwischen den Parteien der einzelnen Verfahren und zur Unvorhersehbarkeit gerichtlicher Entscheidungen führen würde, was für sich genommen schon verfassungsrechtliche Bedenken aufwürfe. Man kann nämlich nicht ignorieren, dass das gemeinsame Element der ordentlichen Gerichte und des Verfassungsgerichts ihre gemeinsame Aufgabe gemäß Art. 4 Verf., nämlich der Schutz der Grundrechte und -freiheiten, ist. Die Bestandteile der rechtsprechenden Gewalt müssen mit- und nicht gegeneinander arbeiten. Unter rechtsstaatlichen Bedingungen ist es unvorstellbar, dass sich ordentliche Gerichte – in Kenntnis der einheitlichen und klar erkennbaren Praxis des Verfassungsgerichts – auf den Text der Verfassung berufen und eine Auslegung wählen, die das Verfassungsgericht für verfassungswidrig hält. (…) Auch wenn die Tschechische Republik keine traditionelle Präzedenzfallrechtsordnung ist, sind die ordentlichen Gerichte verpflichtet, die Entscheidungen des Verfassungsgerichts zu respektieren, in diesem Sinne sind sie verbindlich. Nur ausnahmsweise kann von ihnen abgewichen werden, z.B. wenn sich die Rechtsvorschriften geändert haben, die Spruchpraxis des Verfassungsgerichts in sich widersprüchlich wäre und daher keine ständige (konstante) Rechtsprechung bildete, das Verfassungsgericht nicht hinreichend sämtliche möglichen gültigen Auslegungspositionen dargelegt hätte und aufgrund des Umfangs der Entscheidung sowie der konkreten Umstände zugleich klar wäre, dass das Fehlen der Darlegung nicht absichtlich war, sondern es irgendeinen Standpunkt übersehen hat, weiterhin wenn grundlegende gesellschaftliche oder wirtschaftliche Änderungen eingetreten sind und das ordentliche Gericht in seinem Urteil das Bestehen dieser Umstände diskutierte."

Unter Berufung auf einen Buchbeitrag von *Zdeněk Kühn*[64] führte das Oberste Verwaltungsgericht in seiner bereits zitierten Entscheidung aus, dass „die Grundlage der Missverständnisse über die Bindungswirkung obergerichtlicher Entscheidungen die Tatsache ist, dass der kontinentale Jurist die Bindungswirkung des Präzedenzfalls durch das Prisma der Bindungswirkung des Gesetzes betrachtet, während der angelsächsische Jurist eine Auslegungskonzeption darin sieht. Daher kann aufgrund der Überzeugung des Obersten Verwaltungsgerichts die dauerhafte und von inneren Widersprüchen freie Rechtspraxis des Verfassungsgerichts nicht mit den Rechtsvorschriften (dem Gesetz) gleich behandelt werden, sondern lediglich im Zuge der Entscheidung in tatsächlich und rechtlich gleichen Situationen als Auslegungsrichtlinie, von der abgewichen werden kann, was aber nur in den rational begründeten Ausnahmefällen vorstellbar ist, die wir demonstrativ oben vorgestellt haben. Im Hinblick auf die genannten Grundlagen ist es eindeutig, dass gegebenenfalls die einzelnen Rechtsauslegungsmethoden (…) in Widerspruch geraten können, was die eindeutige Schlussfolgerung erlaubt, dass die Verwaltungsgerichte in ihrer weiteren Tätigkeit den Rechtsstandpunkt des Verfassungsgericht in dessen zitierter Entscheidung respektieren müssen. In diesem Sinn ist die rechtliche Argumentation in der gegebenen Entscheidung verbindlich."

Man kann sehen, dass die obergerichtliche Praxis die Bindungswirkung von Verfassungsgerichtsentscheidungen nicht als bloß formale Frage behandelt, sondern diese nur dann bereit ist, als rechtsauslegende Entscheidung mit Präzedenzcharakter zu akzeptieren, falls die Rechtsauslegung eindeutig und konsequent ist und auf alle möglichen Fragen eingeht. Anderenfalls behält sie sich das Recht vor, von dem Rechtsstandpunkt in einem Verfassungsgerichtsurteil abzuweichen. Es ist nicht überraschend, dass angesichts dieser Voraussetzungen bereits mehrfach Gegensätze zwischen den Obergerichten und dem Verfassungsgericht aufgetreten sind.

Einer dieser Fälle war eine Reihe von Entscheidungen, in denen das Verfassungsgericht im Zusammenhang mit der Verfassungsmäßigkeit einer Steuerprüfung seinen Standpunkt vertrat, deren Willkürlichkeit feststellte und die Entscheidung des Obersten Verwaltungsgerichts aufhob.[65] Die Antwort des Obersten Verwaltungsgerichts war recht heftig. Es stellte im Wesentlichen fest,

64 *Kühn* in *Pezl* (Hrsg.): Závaznost rozhodování ústavních soudů, S. 39–46.

65 Verfassungsgericht, Erkenntnis I. ÚS 1835/07 vom 18. 11. 2008 (N 196/51 Sb. n. u. 375).

dass das Verfassungsgericht das gegebene Rechtsproblem nicht verstanden und daher falsch entschieden habe.[66] Ohne die allgemeine Bindungswirkung verfassungsgerichtlicher Entscheidungen in Frage zu stellen, kam es etwas später im Hinblick auf dieselbe Verfassungsgerichtsentscheidung mit einer sehr gründlichen Analyse dazu, warum im konkreten Fall die Verfassungsgerichtsentscheidung nicht anwendbar sei.[67] Das Oberste Verwaltungsgericht führte aus, dass „die Respektierung von Verfassungsgerichtsentscheidungen nicht bedeutet, mechanisch den darin enthaltenen Rechtsstandpunkt zu übernehmen". In diesem Sinne werde es auch die Verfassungsgerichtsentscheidung respektieren, in der das Verfassungsgericht die Praxis des Obersten Verwaltungsgerichts in Bezug auf die Rechtmäßigkeit von Steuerprüfungen nicht berücksichtigt hatte,[68] und legte in diesem Zusammenhang nicht seine eigene Meinung dar. Das Oberste Verwaltungsgericht hatte nämlich sehr detaillierte Mechanismen erarbeitet und Voraussetzungen des Rechtsschutzes gegen willkürliche Steuerprüfungen formuliert, z.B. das Recht auf Beschwerde und in Verbindung damit die Pflicht zur Entscheidung innerhalb einer bestimmten Frist, die Möglichkeit des Gerichts, die Durch- und Fortführung der Steuerprüfung zu untersagen oder auch die Pflicht, den Zustand vor dem Eingriff wiederherzustellen. Das Oberste Verwaltungsgericht respektiert in vollem Umfang und teilt die Überzeugung des Verfassungsgerichts, dass gegen willkürliche Steuerverwaltungsverfahren Schutz gewährt und der Eingriff in die Privatsphäre des Einzelnen minimiert werden muss, hält aber die von ihm in seiner eigenen Rechtsprechung ausgearbeiteten Mechanismen für hinreichend effizient. Es berief sich weiterhin darauf, dass in der konkreten Entscheidung des Verfassungsgerichts[69] der Fall über Besonderheiten verfügt, die nicht gestatten, daraus allgemeine Schlussfolgerungen abzuleiten, weshalb in dem gegebenen Fall die Voraussetzungen der Anwendung der Verfassungsgerichtsentscheidung nicht gegeben waren.[70]

Im weiteren Verlauf dieser Entscheidungsserie betonte das Verfassungsgericht, dass es ohne Ausnahme erwarte, dass die Inhalte einer Verfassungsgerichtsentscheidung in der konkreten mit Verfassungsbeschwerde angegriffenen Angelegenheit bindend sind. Zur Durchführung des fachlichen Dialogs zwischen dem

---

66 Oberstes Verwaltungsgericht, 8 Afs 46/2009 – 59.

67 Oberstes Verwaltungsgericht, 2 Afs 10/2010 – 71.

68 Verfassungsgericht, Erkenntnis I. ÚS 1835/07 vom 18. 11. 2008 (N 196/51 Sb. n. u. 375).

69 Verfassungsgericht, Erkenntnis I. ÚS 1835/07 vom 18. 11. 2008 (N 196/51 Sb. n. u. 375).

70 Oberstes Verwaltungsgericht, 2 Afs 10/2010 – 71. Zur vergleichbaren Argumentation des deutschen Bundesfinanzhofs gegenüber ihm nicht genehmen Urteilen des Bundesverfassungsgerichts s. den Länderbericht Deutschland in diesem Band, Punkt F.

Verfassungsgericht und dem Obersten Verwaltungsgericht ist in anderen Angelegenheiten Gelegenheit, was durch die Bindungswirkung von Verfassungsgerichtsentscheidungen gemäß Art. 89 Abs. 2 nicht ausgeschlossen wird.[71]

Ein anderer aufschlussreicher Fall war der der slowakischen Renten. Das Auseinanderbrechen der Tschechoslowakei machte zahlreiche völkerrechtliche Verträge notwendig. So war bei der Regelung der Rentenansprüche zu entscheiden, welcher Nachfolgestaat in welchem Umfang für eventuelle Altersrenten einzustehen habe. Es wurde vereinbart, dass ab dem 1.1.1993, d.h. ab dem Ende der Tschechoslowakei, jeder Nachfolgestaat für die Renten der auf seinem Gebiet wohnhaften Bürger verantwortlich sein solle. Problematisch war, dass der Vertrag keine eindeutige und ausreichende Regelung des Falles enthielt, dass jemand nach dem Inkrafttreten des Vertrags seinen Wohnort wechselt, was insbesondere deshalb ein Problem war, weil das Rentenniveau in beiden Staaten erheblich voneinander abwich. Im Hinblick darauf entschied das tschechische Verfassungsgericht mehrfach, dass der tschechische Staat verpflichtet sei, den Unterschied zwischen tschechischen und slowakischen Renten zu ersetzen, falls ein früher in der Slowakei lebender ehemaliger tschechoslowakischer Staatsbürger nach Tschechien zieht. Mit dieser Sichtweise stimmte aber das Oberste Verwaltungsgericht als die oberste Gerichtsinstanz in Sozialsachen nicht überein und versuchte in zahlreichen Fällen, in denen die Tatsachen etwas von den zuvor durch das Verfassungsgericht entschiedenen Ansprüchen abwichen, das Recht so auszulegen, dass die Zahlung des Rentenunterschieds nicht notwendig wurde.[72] Beim EU-Beitritt änderte sich die Lage deutlich, und die Frage der Rentenaufstockung erhielt mit dem unionsrechtlichen Verbot der Diskriminierung aufgrund der Staatsangehörigkeit eine weitere Facette. Das Oberste Verfassungsgericht versuchte den Europäischen Gerichtshof in Form einer Vorlagefrage von seiner Perspektive der Dinge zu überzeugen, und dieser erkannte die Unterscheidung auch an.[73] Die Sache hatte selbstverständlich zahlreiche interessante Weiterungen, aber aus der Sicht des hiesigen Themas ist am wichtigsten, dass die Zwischenschaltung des Europäischen Gerichtshofs auch das Verhältnis zwischen dem Verfassungsgericht und den Obergerichten änderte, denn durch die Anwendung der Strategie der Vorlage kann die Bindungswirkung der Verfassungsgerichtsentscheidungen abgeschliffen werden.

71 Verfassungsgericht, Erkenntnis Pl. ÚS 9/06 vom 2. 6. 2009 (N 126/53 Sb. n. u. 577).

72 Zusammenfassend *Křepelka*, Časopis pro právní vědu a praxi, 2/2011, S. 131–141.

73 EuGH, 22. 6. 2011, C-399/09, Marie Landtová ./. Česká správa sociálního zabezpečení; dazu *Křepelka*, Časopis pro právní vědu a praxi, 2/2011, S. 131–141; *Vincze*, EuR 2013, S. 194–205.

D. Richtervorlage

Wenn ein Gericht feststellt, dass das anzuwendende Gesetz gegen die Verfassungsordnung verstößt, ist es gemäß Art. 95 Abs. 2 Verf. und § 64 Abs. 3 VerfGG berechtigt, die Frage dem Verfassungsgericht vorzulegen. Das Verfassungsgericht legt diese Verfassungsbestimmung so aus, dass die Gerichte zur Vorlage verpflichtet sind, insoweit sie zu der Schlussfolgerung gelangen, dass die anzuwendende Gesetzesstelle gegen die Verfassungsordnung verstößt.[74] Das Oberste Verwaltungsgericht verwendet eine differenziertere Herangehensweise. Wie es in einer Entscheidung[75] detailliert dargelegt hat, betrachtet es das Vorlagerecht nur als *ultima ratio* und hält die Vorlage nur dann für notwendig, wenn sie tatsächlich notwendig zur Lösung des gegebenen Problems ist.

Falls eine bedenkliche Vorschrift verfassungskonform ausgelegt werden kann, ist es nicht notwendig, sich an das Verfassungsgericht zu wenden, denn das Verfassungsgericht würde die Rechtsvorschrift so lange nicht aufheben, wie eine verfassungskonforme Auslegung möglich ist. Auch unter dem Gesichtspunkt der Prozessökonomie ist es überflüssig, in einem solchen Fall den Prozess auszusetzen und ein verfassungsgerichtliches Verfahren in Gang zu setzen, denn dessen Ausgang ist vorhersehbar. In dieser Konstellation ist ein verfassungsgerichtliches Verfahren nicht notwendig.

Eine andere Konstellation, die für eine Vorlage an das Verfassungsgericht ungeeignet ist, ist das Unterlassen. Falls nämlich nicht eine vorhandene Vorschrift, sondern deren Fehlen verfassungsrechtliche Bedenken aufwirft, dann kann ein Verfassungsgerichtsverfahren diese Lücke nicht füllen, sondern höchstens die Verfassungswidrigkeit des Fehlens feststellen. Es stellt sich daher die Frage, was in einem solchen Fall zu tun ist.[76] Das Oberste Verwaltungsgericht geht davon aus, dass nicht erwartet werden kann, dass der Gesetzgeber jeden im wirklichen Leben potenziell vorkommenden Fall regelt, und dass dies auch nicht die Aufgabe des Gesetzgebers ist. Da die Rechtsordnung auf den Grundsätzen

---

74 Verfassungsgericht Erkenntnis I. ÚS 35/94 vom 23. 6. 1994; *Holländer*, § 64 Rn. 19, *Filip – Holländer – Šimíček*: Zákon o Ústavním soudu. In Deutschland und Ungarn ist es unbestritten, dass das Gericht eine Vorlagepflicht trifft: Länderbeiträge zu Deutschland, Punkt E. und zu Ungarn, Punkt E. 1., in diesem Band.

75 Oberstes Verwaltungsgericht, 2 As 9/2008 – 77 vom 13. 6. 2008, zustimmend *Šimíček*, Art. 95, Rn. 17-18, in *Šimíček – Filip – Molek – Bahýľová – Podhrázký – Suchánek – Vyhnánek*: Ústava České Republiky – Komentář.

76 Zum ungarischen Verfahren der verfassungsgerichtlichen Feststellung einer Verfassungswidrigkeit durch legislatives Unterlassen s. den Länderbericht Ungarn in diesem Band, Punkt D. 2.

der inneren Konsistenz und der Hierarchie beruht, ist es nicht notwendig, jede Verfassungsnorm in einer unterverfassungsrechtlichen Rechtsvorschrift umzusetzen. Insoweit das Oberste Verwaltungsgericht zu der Überzeugung gelangt, dass es keine Entscheidung treffen kann, die durch die Anwendung des einfachen Rechts dem Kriterium der Verfassungsmäßigkeit entspräche, und dass ein Ergebnis weder durch eine Vorlage der Vorschrift vor das Verfassungsgericht gemäß Art. 95 Abs. 2 noch durch eine verfassungskonforme Auslegung erreicht werden kann, dann ist die Verfassungsvorschrift unmittelbar anzuwenden.[77]

E. Literaturverzeichnis

Brunner, Georg / Hofmann, Mahulena / Holländer, Pavel: Verfassungsgerichtsbarkeit in der Tschechischen Republik (Nomos: Baden-Baden, 2001)

Filip, Jan / Holländer, Pavel / Šimíček, Vladimír: Zákon o Ústavním soudu (Praha: Beck, 2007)

Filip, Jan: Pojem rozporu (nesouladu) zákona s ústavním pořádkem v teorii a judikatuře Ústavního soudu, Časopis pro právní vědu a praxi, 2/2010, 91

Holländer, Pavel: Role Ústavního soudu při uplatňování Ústavy v judikatuře obecných soudů. In: Šimíček, Vojtěch (Hrsg.): Ústava České republiky po pěti letech (Brno: Masarykova univerzita, 1998)

Jakab, András (Hrsg.): Az Alkotmány kommentárja (Budapest: Századvég, 2008)

Klíma, Karel: Závaznost rozhodnutí Ústavního soudu – je problém Ústavy, nebo zákona o Ústavním soudu? In: Kysela, Jan (Hrsg.): Zákon o Ústavním soudu po třinácti letech. (Praha: Eurolex Bohemia, 2006)

Koudelka, Zdeněk: Válka soudů aneb dělba moci v soudnictví, Politologický časopis 1/1998, 71-74

Křepelka, Filip: „Českoslovenští" důchodci v pasti práva Evropské unie, Časopis pro právní vědu a praxi, 2/2011, 131-141

Kühn, Zdeněk: Proč si kontinentální právníci myslí, že jejich judikatura není závazná aneb patero důvodů pro odlišnou kontinentální koncepci precedentu". In: Pezl, T. (Hrsg.): Závaznost rozhodování ústavních soudů (Plzeň: Západočeská univerzita, 2004), S. 39–46

Kühn, Zdeněk: K otázce závaznosti rozhodnutí Ústavního soudu, Právník 2001/9, 857

77 Oberstes Verwaltungsgericht, 2 As 9/2008 - 77 vom 13. 6. 2008.

Procházka, Antonín: Problémy s ústavností, Správní právo 1997/2, 65.

Procházka, Antonín: Závaznost rozhodnutí Ústavního soudu ČR, Bulletin advokacie 1995/8, 32-36

Ševčík, Vlastimil: Ústavní soud ČR a soudy obecné, Bulletin advokacie 1997/5, 7

Šimíček, Vojtěch / Filip, Jan / Molek, Pavel / Bahýľová, Lenka / Podhrázký, Milan / Suchánek, Radovan / Vyhnánek, Ladislav: Ústava České republiky – Komentář (Praha: Linde, 2010)

Šimíček, Vojtěch: Vztah dovolání a ústavní stížnosti včera, dnes a zítra, Bulletin advokacie 7-8/2016, 17-24

Sládeček, Vladimír / Mikule, Vladimír: O závaznosti rozhodnutí Ústavního soudu, Bulletin advokacie 1995/8, 36-47

Sládeček, Vladimír / Syllová, Jindřiška / Mikule, Vladimír: Ústava České republiky. Komentář (Praha: C. H. Beck, 2007)

Šrůtková, Jitka: Závaznost rozhodnutí Ústavního soudu z pohledu doktríny a judikatury, Časopis pro právní vědu a praxi 4/2009, 293-301

Vincze, Attila: Das tschechische Verfassungsgericht stoppt den EuGH, EuR 2013, 194-205

Herbert Küpper

Länderbericht Ungarn

Anlässlich der Einführung der Urteilsverfassungsbeschwerde: Verfassungsgericht und oberstes Gericht in Ungarn

Abstract: Hungary's new Constitution of 2011 can be said to have opened a new chapter for the country's Constitutional Court, too. As a consequence, in its less than three decades of post-socialist history, Hungary is in its second phase of constitutional adjudication. One of the major innovations was the introduction of the constitutional scrutiny of court decisions, the so-called 'real constitutional complaint'. This new power of the Constitutional Court has given rise to conflicts that other countries, too, have known for quite some time and have learnt to handle. Hungary's Constitutional Court and ordinary courts now have to find a modus vivendi that elsewhere was found before. The supreme judicial authorities in Hungary try to avoid a hot 'war between the courts' like in the post-socialist Czech Republic just as much as a 'cold peace' like in post-war West Germany. Since the structures in Hungary resemble most strongly those in Germany, the Hungarian strategies to reduce the conflicts between the Constitutional Court and the Supreme Court are similar to the German ways. The Constitutional Court leaves the interpretation of the sub-constitutional law to the ordinary courts and accepts their interpretations as 'living law', and when distinguishing constitutional from unconstitutional interpretations of a statute, it takes the Constitution and not the statute as a starting point. In the new 'battle ground' of the real constitutional complaint, too, it follows German patterns and tries to sieve out cases where constitutional arguments are but a façade for the real quest of a remedy for the application of the sub-constitutional law, by a strict handling of the rules of admissibility.

A. Einleitung

Die postsozialistische Verfassungsgerichtsbarkeit Ungarns kann man in zwei Phasen einteilen. Die erste dauerte von 1990 bis 2011 und war geprägt durch die inhaltlich totalrevidierte, aber formal fortgeltende Verfassung von 1949 (in der Folge: Verf.)[1] und das erste Verfassungsgerichtsgesetz[2].

Am 1.1.2012 trat Ungarns Grundgesetz (in der Folge: GrundG)[3] in Kraft und schuf damit eine neue Verfassungsordnung. Auch für das Verfassungsgericht änderte sich einiges. Es erhielt eine neue Rechtsgrundlage in Gestalt des zweiten Verfassungsgerichtsgesetzes (in der Folge: VerfGG)[4], das u.a. die Zuständigkeiten

---

1 Gesetz 1949: XX über die Verfassung der Volksrepublik Ungarn v. 20.8.1949, Magyar Közlöny (ungarisches Gesetzblatt, in der Folge abgekürzt: MK) 1949 Nr. 174 S. 1355, ab dem 23.10.1989: Verfassung der Republik Ungarn, total revidiert v.a. durch die Verfassungsänderungsgesetze 1989: XXXI v. 23.10.1989 und 1990: XL v. 25.6.1990. Eine deutsche Übersetzung findet sich bei *Küpper, Herbert*: Ungarns Verfassung vom 25. April 2011. Einführung – Übersetzung – Materialien, Studien des Instituts für Ostrecht München Bd. 70, Frankfurt/M. 2012, S. 277–422.

2 Gesetz 1989: XXXII über das Verfassungsgericht v. 30.10.1989, MK 1989 Nr. 77 S. 1283, in deutscher Übersetzung in *Brunner, Georg* (Hrsg.): Verfassungs- und Verwaltungsrecht der Staaten Osteuropas VSO, Loseblatt, Berlin bis 2000, Bd. I 2, Dokument Ungarn 2.1.3. (Stand: Mitte 1998).

3 Ungarns Grundgesetz (25. April 2011), MK 2011 Nr. 43 S. 10656, in deutscher Übersetzung einschließlich der 5. Änderung von *Herbert Küpper* in: *Hufeld, Ulrich / Epiney, Astrid / Merli, Franz* (Hrsg.): Europäisches Verfassungsrecht, 3. Aufl. Baden-Baden 2014, S. 742–780.

4 Gesetz 2011: CLI über das Verfassungsgericht v. 21.11.2011, MK 2011 Nr. 136 S. 32722, in deutscher Übersetzung von *Daniel Pöschl* in Jahrbuch für Ostrecht 56 (2015) S. 263–292.

des Verfassungsgerichts neu bestimmte. Daher ist es nicht untertrieben, ab 2012 von einer zweiten Phase der ungarischen Verfassungsgerichtsbarkeit zu sprechen[5].

1. Die erste Phase (1990-2011)

Das ungarische Verfassungsgericht nahm am 1.1.1990 seine Arbeit auf und war somit eines der ersten postsozialistischen Verfassungsgerichte[6]. Lange Zeit war sein Verhältnis zu der ordentlichen Justiz und insbesondere zu deren Spitze, dem Obersten Gericht, von einem freundlich-desinteressierten Nebeneinander geprägt. Einen „Krieg der Gerichte" wie etwa in Tschechien hat es in dieser Phase zu keinem Zeitpunkt gegeben, und auch ein „kalter Krieg" wie in der jungen Bundesrepublik war der ungarischen Gerichtsbarkeit fremd[7].

Zu diesem vergleichsweise idyllischen Nebeneinander trug sicherlich die Kompetenzausstattung des Verfassungsgerichts bei. Seine Zuständigkeiten konzentrierten sich fast vollständig auf die Normenkontrolle[8]. In diesem Bereich war das Verfassungsgericht nicht zuletzt dank der Popularklage im Rahmen der nachträglichen abstrakten Normenkontrolle sehr aktiv, was ihm den durch die Tatsachen nur zum Teil gestützten Ruf einbrachte, zu den Verfassungsgerichten mit den weitesten Kompetenzen auf der Welt zu gehören. Auf jeden Fall gehörte es zu den aktivsten Verfassungsgerichten der Welt, was nicht zuletzt auf die Auffassung seines ersten Präsidenten *László Sólyom* von der Rolle eines Verfassungsgerichts in einer postdiktatorischen Ordnung zurückging.

Die Kehrseite dieser Konzentration auf die Normenkontrolle war, dass die Verfassungsmäßigkeit der Anwendung einer Rechtsvorschrift nicht in den verfassungsgerichtlichen Prüfungsbereich fiel. Neben der erwähnten Popularklage bei der nachträglichen Normenkontrolle konnten der Bürger im Rahmen der

---

5 Auch *Harmathy, Attila*: Grundrechte in Ungarn, in: *Merten, Detlef / Papier, Hans-Jürgen* (Hrsg.): Handbuch der Grundrechte. Bd. IX: Grundrechte in Ostmittel- und Osteuropa, Heidelberg 2016, S. 269–308 (292-308), unterteilt die Grundrechtsentwicklung seit der Wende in die zwei Phasen von 1989/90 bis 2011 und 2012 bis heute.

6 Im sowjetischen Machtbereich gab es einzig in Polen ein Verfassungsgericht, und das auch erst ab 1982/86: Länderbericht zu Polen in diesem Band, Punkt 1.

7 Zum tschechischen „Krieg der Gerichte" s. den Länderbeitrag zu Tschechien in diesem Band, Punkt C.; zum „kalten Frieden" zwischen dem deutschen Bundesverfassungsgericht und den Spitzen der Fachgerichtsbarkeiten, v.a. dem Bundesgerichtshof s. den Länderbeitrag zu Deutschland in diesem Band, Punkt A. 1.

8 § 32/A Abs. 1-2 Verf. Zu der ähnlichen Situation in Österreich s. den Beitrag zu Österreich in diesem Band, Punkt B. 1.

oft als „unechte Verfassungsbeschwerde“ bezeichneten Rechtssatzverfassungsbeschwerde[9] und die Gerichte im Rahmen der konkreten Normenkontrolle Rechtsvorschriften auf den Prüfstand des Verfassungsgerichts bringen. Eine Urteilsverfassungsbeschwerde gehörte jedoch in dieser ersten Phase nicht zu dessen Kompetenzen. Das Verfassungsgericht selbst und das rechtswissenschaftliche Schrifttum wiesen auf diese Lücke hin und forderten ihre Schließung durch Einführung der „echten“ Verfassungsbeschwerde, d.h. der Urteilsverfassungsbeschwerde[10]. Jedoch blieben diese Forderungen bis zu der Neuordnung der Verfassungsgerichtsbarkeit im Zusammenhang mit dem Erlass der neuen Verfassung 2011 unerfüllt. Zwischen 1990 und 2011 hatte das Verfassungsgericht keine Möglichkeit, die Verfassungsmäßigkeit der richterlichen Rechtsanwendung zu prüfen, und die seltenen Vorstöße in einzelnen Entscheidungen, jenseits der Verfassungsmäßigkeit der Rechtsvorschrift auch Äußerungen zur Verfassungsmäßigkeit ihrer Anwendung anzubringen[11], blieben vereinzelt und gingen auch nicht so weit, eine bestimmte richterliche Auslegung als verfassungsrechtlich bedenklich zu bezeichnen.

Der Vorteil dieser verfassungsgerichtlichen Kompetenzen war die recht klare Aufgabenteilung: Über Rechtsvorschriften urteilte das Verfassungsgericht,

---

9 Anders als die von Jedermann beantragbare abstrakte nachträgliche Normenkontrolle galt unter dem alten Recht die Rechtssatzverfassungsbeschwerde als, wenn auch außerordentlicher, Rechtsbehelf: *Tilk*, *Péter*: Az új típusú panasz előzményei és az eljárási renddel kapcsolatos egyes szabályozási elvárások [Die Vorläufer der Beschwerde neuen Typs und einige Erwartungen an die Regelung im Zusammenhang mit der Verfahrensordnung], Alkotmánybírósági Szemle 2011/2, S. 82–91 (S. 82–83).
Zum vergleichbaren österreichischen Parteiantrag auf Normenkontrolle s. den Beitrag zu Österreich in diesem Band, Punkt B. 1.; zu der vergleichbaren Rechtslage in Polen seit 1997 s. den Beitrag zu Polen in diesem Band, Punkte 4, 9.

10 *Brunner* in *Brunner*, *Georg* / *Sólyom*, *László*: Verfassungsgerichtsbarkeit in Ungarn. Analysen und Entscheidungssammlung 1990-1993, Baden-Baden 1995, S. 34–35; *Körösényi*, *András*: A magyar politikai rendszer [Das ungarische politische System], Budapest 1998, S. 336; *Lábady*, *Tamás*: A populáris akció és az egyéni jogvédelem biztosítása az alkotmánybírósági eljárásban [Die Popularklage und die Gewährleistung des individuellen Rechtsschutzes im verfassungsgerichtlichen Verfahren], Magyar Jog 1991 S. 385–390 (388-389); *Sólyom*, *László*: Az alkotmánybíráskodás kezdetei Magyarországon [Die Anfänge der Verfassungsgerichtsbarkeit in Ungarn], Budapest 2001, S. 285; zusammenfassend im Rückblick *Tilk* (Fn. 9), S. 83–85.

11 Nennenswert ist in diesem Zusammenhang v.a. die sog. Vaterschaftsentscheidung: Verfassungsgerichtsentscheidung 57/1991. (XI. 8.) AB vom 8.11.1991, Az Alkotmánybíróság határozatai (offizielle Entscheidungssammlung des Verfassungsgerichts, in der Folge abgekürzt: ABH) 1991 S. 272.

über einzelne Streitfälle die Justiz[12], die dabei v.a. das unterverfassungsrechtliche Recht anwandte. Am ehesten drang das Verfassungsgericht noch mit der dogmatischen Figur der „verfassungsrechtlichen Anforderungen“ an die Auslegung einer Rechtsvorschrift – dem ungarischen Pendant zur deutschen „verfassungskonformen Auslegung“ – auf das Gebiet der Auslegung des einfachen Rechts vor[13]. Hierbei äußerte sich das Verfassungsgericht zwar nicht zu dem Inhalt einzelner gerichtlicher Entscheidungen, machte aber den Gerichten und Behörden Vorgaben an die Auslegung des einfachen Rechts. Dieses Agieren auf einem Terrain, das die ordentlichen Gerichte und allen voran das Oberste Gericht[14] als ihre ureigene Kompetenz auffassten, verursachte fallweise einige Friktionen zwischen dem Verfassungsgericht und dem Obersten Gericht. Jedoch sorgten eine vergleichsweise zurückhaltende verfassungsgerichtliche Formulierung der „verfassungsrechtlichen Anforderungen“ sowie die Gewöhnung der ordentlichen Gerichte, der Zivilrechtler und der rechtswissenschaftlichen Ausbildung an die Konstitutionalisierung der einzelnen Rechtsgebiete dafür, dass diese Friktionen auf Dauer abnahmen. Wie in Deutschland[15], so fiel es auch in Ungarn den Zivilgerichten und den Zivilrechtlern schwerer als den straf- und verwaltungsrechtlichen Gerichten und Juristen zu akzeptieren, dass für ihr Rechtsgebiet seit 1989/90 ernst gemeinte verfassungsrechtliche Vorgaben galten, die ggf. auch durch das Verfassungsgericht eingefordert werden konnten[16].

---

12 *Balogh-Békesi, Nóra*: Az Alkotmánybíróság új hatáskörei és az alapjogvédelem [Die neuen Kompetenzen des Verfassungsgerichts und der Grundrechtsschutz], in: *Katona, Klára / Szalai, Ákos* (Hrsg.): Hatékony-e a magyar jog? [Ist das ungarische Recht wirksam?], Budapest 2013, S. 115–132 (S. 117).

13 Näher hierzu Punkt D. 2.

14 § 47 Verf. i.d.F. vom 23.10.1989 bis zum 30.9.1997, danach § 47 Abs. 2 Verf. i.d.F. ab dem 1.10.1997 vertraute die Obsorge für die Einheitlichkeit der Rechtsprechung dem Obersten Gericht an. Zwar war mit der Einheitlichkeit nicht zugleich zwingend die inhaltliche Richtigkeit gemeint, jedoch wurde § 47 Verf. so verstanden, dass auch die richtige Rechtsauslegung Sache v.a. des Obersten Gerichts war. Dies geht z.B. indirekt aus *Jakab, András*: § 47 Rn. 10, in: *Jakab, András* (Hrsg.): Az Alkotmány kommentárja [Kommentar der Verfassung], 2 Bde., Budapest 2009, hervor. In Polen hingegen ist dem Obersten Gericht kraft ausdrücklicher Anordnung die Sorge für die Einheitlichkeit und die Richtigkeit der Rechtsanwendung anvertraut: s. Länderbericht zu Polen in diesem Band, Punkt 4.

15 Zu den vergleichbaren deutschen Entwicklungen s. den Länderbeitrag zu Deutschland in diesem Band, Punkt A. 1.

16 Bereits bald nach der Wende kritisch zur Konstitutionalisierung des einfachen Rechts der 2011 zum Verfassungsrichter gewählte Fundamentalkritiker der

Schließlich brauchte es auch seine Zeit, bis die ordentlichen Gerichte lernten, dass der Schutz der Grundrechte (und generell der Verfassung) nicht das Monopol des Verfassungsgericht darstellte, sondern dass zunächst einmal alle Gerichte dafür verantwortlich waren zu gewährleisten, dass in ihrer eigenen Tätigkeit und in den von ihnen beurteilten Sachverhalten die Verfassung zur Geltung kam. Hieran sollte sie der am 23.10.1989 in die Verfassung eingefügte § 70/K Verf. erinnern, wonach Ansprüche wegen Grundrechtsverletzungen und wegen der Erfüllung von Pflichten vor die ordentlichen Gerichte gehörten. Gerade in den ersten Jahren nach der Wende führte diese Vorschrift ein Schattendasein, weil die Gerichte unsicher waren, ob sie die Verfassung unmittelbar anwenden dürfen und ggf. müssen[17].

Das Fehlen einer Urteilsverfassungsbeschwerde ersparte den ordentlichen Gerichten, dass sie zur Beachtung des einschlägigen Verfassungsrechts angehalten wurden. Das Verfassungsgericht fiel als Kontrollinstanz aus, und die oberen Instanzen der ordentlichen Gerichtsbarkeit, v.a. das Oberste Gericht, mussten selbst einen längeren Lernprozess durchlaufen, bis sie die Relevanz der Verfassung und der Verfassungsrechtsprechung für die Anwendung des einfachen Rechts entdeckten und akzeptierten. In einigen Rechtsgebieten wie etwa dem Persönlichkeitsschutz in Abgrenzung zur Meinungs- und Medienfreiheit zeigten sich die Gerichte vergleichsweise offen für verfassungsrechtliche Argumentationen, während in vielen anderen Bereichen eine Berücksichtigung der Verfassung in der Rechtsprechung der ordentlichen Gerichte nicht nachweisbar ist.

Festzuhalten ist, dass in der ersten Phase der postsozialistischen Verfassungsgerichtsbarkeit (1990-2011) deren Kompetenzen sich v.a. auf die Legislative und in einem gewissen Maße auf die Exekutive richteten, während die Judikative im Wesentlichen von einer verfassungsgerichtlichen Kontrolle verschont blieb. Das sollte sich in der zweiten Phase grundlegend ändern.

Verfassungsgerichtsbarkeit *Pokol, Béla*: A jog szerkezete [Die Struktur des Rechts], Budapest 1991, S. 113–114, S. 124–125. Zur vergleichsweise reibungslosen Konstitutionalisierung von Strafrecht, Strafverfahrensrecht und Strafrechtspflege *Bencze, Mátyás*: Díszítőelem, álcázóháló vagy tartóoszlop? A büntetőbírósági gyakorlat és az alkotmány [Dekoration, Tarnnetz oder tragende Säule? Die strafgerichtliche Praxis und die Verfassung], Fundamentum 2007/3, S. 5–21.

17 *Jakab, András / Vincze, Attila*: § 70/K, Rn. 13-63, in: *Jakab*, Az Alkotmány kommentárja (Fn. 14).

2. Die zweite Phase (ab 2012)

Das neue Grundgesetz führte in manchen Bereichen die Errungenschaften der alten Verfassung fort, während es in anderen mit der Vergangenheit brach und größere Veränderungen brachte. Das Verfassungsgericht blieb zwar in den Grundzügen eines selbstständigen Verfassungsorgans außerhalb der Justiz, dessen Aufgabenzuschnitt sich auf die Verfassung beschränkte, weit gehend unverändert. Dennoch gehört es wegen der zahlreichen Änderungen im Detail zu den stärker modifizierten Verfassungsorganen. Neben dem Bestellmodus der Verfassungsrichter und dem – in der Praxis umgangenen – Verbot des Rückgriffs auf die Verfassungsrechtsprechung von vor 2012 gehören die Zuständigkeiten zu den am intensivsten geänderten Zügen des Verfassungsgerichts.

Bei der Neuordnung der Kompetenzen fällt zunächst der Wegfall der Popularklage bei der nachträglichen Normenkontrolle auf, was nicht zuletzt im Ausland als eine Schwächung des Verfassungsgerichts fehlinterpretiert wurde. Die Streichung der Popularklage erfolgte nicht zuletzt auf Bitten des Verfassungsgerichts selbst, das durch eine Unzahl von Normenkontrollanträgen von *quivis ex populo* überschwemmt und dadurch – seiner eigenen Wahrnehmung nach – an seiner eigentlichen Arbeit gehindert wurde. Diese Ansicht hat durchaus einen wahren Kern, denn die Popularklage hatte in den Jahren nach Wende ihren Sinn, weil sie half, die Unmengen fortgeltendes, aber verfassungswidrig gewordenes sozialistisches Recht zu bereinigen. Diese innere Berechtigung hatte die Popularklage 2011 jedoch weitest gehend verloren, sie hatte sich überlebt[18].

---

18 *Balogh-Békesi* (Fn. 12), S. 117–118; *Küpper, Herbert*: Ungarns neues Grundgesetz von 2011. Kein Grund zum Jubel, aber auch noch nicht das Ende der Demokratie, Südosteuropa-Mitteilungen 2012/3, S. 80–101 (S. 93–94); *Küpper, Herbert*: Alter Wein in neuen Schläuchen? Die Spielregeln für die Politik in Ungarns alter und neuer Verfassung, in: *Bos, Ellen / Pócza, Kálmán* (Hrsg.): Verfassunggebung in konsolidierten Demokratien. Neubeginn oder Verfall eines politischen Systems, Baden-Baden 2014, S. 231–266 (S. 255); *Orbán, Endre*: A bírói döntések ellen benyújtott alkotmányjogi panaszok tapasztalatai [Die Erfahrungen mit Urteilsverfassungsbeschwerden], Magyar Jog 2016, S. 577–588 (S. 579); *Sulyok, Tamás / Tóth, Mónika*: Die Auswirkungen des Inkrafttretens des ungarischen Grundgesetzes auf die Tätigkeit des ungarischen Verfassungsgerichts, in: *Küpper, Herbert / Csehi, Zoltán / Láng, Csaba* (Hrsg.): Vier Jahre ungarisches Grundgesetz, Studien des Instituts für Ostrecht München Bd. 80, Frankfurt/M. 2016, S. 101–116 (S. 103); Venedig Kommission: Stellungnahme 614/2011, CDL-AD(2011)001, Rn. 55-59. Deutlich kritischer *Halmai, Gábor*: Hochproblematisch. Ungarns neues Grundgesetz, Osteuropa 2011/12 (Schwerpunktheft: Quo vadis, Hungaria? Kritik der ungarischen Vernunft) S. 145–156 (S. 149–150).

Die durch die Aufhebung der Popularklage frei werdenden Kapazitäten wurden für die neu eingeführte Zuständigkeit der echten Verfassungsbeschwerde benötigt. Seit 2012 kann das ungarische Verfassungsgericht auch über die Verfassungsmäßigkeit der letztinstanzlichen Anwendung einer Rechtsvorschrift in einem Gerichtsurteil entscheiden. Einzelakte der Exekutive werden in diesem Zusammenhang nicht erwähnt, aber da gegen sie regelmäßig der Rechtsweg zulässig ist und nur letztinstanzliche Einzelakte überprüft werden, ist diese Verengung der echten Verfassungsbeschwerde auf die Urteilsverfassungsbeschwerde akzeptabel[19]; nur wenige Exekutivakte bleiben der verfassungsgerichtlichen Überprüfbarkeit entzogen. So wie bis 2011 die abstrakte Normenkontrolle das „tägliche Brot" des ungarischen Verfassungsgerichts war, übernahm ab 2012 die Verfassungsbeschwerde und v.a. die Beschwerde gegen Gerichtsurteile (ggf. verbunden mit der Beschwerde gegen die zugrunde liegende Rechtsnorm) diese Rolle[20]. Der Fokus der verfassungsgerichtlichen Kontrolle verschob sich mithin weg vom Gesetzgeber und hin zur Justiz.

Kritiker der Reform sehen hierin eine Absicht des Verfassunggebers. Die Fidesz-Regierung wolle die verfassungsgerichtliche Kontrolle der politischen Verfassungsorgane, d.h. letztlich ihrer Regierungstätigkeit, abbauen und stattdessen für die Verfassungsgerichtsbarkeit eine neue Front eröffnen: Diese solle sich mit der Justiz beschäftigen und sich in Konflikten mit der Justiz aufreiben, sodass für eine Verfassungskontrolle der Gesetzgebungs- und Regierungstätigkeit

---

19 Näher dazu Punkt C. Auch in Deutschland, wo dem Wortlaut nach auch Einzelakte der Exekutive Gegenstand der Verfassungsbeschwerde sein können, ist die Erschöpfung des Rechtswegs Voraussetzung, sodass Verfassungsbeschwerden gegen Verwaltungsakte so gut wie nie vorkommen; dazu s. den Länderbericht Deutschland in diesem Band, Punkt C.1.

20 2017 gingen bei dem Verfassungsgericht insgesamt 461 zulässige Anträge ein. Hiervon waren 404 Verfassungsbeschwerden. Den größten Teil der Verfassungsbeschwerden machten die Urteilsverfassungsbeschwerden aus: 330. Es folgten die Rechtssatzverfassungsbeschwerden gegen eine in einem konkreten Verfahren angewandte Rechtsvorschrift mit 40 und nachträgliche Normenkontrollanträge durch den unmittelbar Betroffenen außerhalb eines gerichtlichen Verfahrens mit 34 zulässigen Anträgen. Die einzige weitere Verfahrensart mit zweistelligen Fallzahlen war die Richtervorlage (konkrete Normenkontrolle) mit 48 eingeleiteten Verfahren (näher Punkt E. 1. und Fn. 94), während die weiteren Verfahrensarten zwischen 0 und 4 Neueingängen aufwiesen. Die statistischen Angaben sind der Webseite des Verfassungsgerichts entnommen: https://alkotmanybirosag.hu/ugyforgalmi-es-statisztikai-adatok/. Zum Geschäftsanfall des ungarischen Verfassungsgerichts s. auch *Orbán* (Fn. 18), Magyar Jog 2016 S. 581.

nicht mehr viele Kapazitäten übrig bleiben[21]. Dieses Kalkül ist in Teilen aufgegangen, denn die Wahrnehmung der Zuständigkeiten in der Urteilsverfassungsbeschwerde hat zu ersten Reibungen zwischen Verfassungsgericht und Kurie – wie das oberste Gericht seit 2012 wieder heißt – geführt. Um einen Krieg der Gerichte wie in Tschechien oder einen unterschwelligen Stellungskrieg (einen „kalten Frieden") wie in der jungen Bundesrepublik zu vermeiden, schrieben Verfassungsgericht und Kurie 2015 gemeinsam ein Forschungsprojekt zur Klärung ihres Verhältnisses aus; die im Rahmen dieses Forschungsprojektes erstellte Studie „Az Alkotmánybíróság és a felsőbíróságok kapcsolata. Konfliktusok és kooperáció jogösszehasonlító szempontból"[22] bildet die Ausgangsbasis für diesen Band.

Ein weiterer Kritikpunkt an den Zuständigkeiten des Verfassungsgerichts ist, dass ihm die Normenkontrolle über Finanz-, Haushalts- und Steuergesetze bis auf Weiteres entzogen ist: Es darf solche Gesetze nur noch im Hinblick auf die Verletzung des Rechts auf Lebens, der Menschenwürde, der Gedanken-, Gewissens- und Religionsfreiheit und der Rechte im Zusammenhang mit der Staatsbürgerschaft hin überprüfen, nicht aber in Bezug auf andere Grundrechtsverletzungen[23]. Das betrifft die Urteilsverfassungsbeschwerde und somit das Verhältnis zwischen Verfassungsgericht nicht unmittelbar, aber sofern mit der

---

21 So z.B. *Gárdos-Orosz, Fruzsina*: Alkotmánybíróság 2010-2015 [Verfassungsgericht 2010-2015], in: in *Jakab, András / Gajduschek, György* (Hrsg.): A magyar jogrendszer állapota [Der Zustand der ungarischen Rechtsordnung], Budapest 2016, S. 442–479; *Lembcke, Oliver / Boulanger, Christian*: Between Revolution and Constitution: The Roles of the Hungarian Constitutional Court, in: *Tóth, Gábor Attila* (Hrsg.): Constitution for a Disunited Nation. On Hungary's 2011 Fundamental Law, Budapest 2012, S. 269–299 (S. 279–290). Zu der diesbezüglichen ungarischen Debatte s. auch *Küpper, Herbert*: Voreilige Unkenrufe oder Demontage des Rechtsstaats? Das ungarische Verfassungsgericht nach den ersten vier Jahren Fidesz-Herrschaft, Jahrbuch für Ostrecht 56 (2015) S. 85–138 (S. 97).

22 *Küpper, Herbert / Vincze, Attila*: Az Alkotmánybíróság és a felsőbíróságok kapcsolata. Konfliktusok és kooperáció jogösszehasonlító szempontból [Das Verhältnis von Verfassungsgericht und Obergerichten. Konflikte und Kooperation in rechtsvergleichender Perspektive], zur Veröffentlichung vorgesehen 2018.

23 Eingeführt durch § 32/A Abs. 3 Satz 2 Verf. i.d.F. ab dem 20.11.2010, fortgeführt in Art. 37 Abs. 4 GrundG. Diese Regelung wird von der ungarischen Verfassungsrechtslehre mit wenigen Ausnahmen stark kritisiert, so z.B. *Chronowski, Nóra / Gárdos-Orosz, Fruzsina*: The Hungarian Constitutional Court and the Financial Crisis, Hungarian Journal of Legal Science 2017 S. 139–155; *Harmathy* (Fn. 5), S. 305; *Sólyom, László* in *Jakab, András*: Az új Alaptörvény keletkezése és gyakorlati következményei [Entstehung und praktische Folgen des neuen Grundgesetzes], Budapest 2011,

Urteilsverfassungsbeschwerde auch eine Rechtssatzverfassungsbeschwerde verbunden wird, was nach Art. 24 Abs. 2 Buchst. c) GrundG i.V.m. § 28 VerfGG ohne weitere Hürden zulässig ist, oder sofern ein Gericht eine anzuwendende Norm gemäß Art. 24 Abs. 2 Buchst. b) GrundG im Rahmen der konkreten Normenkontrolle vorlegt, gelten die geschilderten Restriktionen für Finanzgesetze. Derartige Verfassungsbeschwerden und Richtervorlagen sind unzulässig[24].

Erwähnenswert ist schließlich noch, dass die Befugnis des Verfassungsgerichts, eine durch legislatives Unterlassen hervorgerufene Verfassungswidrigkeit festzustellen, nach neuem Recht zwar weiter besteht, aber nicht mehr als eigener Verfahrenstyp, ggf. von Amts wegen. Gemäß § 46 Abs. 1 VerfGG ist eine solche Feststellung legislativen Unterlassens nur noch im Rahmen eines anderweitig zulässigen Verfahrens zulässig.

B. Die institutionelle Verbindung zwischen dem Verfassungsgericht und der Kurie

Ungarn hat eine Einheitsgerichtsbarkeit, die grundsätzlich alle Gerichte in einer einheitlichen Pyramide vereinigt. Nur die erstinstanzliche Verwaltungs- und Arbeitsgerichtsbarkeit ist partiell ausgelagert, aber auch diese Gerichte bilden keine Sonder-, sondern einen Teil der Einheitsgerichtsbarkeit. Dementsprechend steht an der Spitze der Gerichte ein einziges Obergericht: die seit 2012 wieder mit ihrer traditionellen Bezeichnung benannte Kurie (Kúria). Darin unterscheidet sich die Justiz in Ungarn von der in Deutschland, Österreich, Polen oder Tschechien, wo es mehrere Gerichtszweige und dementsprechend mehrere Obergerichte gibt[25]. In Ungarn ist daher der Sparringspartner *das* Obergericht, nicht ein Obergericht oder mehrere Obergerichte.

S. 13–14: „gyógyíthatatlan seb az Alaptörvényen“ [unheilbare Wunde im Grundgesetz]. Dazu auch *Küpper*, Ungarns Verfassung (Fn. 1), S. 168–169.

24 So z.B. Verfassungsgerichtsentscheidungen 1618/B/2010. AB (Telekommunikationssonderabgabe) oder 3039/2012. (VI. 21.) AB im Zusammenhang mit der einheitlichen Anwendung des Unionszollrechts.

25 Kritisch zum Zentralismus als einem wesentlichen Kennzeichen der ungarischen Rechtskultur, der auch die Ausdifferenzierung der Einheitsgerichtsbarkeit und die Errichtung spezialisierter Obergerichte verhindert, *Küpper, Herbert*: A magyar jogi kultúra egyes jellegzetességei összehasonlító perspektívából [Einige Charakteristika der ungarischen Rechtskultur in vergleichender Perspektive], in *Jakab / Gajduschek* (Fn. 21), S. 131–141 (133-139).

1. Verfassungsgericht und Kurie als Verfassungsorgane

Sowohl die alte Verfassung als auch das neue Grundgesetz gestalten das Verfassungsgericht als ein Verfassungsorgan sui generis aus. Das ergibt sich zunächst aus der systematischen Stellung. Das Gerichtssystem ist im Kapitel „Das Gericht“ (Art. 25-28 GrundG[26]) geregelt, während das Verfassungsgericht ein eigenes Kapitel „Das Verfassungsgericht“ (Art. 24 GrundG[27]) bildet, das im Staatsorganisationsrecht nach den Regeln über die Exekutive und noch vor dem Kapitel über die Justiz untergebracht ist. Dass das Grundgesetz das Verfassungsgericht nunmehr in unmittelbarer Nachbarschaft zur Justiz regelt und nicht mehr, wie die alte Verfassung, in unmittelbarer Nähe zum Parlament, bedeutet keine „Vergerichtlichung“ des Verfassungsgerichts. Die alte Verfassung regelte alle Kontrollorgane nach dem Parlament, während das Grundgesetz im Staatsorganisationsrecht einer stringenteren Systematik folgt, weshalb das gerichtsähnliche Verfassungsgericht nunmehr in der Nähe der Justizkapitel (Gerichte; Staatsanwaltschaft) angesiedelt ist.

Das Verfassungsgericht ist mithin auch im Grundgesetz kein Teil der Justiz, sondern ein außerhalb dieser stehendes eigenständiges Verfassungsorgan. Es ist bereits fraglich, ob das Verfassungsgericht überhaupt ein Gericht ist[28]. Es heißt zwar „Verfassungs*gericht*“ (alkotmány*bíróság*). Anders als in der Justiz sind am Verfassungsgericht aber keine „Richter“ (bíró) tätig, sondern „Mitglieder“ (tag). Daher erstrecken sich die Verfassungsgarantien für Richter in Art. 26 GrundG nicht ohne weiteres auf die Mitglieder des Verfassungsgerichts, sondern bleiben dem Wortlaut nach in ihrer Geltung auf die Richter in der Justiz beschränkt. Eine Geltung auch für die Mitglieder des Verfassungsgerichts könnte höchstens im Wege der Verfassungsauslegung erreicht werden. Einfach-gesetzlich ist die persönliche und sachliche Unabhängigkeit der Verfassungsrichter hingegen der der Richter stark angeglichen[29]. Einen in der egalitären ungarischen Mentalität

---

26 Zuvor: Kap. X „Die richterliche Organisation“ (§§ 45-50 Verf.).

27 Zuvor: Kap. IV „Das Verfassungsgericht“ (§ 32/A Verf.)

28 Verneinend für das alte Recht *Küpper, Herbert*: § 47 Rn. 7, in: *Jakab*, Az Alkotmány kommentárja (Fn. 14). Da sich das normative Umfeld im Grundgesetz in dieser Frage nicht wesentlich geändert hat, hat diese Ansicht auch für das Verfassungsgericht unter der Geltung des Grundgesetzes Bestand.
Zu Deutschland, wo das Verfassungsgericht unzweifelhaft ein Gericht ist und zur Justiz gehört, s. den Ländernbeitrag zu Deutschland in diesem Band, Punkt B.; zu Polen, wo das Verfassungsgericht zunächst ein Kontrollorgan außerhalb der Judikative war, s. den Länderbericht zu Polen in diesem Band, Punkt 2.

29 §§ 5-16 VerfGG.

wichtigen Unterschied macht die Besoldung: Während sich die Bezahlung der Mitglieder des Verfassungsgerichts nach der Ministerbesoldung richtet, ist die Berechnungsgrundlage für die Bezahlung der Richter einschließlich des Präsidenten der Kurie die Beamtenbesoldung[30]. Diese unterschiedliche Besoldung schafft einen gewissen Graben zwischen den Verfassungsrichtern einerseits und den „echten" Richtern andererseits. In Ungarn wird traditionell ein Ausscheren aus für alle geltenden Regeln nicht gerne gesehen – was einer der Gründe ist, warum sich eine eigene Verwaltungsrichterlaufbahn politisch kaum durchsetzen lässt[31] –, und eine andere und zudem bessere Besoldungsgrundlage ist ein solches Ausscheren, das die Zugehörigkeit der „Privilegierten" zur Gesamtgruppe sehr in Frage stellt.

Gemäß Art. 25 Abs. 1 Satz 2 GrundG ist die Kurie das „oberste gerichtliche Organ" (legfőbb bírósági szerv). Sofern man dem Verfassungsgericht keinen Rang unterhalb der Kurie zuweisen will, bedeutet das im Umkehrschluss, dass das Verfassungsgericht kein „gerichtliches Organ" ist. Das schließt zwar nicht zwingend aus, dass das Verfassungsgericht nicht auch ein Gericht ist, aber es spricht vieles dafür, dass das Grundgesetz, das hierin der Vorgängerverfassung seit 1989 folgt, das Verfassungsgericht nicht als Gericht behandelt.

Schließlich unterscheiden sich auch die verfassungsrechtlichen Aufgabenzuweisungen. Art. 24 Abs. 1 GrundG definiert das Verfassungsgericht als „das oberste Organ des Schutzes des Grundgesetzes". Der Inhalt der Funktion des obersten Schutzes des Grundgesetzes wird in den Zuständigkeitsnormen in Art. 24 Abs. 2 GrundG konkretisiert: präventive und nachträgliche Normenkontrolle einschließlich der völkerrechtlichen Normenkontrolle, Richtervorlagen, Verfassungsbeschwerden gegen Rechtsnormen und letztinstanzliche Gerichtsurteile sowie weitere durch Verfassung oder Gesetz zugewiesene Kompetenzen. Demgegenüber versehen gemäß Art. 25 Abs. 1 Satz GrundG die Gerichte

30 Verfassungsrichter: § 13 VerfGG; Präsident der Kurie: § 150 Gesetz 2011: CLXII über die Rechtsstellung und Vergütung der Richter v. 2.12.2011, MK 2011 Nr. 143 S. 34088 (RichterG).

31 Ausführlich zu dieser Problematik *Küpper, Herbert*: § 13. Verwaltungsgerichtsbarkeit in Ungarn, in: *von Bogdandy, Armin / Huber, Peter M. / Paužaitė-Kulvinskienė, Jurgita* (Hrsg.): Handbuch Ius Publicum Europaeum, Bd. 8: Staatliche Verwaltungsgerichtsbarkeit, zur Veröffentlichung vorgesehen 2018; *Küpper, Herbert*: Magyarország átalakuló közigazgatási bíráskodása [Ungarns Verwaltungsgerichtsbarkeit im Wandel], (MTA [Ungarische Akademie der Wissenschaften] Law Working Papers 2014 Nr. 59, Budapest 2014, kostenfrei einsehbar unter http://jog.tk.mta.hu/uploads/files/mtalwp/2014_59_Kupper.pdf.

„Rechtsprechungstätigkeit". Diese Rechtsprechungstätigkeit wird in Art. 25 Abs. 2 GrundG näher umschrieben und umfasst die Zivil- und Strafgerichtsbarkeit, die verwaltungsgerichtliche Kontrolle und bestimmte Aufgaben in der staatlichen Kommunalaufsicht.

Nicht nur die Justiz generell, auch die Kurie als „oberstes gerichtliches Organ" gemäß Art. 25 Abs. 1 Satz 2 GrundG ist ein Verfassungsorgan. Abgesehen von der erwähnten Position an der Spitze kommen ihr und ihrem Präsidenten bestimmte Aufgaben zu. So ist die Kurie für die Einheitlichkeit der Rechtsanwendung verantwortlich und kann zu diesem Zweck quasinormative Auslegungsvorschriften, die sog. „Rechtseinheitlichkeitsbeschlüsse", erlassen, die anders als ihr polnisches Pendant die Gerichte in ihrer Rechtsauslegung binden[32]. Aus dem Vergleich des Aufgabenzuschnitts des Verfassungsgerichts einerseits und der Kurie andererseits lässt sich ableiten, dass das Verfassungsgericht für die Richtigkeit der Anwendung des Grundgesetzes und die Kurie für die Richtigkeit der Anwendung des einfachen Rechts verantwortlich ist[33].

Auf Verfassungsebene führen mithin das Verfassungsgericht einerseits und die Kurie und die nachgeordnete Gerichtsbarkeit andererseits eine getrennte Existenz. Diese Trennung vollzieht das einfache Recht nach: Während in Bezug auf das Verfassungsgericht die Gerichtsorganisation, die Bestellung und Rechtsstellung der Richter und das Prozessrecht im Verfassungsgerichtsgesetz geregelt sind, gelten für die ordentliche Justiz das Gerichtsverfassungsgesetz, das Richtergesetz und die zivil-, straf- und verwaltungsrechtlichen Verfahrensordnungen[34], die auch die Besonderheiten der Kurie regeln.

2. Richterbestellung: parteipolitische Gleichschaltung des Verfassungsgerichts und Refeudalisierung der Justiz

Die Bestellung der Verfassungsrichter erfolgt in einem offen politischen Prozess, während sich in der ordentlichen Justiz einschließlich der Kurie der politische Einfluss hinter einer Fassade der Fachlichkeit geltend macht.

---

32 Art. 25 Abs. 3 GrundG. Zu den polnischen Auslegungsbeschlüssen s. den Beitrag zu Polen in diesem Band, Punkt 4.

33 Näher dazu Punkt D.

34 Gesetz 2011: CLXI über die Organisation und die Verwaltung der Gerichte v. 2.12.2011, MK 2011 Nr. 143 S. 34046 (GVG); RichterG (Fn. 30); Gesetz 2016: CXXX über die Zivilprozessordnung v. 2.12.2016, MK 2016 Nr. 190 S. 78878 (ZPO), Gesetz 2017: XC über das Strafverfahren v. 26.6.2017, MK 2017 Nr. 99 S. 9484 (StPO), Gesetz 2017: I über die Verwaltungsprozessordnung v. 1.3.2017 (VwPO), MK 2017 Nr. 30 S. 678.

Seit der Errichtung des Verfassungsgerichts 1990 werden dessen Mitglieder vom Parlament gewählt. Bis 2010 galt ein paritätisches Verfahren, in dem die jeweilige Parlamentsmehrheit und die jeweilige Opposition gleichberechtigt beteiligt waren[35]; in ihren groben Zügen ähnelte diese Parität der Praxis in Deutschland[36].

Unmittelbar nach ihrer Regierungsübernahme 2010 änderte die Fidesz-Regierung, die seinerzeit über eine Zweidrittelmehrheit im Parlament verfügte, die Spielregeln. § 32/A Abs. 4 Verf. i.d.F. ab dem 5.7.2010 strich die Parität im Nominierungsverfahren, sodass es seitdem nur noch auf die Zweidrittelmehrheit im Plenum ankommt. Weitere Änderungen des § 32/A Verf. ließen diese Struktur unverändert, und auch Art. 24 Abs. 4 GrundG (seit dem 1.4.2013: Art. 24 Abs. 8 GrundG) verzichten auf die Mitwirkung der Opposition und lassen die Wahl durch zwei Drittel der Parlamentsabgeordneten genügen. Seit 2010 ließ die Fidesz-Regierung nur noch ihr genehme Persönlichkeiten in das Verfassungsgericht wählen. Hinzu kommt, dass das Grundgesetz die Anzahl der Verfassungsrichter von bisher elf auf nunmehr 15 erhöhte, sodass die Regierung 2011 im Rahmen des sog. „court packing" weitere vier Verfassungsrichterstellen besetzen konnte, ohne hierfür das turnusmäßige Ausscheiden bisheriger Verfassungsrichter abwarten zu müssen[37]. Seit dieser Aufstockung 2011 haben Fidesz-Richter die Mehrheit im Verfassungsgericht, und mittlerweile sind auch die letzten Nicht-Fidesz-Verfassungsrichter durch Ablauf ihres Mandats ausgeschieden, sodass das Verfassungsgericht ausnahmslos auf Parteilinie liegt. Bei den ernannten Verfassungsrichterinnen und -richtern sind jedoch Unterschiede zu erkennen. Die ersten Ernennungen 2010/11, die ausscheidende Richter ersetzten, brachten noch gestandene Juristenpersönlichkeiten – wenn auch mit eindeutiger parteipolitischer Präferenz – ins Amt. Insbesondere die vier Aufstockungsrichter 2011 und die nachfolgenden turnusmäßigen Neubesetzungen hingegen sind reine Parteisoldaten ohne jede verfassungsrechtlichen oder sonst wissenschaftlichen Meriten. In einem Fall wechselte sogar ein Fidesz-Abgeordneter ohne jede „Abkühlphase" von der Parlamentsbank auf den Verfassungsrichterstuhl. In den letzten Jahren hingegen wandelte sich die Besetzungspolitik erneut, und etwa seit 2014 werden

---

35 *Sólyom, László*: Die Verfassungsgerichtsbarkeit in Ungarn, in: *Luchterhandt, Otto / Starck, Christian / Weber, Albrecht* (Hrsg.): Verfassungsgerichtsbarkeit in Mittel- und Osteuropa, Teilband I: Berichte, Baden-Baden 2007, S. 237–278 (S. 241–243).

36 Hierzu s. den Länderbericht Deutschland in diesem Band, Punkt B.1.

37 *Vincze, Attila*: Wrestling with Constitutionalism: The Supermajority and the Hungarian Constitutional Court, Vienna Journal on International Constitutional Law 2014 S. 86–97.

auch wieder Persönlichkeiten mit fundiertem wissenschaftlichem, meist sogar verfassungsrechtlichem Hintergrund zu Verfassungsrichtern gewählt[38].

Die Art des Bestellmodus strahlt natürlich auf die Selbstwahrnehmung der Richter aus. Seit der Errichtung des Verfassungsgerichts wurden die Verfassungsrichter durch das Parlament und mithin „durch die Politik" gewählt. Da aber Regierung und Opposition zusammenwirken mussten, ergab sich hieraus keine parteipolitische Dankbarkeit. Das hat sich seit 2010 geändert: Die seitdem ernannten Verfassungsrichter verdanken ihr Amt alle dem Wohlwollen der Fidesz-Regierung und sonst niemandem. Das macht sich auch in den Inhalten der Verfassungsrechtsprechung bemerkbar: Seit 2010 nahm die Anzahl regierungskritischer Verfassungsgerichtsurteil kontinuierlich ab, und seit etwa 2014 hat die Regierung nur noch in nebensächlichen Angelegenheiten Niederlagen vor dem Verfassungsgericht zu verzeichnen[39]. Die personelle Gleichschaltung des Verfassungsgerichts ist mithin gelungen.

Eine stärkere Bindung an die Parlamentsmehrheit, mithin an die Fidesz-Regierung, bewirkte auch die Änderung des Bestellmodus des Verfassungsgerichtspräsidenten. Bis 2011 wählten die Verfassungsrichter selbst ihren Präsidenten[40], während seit 2011 das Parlament mit einer Zweidrittelmehrheit den Verfassungsgerichtspräsidenten bestimmt[41].

Das richterliche Personal der Kurie hingegen wird im Wege der Bestenauslese im Rahmen der richterlichen Karriere rekrutiert. Allerdings ist auch im Richterdienst die seit 2010 zunehmende allgemeine Tendenz zur (Re-)Feudalisierung des Landes feststellbar. Generell betrachtet die Fidesz-Regierung die öffentlichen Ressourcen, aber auch die Wirtschaft als ein Reservoir an Pfründen, mit dem die – weder während des Sozialismus noch danach jemals gänzlich erloschenen – klientelistischen Treue- und Abhängigkeitsverhältnisse geschaffen und finanziert werden können. Naturgemäß betrifft eine solche Mentalität den

---

38 Der fachliche Hintergrund der einzelnen Mitglieder des Verfassungsgerichts ist auf der Webseite des Verfassungsgerichts dokumentiert: https://alkotmanybirosag.hu/a-jelenlegi-tagok/. Hierzu s. auch *Küpper* (Fn. 21), S. 91–93. Zu den „Professorengerichten" in Deutschland und Polen s. in diesem Band die Länderbeiträge zu Deutschland, Punkt B. 1., und zu Polen, Punkt 3.

39 Ausführlich *Szente, Zoltán*: Die politische Orientierung der Mitglieder des ungarischen Verfassungsgerichts zwischen 2010 und 2014, Jahrbuch für Ostrecht 57 (2016) S. 45–67.

40 § 4 Abs. 2 altes VerfGG i.d.F. bis zum 14.6.2011.

41 Art. 24 Abs. 4 Satz 2 GrundG, seit dem 1.4.2013 gleichlautend Art. 24 Abs. 8 Satz 2 GrundG.

öffentlichen Dienst im besonderen Maße, aber auch privatwirtschaftliche Ressourcen verteilt die Regierung, wo es ihr möglich ist, im Tausch gegen Gefolgschaft[42]. In der innerhalb des öffentlichen Dienstes gut bezahlten Richterschaft entscheidet das personell eng mit der Fidesz-Parteiführung verflochtene, 2011 errichtete Landesjustizamt über Richterernennungen und -laufbahnen; die richterlichen Prüfungs- und Mitentscheidungsgremien des alten Rechts sind entweder aufgelöst oder entmachtet. Zudem versuchte die Regierung 2011, zahlreiche Richter- und Staatsanwaltsstellen für die Versorgung junger Universitätsabsolventen, die sie auf diese Weise für sich zu gewinnen versuchte[43], freizumachen. Die offizielle Begründung war, dass unter dem Sozialismus ernannte Richter und Staatsanwälte angeblich die sozialistische Opposition präferierten. Der Weg, die Stellen im Richter- und Staatsanwaltsdienst freizumachen, war die plötzliche Herabsetzung des Renteneintrittsalters in der Justiz von bisher 70 auf nunmehr 62 Jahre, wobei die betroffenen Richter und Staatsanwälte erhebliche Rentennachteile hätten hinnehmen müssen. Für die Neubesetzung der Stellen wurde ein Gesetz erlassen, das vorübergehend die üblichen Prozeduren und Anforderungen teilweise außer Kraft setzte. Das ungarische Verfassungsgericht, das zu der Zeit noch nicht ideologisch-personell gleichgeschaltet war, hob die Maßnahme wegen Verstoßes gegen die richterliche Unabhängigkeit auf, der Europäische Gerichtshof stellte eine Altersdiskriminierung fest[44]. Auch wenn diese Maßnahme in Teilen scheiterte, zeigt sie, dass für die Regierung auch der Justizdienst eine Manövriermasse an Ressourcen zur Versorgung klientelistischer Netzwerke darstellt. Das betrifft den Justizdienst insgesamt; speziell bei

---

42 Daher bewertete der EGMR die regierungsseitige Korruption bei der Neuvergabe der Tabakhandelslizenzen, die die neuen Lizenzen v.a. den Parteigängern der Regierung zuschanzte, als Enteignung der Inhaber der Altlizenzen: Vékony ./. Ungarn, Urteil v. 13.1.2015, AZ.: 65681/13, hierzu Aus der Rechtsprechung des EGMR, Osteuropa-Recht 2015 S. 245–246.

43 Die akademische Jugend neigte zu jener Zeit v.a. der rechtsradikalen Jobbik zu und stand der Fidesz mehrheitlich äußerst distanziert gegenüber.

44 Gesetz 2011: CXXXI über die vorübergehende Regelung der Besetzung einzelner richterlicher Stellen, um die Beendigung gerichtlicher Verfahren in einer vernünftigen Zeit sicherzustellen, vom 14.10.2011, MK 2011 Nr. 119 S. 30154; Verfassungsgerichtsurteil 33/2012. (VII. 17.) AB vom 17.7.2012, ABH 2012 S. 99; EuGH, Urteil vom 6.11.2012, RS C-286/12, Europäische Kommission ./. Ungarn. Näher hierzu *Küpper, Herbert*: Das ungarische Grundgesetz im Spiegel der deutschsprachigen Medien, in: *Küpper/Csehi/Láng* (Fn. 18), S. 11–52 (S. 34–35); *Vincze, Attila*: Der EuGH als Hüter der ungarischen Verfassung – Anmerkungen zum Urteil des EuGH v. 6.11.2012, Rs. C-286/12 (Kommission ./. Ungarn), Europarecht 2013 S. 323–333.

der Kurie macht sich diese Tendenz nicht stärker bemerkbar als in der Justiz insgesamt. Die geschilderte schleichende Feudalisierung auch des Justizdienstes stellt dessen fachliches Selbstverständnis nicht in Frage. Ernennungen und Beförderungen von Richtern finden in den mit entsprechenden fachlichen Fassaden ausgestatteten Verfahren statt, und erkennbar politisch-klientelistische Entscheidungen sind selten; am ehesten kommen sie bei Gerichtspräsidenten vor. Daher hat die ungarische Richterschaft einschließlich der Richterinnen und Richter an der Kurie ein ungebrochen richterliches Selbstbild.

Der Karriereweg im Rahmen der fachlich geprägten Bestenauslese trifft jedoch nicht auf den Präsidenten der Kurie zu. Dessen Bestellmodus ähnelt eher dem eines Verfassungsrichters: Gemäß Art. 26 Abs. 3 Satz 1 GrundG wird er vom Parlament gewählt; das war nach altem Recht ebenfalls so. In sozialistischen Systemen war der Präsident des obersten Gerichtes ein in der Öffentlichkeit vergleichsweise gut sichtbarer Repräsentant des Systems, und diese öffentliche Stellung des Präsidenten des obersten Gerichts hat sich in vielen ehemals sozialistischen Staaten, darunter Ungarn, erhalten. Daher ist es sachgerecht, den Vorsitz am obersten Gericht nicht im Wege einer „normalen" richterlichen Karriereentscheidung zu vergeben, sondern ihm dem Parlament anzuvertrauen. Den Erlass des Grundgesetzes nutzte die Fidesz-Regierung, die Diskontinuität einiger Leitungsposten, darunter den des Präsidenten des Obersten Gerichts, anzuordnen. Dies war zwar eine Verletzung der EMRK, weil gegen die Entlassung kraft Gesetzes kein Rechtsmittel gegeben und daher das Verfahren unfair war, aber der frühere Amtsinhaber *Baka* erhielt das Amt nicht zurück, sondern lediglich eine Entschädigung[45].

Diese Personalmaßnahme der Fidesz-Regierung war nur teilweise erfolgreich. Zwar entfernte sie einen qualifizierten Kritiker aus der Leitung des obersten Gerichts. Der neue Präsident hat es jedoch verstanden, die Unabhängigkeit der Kurie und der nachgeordneten Justiz zu wahren. So hebt nicht nur die verwaltungsgerichtliche Abteilung Maßnahmen der Regierung auf, sondern auch in anderen Rechtsgebieten entscheidet die Kurie nach dem Gesetz und nicht nach an sie herangetragenen politischen Wünschen. Als Beispiel kann die Entscheidung

45 EGMR, Baka ./. Ungarn, Urteile v. 27.5.2014 (Kammer) und v. 23.6.2016 (Große Kammer), AZ.: 20261/12, hierzu Aus der Rechtsprechung des EGMR, Osteuropa-Recht 2014 S. 516–517, 2016 S. 491; *Jakab, András / Sonnevend, Pál*: Kontinuität mit Mängeln: Das neue ungarische Grundgesetz, Zeitschrift für ausländisches öffentliches Recht und Völkerrecht 2012 S. 79–102 (S. 99–100); *Vincze, Attila*: Dismissal of the President of the Hungarian Supreme Court: ECtHR Jugdment Baka v. Hungary, European Public Law 2015 S. 445–456.

der Kurie zu devisenbasierten Immobilienkrediten angeführt werden. In dieser für die Regierungspropaganda sehr wichtigen Angelegenheit urteilte die Kurie, dass das vertragliche Synallagma – der Kunde erhält Kredit zu den niedrigen Fremdwährungszinsen anstatt in hochverzinslicher heimischer Währung, trägt dafür aber das Wechselkursrisiko – für sich genommen ausgewogen und fair sei, und widersprach damit der Regierung, die derartige Kredite schlechterdings als unfaire Ausbeutung ungarischer Kreditnehmer durch meist ausländische Banken deklarierte und propagandistisch auszuschlachten versuchte[46].

Festzuhalten bleibt, dass in Ungarn keine so klare institutionelle Trennung zwischen „Karriererichtern" und „Externen" wie etwa in Deutschland besteht. In Ungarn werden die Verfassungsrichter, aber auch der Präsident der Kurie vom Parlament und somit „von der Politik" gewählt, während Karriererichter nur die einfachen Richter an der Kurie sind.

3. Verfahrensrechtliche Gleich- und Über-/Unterordnung

Dass die Kurie das „oberste gerichtliche Organ" ist (Art. 25 Abs. 1 Satz 2 GrundG) und somit die oberste Instanz, die „Rechtsprechungstätigkeit versieht" (Art. 25 Abs. Abs. 1 Satz 1 GrundG), hat auch einen verfahrensrechtlichen Aspekt. Die Rechtswege enden alle bei der Kurie, sofern sie nicht im Einzelfall wegen des geringen Streitwerts oder der Natur der Sache bereits in einer niedrigeren Instanz der ordentlichen Gerichtsbarkeit enden.

Von der Kurie oder einem nachgeordneten Gericht führt kein ordentlicher Rechtsweg zum Verfassungsgericht. Im Wesentlichen kann ein vor den ordentlichen Gerichten geführter Prozess auf zwei Wegen zum Verfassungsgericht gelangen. Erstens kann das Gericht die laufende Sache aussetzen und die Frage der Verfassungsmäßigkeit einer relevanten Rechtsnorm dem Verfassungsgericht vorlegen, das dann nur über die vorgelegte Frage und nicht über den Prozess in der Sache entscheidet; nach der Entscheidung des Verfassungsgerichts wird das Verfahren vor dem Ausgangsgericht fortgeführt[47]. Zweitens kann eine der

---

46 Näher *Küpper, Herbert*: Ungarn: Devisenbasierte Verbraucherkredite. Textdokumentation mit Einführung, Wirtschaft und Recht in Osteuropa 2015 S. 82–88, 110-117, 145-149, 180-185; *Küpper, Herbert*: Von der liberalen Planwirtschaft zur illiberalen Marktwirtschaft: Vertragsstabilität und Vertragsdurchsetzung in Außenhandelsverträgen in Ungarn, in: *Küpper, Herbert / Schroeder, Friedrich-Christian* (Hrsg.): Offenheit und institutioneller Wandel: Vertragsstabilität und Vertragsdurchsetzung in Osteuropa, zur Veröffentlichung in den Studien des Instituts für Ostrecht München für 2019 vorgesehen.

47 Näher Punkt E.

Parteien oder sonst ein Betroffener eine letztinstanzliche gerichtliche Entscheidung darauf hin überprüfen lassen, ob sie seine Grundrechte verletzt. Auch im Rahmen einer solchen Urteilsverfassungsbeschwerde entscheidet das Verfassungsgericht nicht in der Sache, sondern prüft lediglich die Einhaltung der Verfassung. Ist diese verletzt, entscheidet nicht das Verfassungsgericht, sondern die ordentlichen Gerichte müssen den Fall neu entscheiden[48]. Konsequenterweise sind diese durch eine verfassungsgerichtliche Urteilsaufhebung veranlassten Wiederaufnahmeverfahren nicht im Verfassungsgerichtsgesetz geregelt, sondern in den fachgerichtlichen Verfahrensordnungen[49]. Beide Wege sind mithin kein Rechtsmittel, wenngleich die Urteilsverfassungsbeschwerde einige Züge eines Rechtsmittels trägt.

Aus der verfassungsrechtlichen Stellung des Verfassungsgerichts einerseits und der Kurie andererseits kann kein Über-/Unterordnungsverhältnis zwischen den beiden Gerichten abgeleitet werden. Zwar sind die Rechtsansichten des Verfassungsgerichts über die richtige Auslegung der Verfassung für die ordentliche Justiz bindend, so wie sie für jedermann Bindungswirkung entfalten. Umgekehrt entscheiden die ordentlichen Gerichte in letzter Instanz über die richtige Auslegung des einfachen Rechts, was wiederum das Verfassungsgericht im Grundsatz hinzunehmen hat[50].

C. Die verfassungsgerichtliche Kontrolle (ober)gerichtlicher Entscheidungen

Von den Kompetenzen, die das Verfassungsgericht 2011 neu erhalten hat, ist die Individualverfassungsbeschwerde gegen letztinstanzliche Gerichtsurteile gemäß Art. 24 Abs. 2 Buchst. d), Abs. 3 Buchst. b) GrundG, §§ 27-31 VerfGG die wichtigste.

Ihre innere Logik beruht darauf, dass auch die ordentlichen Gerichte bei der Entscheidung individueller Rechtsfälle die Verfassung zu beachten haben und dass ihre Urteile nicht gegen Grundrechte und andere Verfassungsvorschriften verstoßen dürfen: „Der Beschwerdeführer, der seinen grundrechtlichen Anspruch geltend macht, wendet sich in jedem Fall wegen eines solchen Grundrechtsschutzes an das Verfassungsgericht, den er von den ordentlichen Gerichten hätte erhalten sollen“[51].

---

48 Näher Punkt C.

49 §§ 427-428 ZPO; §§ 632-636 StPO; § 123 VwPO.

50 Näher Punkt D.

51 *Vissy, Beatrix*: A bírói döntések alkotmánybírósági felülvizsgálata mint a politikai hatalom korlátozásának eszköze? [Die verfassungsgerichtliche Überprüfung richterlicher

1. Restriktive Zulässigkeitsvoraussetzungen

Die Urteilsverfassungsbeschwerde ist an einige Zulässigkeitsvoraussetzungen gebunden, die gewährleisten sollen, dass sie ihre Funktion erfüllt: „dass das Verfassungsgericht (...) prüft, ob eine richterliche Entscheidung in einem Einzelfall eventuell gegen das Grundgesetz verstößt“[52].

Art. 24 Abs. 2 Buchst. d) GrundG ist nur zu entnehmen, dass der Gegenstand dieser Art der Verfassungsbeschwerde eine „richterliche Entscheidung“ ist. Die weiteren Zulässigkeitsvoraussetzungen präzisiert das Verfassungsgerichtsgesetz.

Der Gegenstand einer Urteilsverfassungsbeschwerde ist gemäß § 27 VerfGG eine „Entscheidung in der Sache oder eine sonstige Entscheidung, die das gerichtliche Verfahren beendet“. Damit sind verfahrensleitende und ähnliche Entscheidungen, die das Verfahren nicht zumindest in Teilen abschließen, von der Urteilsverfassungsbeschwerde ausgenommen. Selbst dann, wenn diese Entscheidungen eine eigene Beschwer verursachen, muss der Beschwerte das Endurteil abwarten, um Verfassungsbeschwerde einlegen zu können. Aus deutscher Sicht erstaunlich ist, dass das Verfassungsbeschwerde diese Regel strikt sogar in Haftfällen anwendet: Eine Verfügung des Haftrichters, die die Untersuchungshaft anordnet oder verlängert, ist keine endgültige Entscheidung und somit nicht beschwerdefähig, auch wenn sie den Betroffenen seiner Freiheit beraubt[53].

Allerdings ist nicht jedes Endurteil beschwerdefähig, sondern nur das letztinstanzliche. Gemäß § 27 Buchst. b) VerfGG muss der Beschwerdeführer die zur Verfügung stehenden Rechtsmittel ausschöpfen. Nur wenn keine (weiteren) Rechtsmittel zur Verfügung stehen, ist die Urteilsverfassungsbeschwerde zulässig. Welche Rechtsmittel im konkreten Fall zur Verfügung stehen, ergibt sich aus dem jeweiligen Verfahrensrecht. Zu beachten ist, dass nach ungarischem Zivil-, Straf- und Verwaltungsprozessrecht die Revision kein ordentliches, sondern ein außerordentliches Rechtsmittel ist. In Rechtskraft erwächst die zweit- (oder ggf. die erst-)instanzliche Entscheidung, und die Revision richtet sich gegen

---

Entscheidungen als ein Mittel der Beschränkung der politischen Gewalt?], in: *Gárdos-Orosz, Fruzsina / Szente, Zoltán* (Hrsg.): Alkotmánybíráskodás Magyarországon 2010 után [Verfassungsgerichtsbarkeit in Ungarn nach 2010], Budapest 2015, S. 349–372 (361-362).

52 So die Begründung der Regierung zu dem Grundgesetzentwurf, Art. 24 (Übersetzung von *Herbert Küpper*).

53 Verfassungsgerichtsverfügungen 3036/2013. (II. 12.) AB vom 12.2.2013, Alkotmánybírósági Határozatok (monatliche Rechtsprechungsübersicht des Verfassungsgerichts, in der Folge abgekürzt: ABK) 2013 Nr. 4; 3002/2014. (I. 24.) AB vom 24.1.2014, ABK 2014 Nr. 2, hierzu Aus Justiz und Rechtsprechung in Osteuropa 2014 S. 258.

ein rechtskräftiges Urteil. Weil die Revision ein außerordentliches Rechtsmittel ist, ist sie zur Erschöpfung des Rechtswegs nicht notwendig. Die Verfassungsbeschwerde ist bereits dann zulässig, wenn ein – mit der Revision angreifbares oder nicht angreifbares – rechtskräftiges Urteil der zweiten (wenn keine Berufung zulässig ist: der ersten) Instanz vorliegt[54]. Es ist sogar zulässig, gegen ein rechtskräftiges letztinstanzliches Urteil parallel Revision und Verfassungsbeschwerde einzulegen, und das Revisionsverfahren ist kein Grund, das Verfassungsbeschwerdeverfahren auszusetzen; falls das Verfassungsgericht schneller urteilt als die Kurie, wird dieser das Verfassungsgerichtsurteil zugestellt[55]. Eine solche Konstellation kommt in der Praxis nicht allzu häufig vor; die Mehrzahl der Urteilsverfassungsbeschwerden wird gegen das Revisionsurteil eingelegt[56]. Verfassungsbeschwerden gegen unterinstanzliche Endurteile kommen v.a. in Fällen vor, in denen die Revision wegen des geringen Streitwerts u.ä. unzulässig ist; hier wird die Verfassungsbeschwerde von vielen Rechtsuchenden als einziges (außerordentliches) Rechtsmittel angesehen.

Der Hintergrund des Erfordernisses der Erschöpfung des Rechtswegs ist offensichtlich: Die Justiz soll zunächst die Möglichkeit erhalten, selbst für Abhilfe zu sorgen. Nur wenn die ordentlichen Gerichte sich bis zur letzten Instanz nicht im Stande zeigen, eine Verfassungswidrigkeit abzustellen, soll das Verfassungsgericht eingreifen. Das Verfassungsgericht ist gemäß Art. 24 Abs. 1 GrundG das „oberste", aber eben nicht das einzige Organ des Schutzes der Verfassung. Das ergibt sich auch aus Art. 28 GrundG, der die Gerichte verpflichtet, das einfache Recht in Übereinstimmung mit dem Grundgesetz auszulegen.

In diesem Zusammenhang verlangt das Verfassungsgericht nicht, dass der Beschwerdeführer bereits im Ausgangsverfahren eine Grundrechtsverletzung

---

54 So schon für die Rechtssatzverfassungsbeschwerde nach altem Recht Verfassungsgerichtsentscheidung 23/1991. (V. 18.) AB vom 18.5.1991, ABH 1991 S. 361, dazu *Tilk* (Fn. 9), S. 86. Mit der Einführung der Urteilsverfassungsbeschwerde wurde diese Rechtsprechung auf diese Form der Verfassungsbeschwerde erweitert.

55 Verfassungsgerichtsurteil 3002/2018. (I. 10.) AB vom 10.1.2018, ABK 2018 Nr. 1.

56 Nach altem Recht wäre dies nicht möglich gewesen, denn die Frist zur Einlegung der Rechtssatzverfassungsbeschwerde begann mit dem Erhalt des „rechtskräftigen" Urteils zu laufen: § 48 Abs. 1-2 altes VerfGG, Verfassungsgerichtsentscheidung 23/1991. (V. 18.) AB (Fn. 54). Nach neuem Recht läuft die Verfassungsbeschwerdefrist hingegen ab dem Erhalt des „beanstandeten" Urteils, sodass es für den Beschwerdeführer unschädlich ist, zunächst Revision einzulegen und sich dann erst wegen des Revisionsurteils an das Verfassungsgericht zu wenden. Aus der Sicht der Subsidiarität der Verfassungsbeschwerde, die sich in dem Zulässigkeitserfordernis der Erschöpfung des Rechtswegs ausdrückt, ist eine vorherige Revision auch wünschenswert.

gerügt hat. Dies ist auch konsequent: Die konkrete Anwendung des einfachen Rechts gewinnt erst in dem letztinstanzlichen Urteil, meist im Urteil der Kurie, endgültige Gestalt, und damit zusammenhängende Verfassungsfragen aufzuwerfen dürfte dem Beschwerdeführer je nach Verfahrensverlauf erst in Kenntnis des Endurteils möglich sein. Die Möglichkeit einer nachträglichen Verfassungskontrolle ihrer Urteile durch das Verfassungsgericht dürfte zudem die Sensibilität der ordentlichen Gerichte gegenüber dem auf ihren Fall einwirkenden Verfassungsrecht steigern[57].

Beschwerdeberechtigt ist gemäß § 27 VerfGG, wer durch die richterliche Entscheidung in einer Einzelsache betroffen ist. Diese Betroffenheit wird durch das Verfassungsgerichtsgesetz nicht näher definiert. Da der Beschwerdegegenstand ein Gerichtsurteil ist, sind zunächst die Parteien des Gerichtsverfahrens betroffen. Betroffen sind des Weiteren die Personen, auf die sich gemäß dem einschlägigen Verfahrensrecht die Wirkung des Urteils erstreckt, etwa bei einer Nebenintervention oder Streitverkündung im Zivilprozess, bei dem sog. Interessierten im Verwaltungsprozess oder bei der Entscheidung über die Kostenerstattung von Zeugen, Sachverständigen, Dolmetschern u.ä[58].

Dieser Betroffene muss gemäß § 27 Buchst. a) VerfGG die Verletzung seiner im Grundgesetz gewährleisteten Rechte behaupten. Es genügt nicht, dass der Beschwerdeführer sich auf die Verletzung objektiven Verfassungsrechts – wie etwa des in vielen Verfassungsbeschwerden angeführten Rechtsstaatsgebots gemäß Art. B) Abs. 1 GrundG – beruft, sondern er muss die Verletzung ihm zustehender subjektiver Verfassungsrechte anführen. Insoweit eine Verfassungsbeschwerde nur oder auch die Verletzung objektiven Verfassungsrechts rügt, ist sie ganz oder in Teilen unzulässig.

Außerdem muss der Beschwerdeführer diese angebliche Grundrechtsverletzung substanziiert und mit einer detaillierten verfassungsrechtlichen Argumentation darlegen. Zahlreiche Beschwerden weist das Verfassungsgericht als unzulässig ab, weil sie diesen recht strengen Anforderungen nicht genügen.

§ 31 Abs. 2 VerfGG spezifiziert das Verfahrenshindernis der *res iudicata* für die Urteilsverfassungsbeschwerde. Diese ist dann unzulässig, wenn das Verfassungsgericht bereits im Hinblick auf denselben Beschwerdeführer, auf dieselbe

---

57 *Orbán* (Fn. 18), Magyar Jog 2016 S. 582–583.

58 *Gardós-Orosz*, *Fruzsina*: A bírói döntések ellen benyújtott alkotmányjogi panaszok befogadhatósága II – az Abtv. 27. §-a [Zulässigkeit von Verfassungsbeschwerden gegen richterliche Entscheidungen II – § 27 VerfGG], Alkotmánybírósági Szemle 2013/1, S. 82–89; *Naszladi*, *Georgina*: Az alkotmányjogi panasz első fél éve [Das erste halbe Jahr der Verfassungsbeschwerde], Közjogi Szemle 2012/4, S. 38–44 (S. 39–40).

Rechtsvorschrift und auf dasselbe Verfassungsrecht des Beschwerdeführers sowie dieselben verfassungsrechtlichen Zusammenhänge bereits entschieden hat, ist die Beschwerde unzulässig. Trotz dieser engen Umschreibung der res iudicata sind Abweisungen von Verfassungsbeschwerden aus diesem Grund nicht selten.

Die Beschwerdefrist beträgt 60 Tage ab Inempfangnahme des Gerichtsurteils. Allerdings erlaubt § 30 Abs. 3 VerfGG eine Wiedereinsetzung in den vorigen Stand, wovon das Verfassungsgericht selten Gebrauch macht. Nach Ablauf der Frist ist eine Beschwerde unzulässig. Einem parallelen Beschleunigungsgrundsatz unterliegt auch das verfassungsgerichtliche Verfahren: Das Verfassungsgericht hat gemäß § 30 Abs. 5 VerfGG über eine Verfassungsbeschwerde innerhalb einer „vernünftigen Frist" zu entscheiden, wobei das Verfassungsgericht in seiner Geschäftsordnung präzisiert hat, welcher Zeitrahmen hierunter zu verstehen ist: maximal 120 Tage für die Entscheidung über die Zulässigkeit, danach weitere maximal 180 Tage für die Entscheidung in der Sache[59]. Da das Verfassungsgericht nicht gegen seine eigenen Entscheidungen oder Unterlassungen angerufen werden kann und gegen eine verfassungsgerichtliche Verfahrensverzögerung auch kein ordentlicher Rechtsweg gegeben ist, haben § 30 Abs. 5 VerfGG und die Ausführungsregelungen in der Geschäftsordnung als lex imperfecta bestenfalls symbolisch-erzieherische Wirkung.

Aus dem Vorliegen der Zulässigkeitsvoraussetzungen ergibt sich nicht automatisch die Behandlung der Sache durch das Verfassungsgericht, sondern § 29 VerfGG sieht noch eine gesonderte Annahme durch das Verfassungsgericht vor. Im Fall einer Urteilsverfassungsbeschwerde erfolgt die Annahme, falls „eine Grundgesetzwidrigkeit die gerichtliche Entscheidung in der Sache beeinflusst"[60]. Damit ist der Ermessensspielraum des Verfassungsgerichts bei der Urteilsverfassungsbeschwerde – im Gegensatz zur Rechtssatzverfassungsbeschwerde – eher gering. Das wird mit der Funktion der Urteilverfassungsbeschwerde begründet, bei der der Grundrechtsschutz des Beschwerdeführers Vorrang vor verfassungspolitisch-rechtsstaatlichen, d.h. objektiven Erwägungen habe[61].

---

59 § 53 Plenarbeschluss 1001/2013. (II. 27.) AB Tü über die Geschäftsordnung des Verfassungsgerichts v. 27.2.2013, MK 2013 Nr. 33 S. 2814; dazu *Tóth, J. Zoltán*: A „valódi" alkotmányjogi panasz használatba vétele: az Abtv. 27. §-a szerinti panasz első két éve az Alkotmánybíróság gyakorlatában [Die Indienstnahme der „echten" Verfassungsbeschwerde: die ersten zwei Jahre der Beschwerde gemäß § 27 VerfGG in der Praxis des Verfassungsgerichts], Jogtudományi Közlöny 2014 S. 224–238 (S. 227).

60 § 29 1. Alt. VerfGG.

61 *Tilk* (Fn. 9), S. 87–88.

2. Keine „Superrevisionsinstanz“

Das Verfassungsgericht leitet aus diesen recht restriktiven Zulässigkeitsvoraussetzungen, insbesondere aus dem Erfordernis der Erschöpfung des Rechtsweges, die spezifische Rolle der Urteilsverfassungsbeschwerde und des Verfassungsgerichts ab. Die Urteilsverfassungsbeschwerde dient einzig der Kontrolle der Verfassungsmäßigkeit von Gerichtsentscheidungen. Ob das zugrunde liegende einfache Recht richtig angewendet wurde, gehört nicht zu den Fragen, die das Verfassungsgericht zu beurteilen hat, wie das Verfassungsgericht selbst in ständiger Rechtsprechung gebetsmühlenhaft wiederholt. Dieses Rollenverständnis drückt sich in dem aus Deutschland[62] übernommenen Topos aus, das Verfassungsgericht wolle und solle keine „Superrevisonsinstanz“ (szuper felülvizsgálati bíróság), keine „vierte reguläre Instanz“ sein.

Hierin spiegelt sich die Aufgabenteilung zwischen Verfassungsgericht und Kurie wieder: Das Verfassungsgericht wacht über die Einhaltung der Verfassung (Art. 24 Abs. 1 GrundG) und die Kurie über die Einhaltung des einfachen Rechts (Art. 25 Abs. 1 Satz 2 GrundG). Die Scheidelinie zwischen den Kompetenzen, aber auch dem Selbstverständnis des Verfassungsgerichts einerseits und der Kurie und der nachgeordneten Justiz andererseits verläuft mithin auf der Grenze zwischen Verfassungsrecht und einfachem Recht.

Aus der Ablehnung einer Rolle als „Superrevisionsinstanz“ fließt eine Verfassungsrechtsprechung, die diese Grenze nicht mechanistisch zieht, sondern auf den Gehalt der einzelnen Verfassungsbeschwerde abstellt. Daher weist das Verfassungsgericht seit der Einführung der Urteilsverfassungsbeschwerde den allergrößten Teil der eingereichten Verfassungsbeschwerden als unzulässig zurück, weil sie in der Sache die falsche Anwendung des einfachen materiellen oder Prozessrechts rügen[63]. Dabei lässt sich das Verfassungsgericht auch nicht von einer verfassungsrechtlichen Fassade blenden, d.h. es vermeidet die „rechtsstaatliche Falle“, in jeder falschen Rechtsanwendung zugleich einen Verfassungsverstoß zu sehen. Nicht jede Verletzung des einfachen Verfahrensrechts stellt eine Verletzung des Grundrechts auf ein faires Gerichtsverfahren gemäß Art. XXVIII. Abs. 1 GrundG oder auf gerichtlichen Rechtsschutz gemäß Art. XXVIII. Abs. 7 GrundG dar, nicht jede falsche Anwendung des einfachen Rechts bewirkt für die infolge dessen unterlegene Partei eine Verletzung ihrer Grundrechte auf Gleichbehandlung (Art. XV. GrundG), Eigentum (Art. XIII. GrundG),

---

62 Näher hierzu der Länderbericht zu Deutschland in diesem Band, insbesondere Punkt C. 2.

63 *Tóth* (Fn. 59), Jogtudományi Közlöny 2014 S. 230–232.

Unternehmer- oder Berufsfreiheit (Art. XII. GrundG), persönliche Freiheit (Art. IV. Abs. 1 GrundG), guten Ruf (Art. VI. Abs. 1 GrundG), Familienleben (Art. VI. Abs. 1 GrundG), Schutz der persönlichen Daten (Art. VI. Abs. 2 GrundG) oder des sonst in der Sache durch das Gerichtsurteil betroffenen Grundrechts[64]. Das Verfassungsgericht verweigert sich somit bereits auf der Ebene der Zulässigkeit der Konstitutionalisierung der Anwendung des einfachen Rechts und lehnt Urteilsverfassungsbeschwerden als unzulässig ab, wenn die aufgeworfene Frage der Sache nach zum einfachen Recht gehört.

Es zeichnet sich eine Rechtsprechungslinie ab, die an die deutsche Ausnahme der willkürlichen Rechtsanwendung[65] erinnert: Wenn die Anwendung des einfachen Rechts durch das Prozessgericht *prima facie* falsch ist, v.a. weil die einschlägige Vorschrift nicht angewendet wurde, dann behandelt das Verfassungsgericht die diesbezügliche Verfassungsbeschwerde als zulässig. Der dogmatische Anknüpfungspunkt für die mit der Willkür einhergehenden Grundrechtsverletzung ist allerdings anders als in Deutschland nicht der Gleichheitssatz, sondern das Recht auf ein faires Verfahren[66]. Diese Rechtsprechungslinie steckt noch in ihren Anfängen, und es bleibt abzuwarten, ob sie sich zu einer dogmatisch untermauerten und systematisierten Ausnahme von der verfassungsgerichtlichen Weigerung, die falsche Anwendung des einfachen Rechts als zulässigen Fall einer Urteilsverfassungsbeschwerde zu akzeptieren, entwickelt.

Die Prüfung, ob eine Verfassungsbeschwerde tatsächlich eine Verfassungsverletzung behauptet oder ob hinter der verfassungsrechtlichen Fassade die falsche Anwendung des einfachen Prozess- oder materiellen Rechts gerügt wird, ist für das Verfassungsgericht im Wesentlichen eine Prüfung im Einzelfall[67]. Eine dogmatische Figur des „spezifischen Verfassungsrechts" hat das Verfassungsgericht hieraus nicht entwickelt, sondern es argumentiert bezogen auf den individuellen Fall. Der Sache nach kann man aber die ungarische Rechtsprechungslinie durchaus mit dem deutschen „spezifischen Verfassungsrecht"[68] vergleichen.

Diese einzelfallkonzentrierte Betrachtungsweise hat den Nachteil, dass immer wieder „Ausrutscher" vorkommen, in denen sich das Verfassungsgericht

64 Ausführlich zu der einschlägigen Verfassungsrechtsprechung s. *Küpper* (Fn. 21), S. 114–115; *Orbán* (Fn. 18), Magyar Jog 2016 S. 586–587.

65 Hierzu s. den Länderbericht zu Deutschland in diesem Band, Punkt C. 3.

66 Verfassungsgerichtsentscheidung 20/2017. (VII. 18.) AB vom 18.7.2017, ABH 2017 S. 463.

67 So ausdrücklich Rn. 33 der Verfassungsgerichtsentscheidung 7/2013. (III. 1.) AB vom 1.3.2013, ABH 2013 S. 293.

68 Näher hierzu der Länderbericht zu Deutschland in diesem Band, Punkt C. 2.

unnötig tief auf Ausführungen zum einfachen Recht einlässt. Derartige Fehltritte gegenüber der eigenen Linie kommen in Erörterungen sowohl zur Zulässigkeit als auch zur Begründetheit von Urteilsverfassungsbeschwerden vor. Sie sind jedoch vereinzelte Fehlentscheidungen, die die grundsätzliche Linie nicht in Frage stellen[69]. Sie kommen gehäuft bei Verfassungsrichtern vor, deren beruflicher Hintergrund in der ordentlichen Justiz liegt; diese finden es wohl besonders schwer, sich eigener Stellungnahmen zum einfachen Recht zu enthalten.

Im Vergleich zu Tschechien bleibt festzuhalten, dass beide Verfassungsgerichte ihre Rolle darin sehen, dass sie als ultima ratio zur Verfügung stehen, dass zunächst die vorhandenen Rechtsmittel auszuschöpfen sind und dass das Verfassungsgericht nur die verfassungsrechtliche, nicht aber die einfach-rechtliche Seite der richterlichen Rechtsanwendung beurteilt. Während das tschechische Verfassungsgericht dies unter das Stichwort der Subsidiarität subsumiert und aus diesem Konzept heraus seine restriktive Rechtsprechung zur Zulässigkeit der verfassungsgerichtlichen Kontrolle gerichtlicher Entscheidungen entwickelt, rezipierte das ungarische Verfassungsgericht aus Deutschland die Ablehnung der Rolle der „Superrevisionsinstanz", um in der Sache zu vergleichbaren Ergebnissen wie sein tschechisches Pendant zu kommen[70].

3. Wirkungen des verfassungsgerichtlichen Urteils

Die Wirkungen eines positiven Urteils in einer Urteilsverfassungsbeschwerde regelt verfassungsunmittelbar Art. 24 Abs. 3 Buchst. b) GrundG, ergänzt durch § 43 Abs. 1 VerfGG: Das Verfassungsgericht hebt die verfassungswidrige gerichtliche Entscheidung auf. Insofern ist das Verfassungsgericht auch der Kurie übergeordnet. Es darf deren Urteile aufheben, sofern diese einen Verfassungsverstoß beinhalten. Hierin drückt sich aber weniger eine Überordnung des Verfassungsgerichts über die Kurie aus, sondern vielmehr der Primat der Verfassung gemäß Art. R) Abs. 1-2, Art. T) Abs. 3 GrundG aus.

Das Weitere ergibt sich aus den Verfahrensordnungen[71], auf die § 43 Abs. 2 VerfGG verweist. Da es durch die verfassungsgerichtliche Aufhebung des Gerichtsurteils an einem Endurteil fehlt, ist der Rechtsstreit noch offen[72]. Ihn

---

69 *Küpper* (Fn. 21), S. 114.

70 Näher hierzu der Länderbericht zu Tschechien in diesem Band, insbesondere Punkt B. 2.-3.

71 Nachweise in Fn. 49.

72 § 43 Abs. 4 VerfGG erlaubt zudem die Aufhebung der Verwaltungsakte und Urteile der Vorinstanzen, sodass das Verfassungsgericht tatsächlich eine „tabula rasa" schaffen kann, wenn es dies für notwendig erachtet.

zu entscheiden ist Sache nicht des Verfassungsgerichts, sondern der zuständigen Fachgerichte. Diese haben gemäß § 43 Abs. 3 VerfGG den Rechtsstandpunkt des Verfassungsgerichts einzubeziehen. Dass in die gerichtliche Neuentscheidung des Rechtsstreits die verfassungsrechtlichen Aspekte so, wie sie vom Verfassungsgericht gesehen werden, einfließen müssen, betont auch die Kurie[73]. In der Praxis folgen die ordentlichen Gerichte einschließlich der Kurie dieser Vorgabe und übernehmen ohne weiteres Nachfragen den Rechtsstandpunkt des Verfassungsgerichts. Diese Art des Umgangs mit Verfassungsgerichtsurteilen unterscheidet sich nicht von der Art und Weise, wie Gerichte mit Rechtsvorschriften umgehen. Sie werden positivistisch angewandt, aber nicht hinterfragt. Dies ist ein augenfälliger Gegensatz zu Tschechien, wo sich über die Frage der Bindungswirkung verfassungsgerichtlicher Urteilsaufhebungen ein oft spannungsreicher, aber in der Sache fruchtbarer Dialog zwischen Verfassungsgericht und ordentlicher Gerichtsbarkeit entwickelt hat[74].

D. Die Grenze zwischen Verfassungsrecht und einfachem Recht als Kompetenzabgrenzung

Es wurde bereits mehrfach deutlich, dass die Grenze zwischen der Verfassung und dem einfachen Recht sehr wichtig für das Verhältnis zwischen dem Verfassungsgericht und der Kurie ist. Der Schutz der Verfassung ist in letzter Instanz dem Verfassungsgericht anvertraut, während die Kurie über die Richtigkeit der Anwendung des einfachen Rechts wacht. Diese Trennlinie zieht das neue Recht noch strikter als das alte, denn die Reform von 2011 hat einige ihrem Wesen nach verwaltungsgerichtliche Zuständigkeiten wie die Kontrolle, ob kommunale Satzungen mit dem Gesetz übereinstimmen, dem Verfassungsgericht weggenommen und statt dessen auf die auch die Verwaltungsgerichtsbarkeit wahrnehmende ordentliche Justiz übertragen[75].

---

73 Kurie, Grundsatzentscheidung in bürgerlichen Sachen P.9, Kúriai Döntések (Entscheidungssammlung der Kurie) 2016/8. Generell zur Umsetzung verfassungsgerichtlicher Urteile durch die ordentliche Justiz *Ződi, Zsolt / Lőrincz, Viktor*: Az Alaptörvény és az alkotmánybírósági gyakorlat megjelenése a rendes bíróságok gyakorlatában [Das Grundgesetz und die verfassungsgerichtliche Praxis in der Praxis der ordentlichen Gerichte], MTA (Akademie der Wissenschaften) Law Working Paper 2017 Nr. 22, http://jog.tk.mta.hu/uploads/files/2017_22_Zodi_Lorincz.pdf.

74 Dazu s. den Länderbericht zu Tschechien in diesem Band, Punkt C.

75 Hierzu unlängst *Manhertz, Tamás István*: A Kúria és az Alkotmánybíróság konkrét normakontroll jellegű hatásköre az önkormányzati rendeletek vizsgálata tükrében [Zuständigkeiten der Kurie und des Verfassungsgerichts von der Art der konkreten

1. Die Bestimmung des Inhalts des einfachen Rechts: „lebendes Recht"

Entsprechend der normenpositivistischen Grundhaltung der ungarischen Rechtsprechung und auch Rechtswissenschaft[76] zieht man diese Grenze entlang den Rechtsvorschriften. Verfassungsrecht ist, was im Grundgesetz steht[77]. Der Rest ist einfaches Recht. Die Verschränkungen zwischen Verfassungsrecht und einfachem Recht, die geeignet sind, die Grenze zwischen den beiden Rechtsmassen zu verwischen und daher auf das Verhältnis von Bundesverfassungsgericht und obersten Bundesgerichten durchzuschlagen und die die Rechtswissenschaft, die Verfassungs- und die fachgerichtliche Rechtsprechung in Deutschland beschäftigen[78], werden in Ungarn praktisch nicht thematisiert. In Ungarn bleibt es bei der formalen und formalistischen Sonderung der Rechtsmassen nach Rechtsquellen[79].

Dabei stellte sich in der ungarischen Verfassungsrechtsprechung relativ früh die Frage, wie sich das Verfassungsgericht zum Inhalt des einfachen Rechts zu verhalten habe. Im Rahmen der Normenkontrolle kommt das Verfassungsgericht nicht umhin, den Inhalt der kontrollierten Norm festzustellen, denn von ihm hängt es ab, ob die Norm verfassungskonform oder verfassungswidrig ist. Bei klar formulierten Rechtsvorschriften entnimmt das Verfassungsgericht den

---

Normenkontrolle im Spiegel der Überprüfung kommunaler Satzungen], Közjogi Szemle 2018/1, S. 48–53.

76 *Jakab, András / Hollán, Miklós*: Die dogmatische Hinterlassenschaft des Sozialismus im heutigen Recht: Das Beispiel Ungarn, Jahrbuch für Ostrecht 46 (2005) S. 11–40 (S. 22–24); *Küpper, Herbert*: Einführung in das ungarische Recht, München, Wien 2011, S. 30–31.

77 Auf theoretischer Ebene stellen „verfassungswidrige Verfassungsänderungen" einen Zweifelsfall dar. Zur verfassungsgerichtlichen Kontrolle von Verfassungsänderungen s. *Csink, Lóránt / Fröhlich, Johanna*: Egy alkotmány margójára. Alkotmányelméleti és értelmezési kérdések az Alaptörvényről [Randbemerkungen zu einer Verfassung. Verfassungstheoretische und Auslegungsfragen über das Grundgesetz], Budapest 2012, S. 59–62; *Küpper* (Fn. 21), S. 108–110; *Sólyom, László*: Normenhierarchie in der Verfassung und verfassungswidrige Verfassungsänderungen, Jahrbuch für Ostrecht 55 (2014) S. 11–24; *Zsugyó, Virág*: Az alkotmányellenes alkotmánymódosítás egyes elméleti kérdései az alkotmányosság tükrében [Einige theoretische Fragen der verfassungwidrigen Verfassungsänderung im Spiegel der Verfassungsmäßigkeit], Állam- és Jogtudomány 2017/3 S. 99–122.

78 Dazu s. den Länderbericht zu Deutschland in diesem Band, Punkt D. 1.

79 Die Rechtsquellen des einfachen Rechts regeln Art. T) und Art. Q) Abs. 2-3 GrundG recht ausführlich.

Inhalt der Norm deren Wortlaut. Bei den zahlreichen Vorschriften, die Auslegungsspielräume eröffnen, musste das Verfassungsgericht alsbald dazu Stellung nehmen, wer festlegt, welcher der möglichen Norminhalte für die Verfassungsprüfung zugrunde gelegt wird. Mit anderen Worten: Wer legt fest, welche der möglichen Auslegungen im verfassungsgerichtlichen Verfahren geprüft werden, d.h. den Verfahrensgegenstand im Normenkontrollverfahren bildet?

Von Beginn an hat das Verfassungsgericht es nicht als seine Aufgabe angesehen, auslegungsfähiges und auslegungsbedürftiges einfaches Recht selbst auszulegen. Rechtsvorschriften, zu denen es noch keine Praxis gibt, z.B. Gesetzesbeschlüsse in der präventiven Normenkontrolle oder Gesetze in einer unmittelbar nach Erlass stattfindenden nachträglichen Normenkontrolle, lässt das Verfassungsgericht im Wesentlichen von dem Normgeber auslegen, indem es die Gesetzgebungsmaterialien und insbesondere auch die Stellungnahmen des Erlassorgans, der Regierung und ggf. anderer befasster Stellen[80] heranzieht und meist seiner Entscheidung zugrunde legt.

Bei älteren Rechtsvorschrift, zu denen sich bereits eine Rechtspraxis entwickelt hat, greift das Verfassungsgericht auf den Norminhalt zurück, den die einschlägige Rechtsprechung entwickelt hat. Dieser verfassungsgerichtliche Respekt vor dem Primat der fachgerichtlichen Auslegung des einfachen Rechts wurde bereits 1991 in der dogmatischen Figur des sog. „lebenden Rechts" (élő jog) konsolidiert[81], wobei sich das Verfassungsgericht möglicherweise an der italienischen Verfassungsrechtsprechung orientierte[82]. „Lebendes Recht" bedeutet, dass das Verfassungsgericht im Zuge seiner Prüfung einer Rechtsnorm den Inhalt zuweist, den sie in der gerichtlichen (oder sonstigen relevanten) Praxis hat. Das Verfassungsgericht legt die zu prüfende Norm mithin nicht selbst aus, sondern legt die in der Rechtspraxis allgemein gebräuchliche Auslegung zugrunde. Schließlich schafft die Rechtsvorschrift mit diesem Inhalt Rechte und Pflichten, weshalb dieser Inhalt den Ausgangspunkt der verfassungsgerichtlichen Prüfung bildet.

---

80 § 25 Abs. 2 Satz 1 altes VerfGG; Art. 24 Abs. 7 GrundG i.d.F. ab dem 1.4.2013 i.V.m. § 57 Abs. 1, 1b-1d VerfGG.

81 Zuerst in Verfassungsgerichtsentscheidung 57/1991. (XI. 8.) AB (Fn. 11). Zum „lebenden Recht" s. *Sólyom*, Az alkotmánybíráskodás kezdetei (Fn. 10), S. 296–299; *Jakab, András*: § 32/A Rn. 104-108, sowie *Küpper, Herbert*: § 45 Rn. 55, in: *Jakab*, Az Alkotmány kommentárja (Fn. 14).

82 Zum „diritto viviente" und seine Wirkung auf die osteuropäische Verfassungsrechtsprechung s. *de Visser, Maartje*: Constitutional Review in Europe. A Comparative Analysis, Oxford, Portland (Oregon) 2014, S. 286–291.

Allerdings weckte diese Rechtsprechung zum „lebenden Recht" zunächst auch Befürchtungen in der ordentlichen Justiz. Wenn das Verfassungsgericht den Norminhalt der ordentlichen Rechtsprechung zu Grunde legt, wäre es dann im Falle der Verfassungswidrigkeit nicht konsequent, die entsprechenden Gerichtsurteile für verfassungswidrig zu erklären? Diesen Schritt hat das Verfassungsgericht aber nicht getan. Es beschränkt sich darauf, eine Rechtsvorschrift, deren in ständiger Rechtsprechung entwickelter und praktizierter Inhalt gegen die Verfassung verstößt, für verfassungswidrig zu erklären. Die einfach-gerichtliche Rechtsprechung zieht das Verfassungsgericht nur zur Klärung des Norminhaltes heran, sie wird aber selbst nicht ausdrücklich für verfassungswidrig erklärt.

2. Die Bestimmung des verfassungsrechtlichen Rahmen des einfachen Rechts: „verfassungsrechtliche Anforderungen"

Der verfassungsgerichtliche Rückgriff auf das „lebende Recht" entschärfte in vielen Fällen potenzielle Konflikte mit der ordentlichen Gerichtsbarkeit. Diese Figur präsentiert jedoch keine Lösung, wenn bei mehreren möglichen Auslegungen der geprüften Rechtsvorschrift einige noch verfassungskonform und andere schon verfassungswidrig sind. In dieser Konstellation hat das ungarische Verfassungsgericht unter Anlehnung an die deutsche Figur der verfassungskonformen Auslegung[83] die von ihm so genannten „verfassungsrechtlichen Anforderungen" (alkotmányos követelmények) entwickelt; der Begriff der „verfassungskonformen Auslegung" (alkotmánykonform értelmezés) ist für dieses Phänomen ebenfalls gebräuchlich.

Der Begriff der „verfassungsrechtlichen Anforderungen" geht auf eine Verfassungsgerichtsentscheidung aus dem Jahr 1993 zurück, als das Verfassungsgericht über die Verfassungsmäßigkeit einiger gesetzlicher Vorschriften über die Richterernennung zu befinden hatte. Der Wortlaut dieser Vorschriften räumte Organen, die nicht zur Judikative gehörten, einen breiten Ermessensspielraum bei richterlichen Karriereentscheidungen ein. Das Verfassungsgericht wollte die Vorschriften nicht aufheben, weil sie bei einer entsprechenden Selbstdisziplin der Ernennungsorgane durchaus noch mit der Gewaltenteilung vereinbar waren. Deshalb formulierte es bereits im Tenor, dass die angegriffenen Vorschriften bei Einhaltung bestimmter „verfassungsrechtlicher Anforderungen" verfassungskonform waren[84]. Der Grund hierfür war im Wesentlichen derselbe, der auch

83 Näher hierzu der Bericht zu Deutschland in diesem Band, Punkt D. 3.

84 Verfassungsgerichtsentscheidung 38/1993. (VI. 11.) AB, ABH 1993 S. 256. Näher *Bitskey, Botond / Török, Bernát* (Hrsg.): Az alkotmányjogi panasz kézikönyve [Handbuch

das deutsche Verfassungsgericht zur Entwicklung dieser Figur bewogen hat: Der Respekt vor dem demokratisch legitimierten Gesetzgeber und die Grundvermutung, dass dieser gemäß Treu und Glauben vorgehen und verfassungskonforme Gesetze erlassen will[85], erlaubt nur dann, ein Gesetz für verfassungswidrig zu erklären, wenn es in keiner Hinsicht vor der Verfassung Bestand hat.

Dieser Respekt vor dem demokratischen Gesetzgeber wiegt auch für das ungarische Verfassungsgericht letztlich schwerer als die Einhaltung des Auslegungsmonopols der ordentlichen Gerichte für das einfache Recht. Die Problematik ist dieselbe wie auch z.B. in Deutschland: Mit der Formulierung von verfassungsrechtlichen Rahmenbedingungen für die Auslegung des einfachen Rechts gibt das Verfassungsgericht einen Rahmen für die gerichtliche Rechtsauslegung vor und macht damit Aussagen zu einem Gebiet, das als originäre Domäne der ordentlichen Gerichte gilt. Der Ausweg des ungarischen Verfassungsgerichts ist derselbe wie des deutschen Bundesverfassungsgerichts. Das Verfassungsgericht argumentiert nicht von der untersuchten Norm des einfachen Rechts, sondern von den verfassungsrechtlichen Rahmenbedingungen aus. Auf diese Weise legt es nicht primär die Norm aus, sondern beschreibt einen Bereich, innerhalb dessen die möglichen Auslegungen noch verfassungskonform sind. Im Extremfall engt es damit den Bereich der legitimen gerichtlichen Auslegungen jedoch so sehr ein, dass der ordentlichen Justiz nur noch eine einzige Variante bleibt.

In den ersten Jahren stieß die Formulierung verfassungsrechtlicher Anforderungen auf den Widerstand der ordentlichen Gerichte und in der Rechtswissenschaft v.a. der Zivilrechtler. Insbesondere die Kombination aus lebendem Recht und verfassungsrechtlichen Anforderungen wurde mit Misstrauen beäugt: Wenn das Verfassungsgericht die bisherige Anwendungspraxis für verfassungswidrig erklärte und gleichzeitig andere Auslegungsvarianten noch für verfassungskonform hielt, dann war es sehr nah an einer eigenen Auslegung des einfachen Rechts. Jedoch führten auch in dieser Konstellation die von der Verfassung ausgehende Argumentation des Verfassungsgerichts, eine zurückhaltende Handhabung der Figur der verfassungskonformen Auslegung und die Gewöhnung von Justiz und Rechtswissenschaft an die verfassungsgerichtliche Normenkontrolle zu einem allseits akzeptierten Modus vivendi zwischen Verfassungsgericht und Oberstem Gericht bzw. Kurie. Seit dem Erlass des neuen

---

der Verfassungsbeschwerde], Budapest 2015, S. 224–227; *Brunner* in *Brunner/Sólyom* (Fn. 10), S. 33–34; *Chonowski, Nóra*: Az alkotmánykonform értelmezés és az Alaptörvény [Die verfassungskonforme Auslegung und das Grundgesetz], Közjogi Szemle 2017/4, S. 7–15; *Sólyom*, Az alkotmánybíráskodás kezdetei (Fn. 10), S. 364–372.

85 Das neue Grundgesetz positiviert diese Grundvermutung in Art. 28 Satz 2 GrundG.

Verfassungsgerichtsgesetzes von 2011 ist die Befugnis des Verfassungsgerichts zur Formulierung verfassungsrechtlicher Anforderungen in § 46 Abs. 3 VerfGG positiviert und wird daher von der Justiz und der Rechtswissenschaft nicht mehr in Frage gestellt.

Einen Ausweg für das Verfassungsgericht, wenn es weder die Verfassungswidrigkeit einer Norm feststellen noch im Wege der verfassungsrechtlichen Anforderungen deren Auslegung allzusehr festzurren will, ist die Feststellung einer durch gesetzgeberisches Unterlassen hervorgerufenen Verfassungswidrigkeit. So kann das Verfassungsgericht z.B. eine gesetzliche Eingriffsermächtigung wegen Unverhältnismäßigkeit als verfassungswidrig aufheben oder bei ihrer Anwendung die Beachtung des rechtsstaatlichen Verhältnismäßigkeitsgrundsatzes vorgeben, aber es kann auch feststellen, dass der Gesetzgeber eine Verfassungswidrigkeit begangen hat, indem er es unterlassen hat, die gesetzliche Eingriffsermächtigung mit einer Härteklausel zu versehen, die die vom Rechtsanwender zu beachtenden Verhältnismäßigkeitsgesichtspunkte vorgibt. Im letzteren Fall setzt das Verfassungsgericht dem Gesetzgeber eine Frist, innerhalb derer er den verfassungswidrigen Zustand zu beenden hat. Das seit 2011/12 geltende neue Recht hat die Zulässigkeit eines solchen Verfahrens stark eingeschränkt, aber § 46 Abs. 1 VerfGG erlaubt dem Verfassungsgericht weiterhin, im Rahmen eines zulässigen Verfahrens, z.B. auf die Vorlage eines Gerichts oder auf eine Urteilsverfassungsbeschwerde hin, legislatives Unterlassen, das zu einer Verfassungswidrigkeit führt, zu beanstanden[86].

E. Die Richtervorlage

Die Richtervorlage ist ein weiterer Fall, in denen die Gleichung Verfassungsrecht = Zuständigkeit des Verfassungsgerichts und einfaches Recht = Zuständigkeit der ordentlichen Gerichte in dieser Einfachheit nicht stimmt. Diese Verfahrensart gehört zu denen, die 1989/90 gleich mit der Errichtung des Verfassungsgerichts geschaffen wurden.

1. Wahrnehmungs-, Prüfungs- und Vorlagepflicht der einfachen Gerichte

Art. 24 Abs. 2 Buchst. b) GrundG i.V.m. § 25 VerfGG ermöglicht es den ordentlichen Gerichten, ein Verfahren auszusetzen und die Frage der Verfassungsmäßigkeit einer anzuwendenden Norm dem Verfassungsgericht vorzulegen.

86 Hierzu *Bitskey / Török* (Fn. 84), S. 227–228.

Eine Voraussetzung gemäß § 25 Abs. 1 VerfGG ist, dass das Prozessgericht die Verfassungswidrigkeit einer von ihm anzuwendenden Rechtsvorschrift „wahrnimmt"[87]. Diese Wortwahl weist bereits darauf hin, dass die ordentlichen Gerichte ihrerseits in der Pflicht stehen, die anzuwendenden Rechtsvorschriften daraufhin zu überprüfen, ob sie verfassungskonform sind. Hieran mussten sich die Gerichte nach der Wende erst gewöhnen, und gerade Zivilrichter fremdeln noch immer mit dieser Aufgabe. Die Mehrzahl der Vorlagen stammt aus Verwaltungs-, Arbeits- oder Sozialstreitigkeiten sowie aus der Strafrechtspflege, wo insbesondere das Strafverfahrensrecht immer wieder Anlass zu Vorlagen an das Verfassungsgericht bietet – wohl nicht zuletzt deswegen, weil das Strafverfahren in besonders weitem Umfang verfassungsrechtlich vorgeprägt und reguliert ist.

Das Problem wurde insbesondere in der Nachwendezeit noch durch den Umstand verstärkt, dass die Prüfungs- und Vorlagepflicht nicht nur das oberste Gericht trifft wie z.B. in Bulgarien oder Moldova, sondern dass die konkrete Normenkontrolle alle Gerichte, auch die erstinstanzlichen, in die Pflicht nimmt. Die ungarischen Untergerichte pflegten und pflegen bis heute einen sehr positivistischen und unkritischen Rechtsanwendungsstil; hinzu kommt, dass im Sozialismus der Richterberuf eher die schwächeren als die besseren Absolventen anzog, weshalb wiederum v.a. an den Untergerichte das dogmatische Niveau und das selbstständige Denken nicht sehr ausgeprägt waren – ein Missstand, der sich erst langsam durch die Anhebung des Prestiges des Richterberufs und durch den Generationenwechsel abmildert. Aber auch heute noch fühlen sich viele Richter an den unteren Gerichten von der von ihnen als „fachfremd" empfundenen Aufgabe, anzuwendendes Recht auf seine Kompatibilität mit höherrangigem Recht und letztlich mit der Verfassung hin zu prüfen, überfordert.

In der Praxis sind es daher nicht selten die Parteien, die verfassungsrechtliche Argumente in das Verfahren einführen und so zu der Wahrnehmung des Gerichts führen[88]. Die Parteien haben aber keinen Anspruch auf Vorlage[89]. Wenn sich das Gericht allerdings den verfassungsrechtlichen Argumenten der Parteien verschließt, steht diesen gegen das Urteil die Urteilsverfassungsbeschwerde zu.

Falls das Prozessgericht eine solche Verfassungswidrigkeit wahrnimmt oder das Verfassungsgericht sie in einer anderen Sache hinsichtlich dieser Rechtsvorschrift ausgesprochen hat, ist es zur Vorlage verpflichtet. Das geht aus dem Indikativ in § 25 Abs. 1 VerfGG hervor, wonach das Gericht, falls es eine

87 So auch schon § 38 Abs. 1 altes VerfGG.

88 Das geht z.B. deutlich aus Rn. 31-37 der Verfassungsgerichtsentscheidung 25/2015. (VII. 21.) AB vom 21.7.2015, ABH 2015 S. 596, hervor.

89 Näher hierzu *Küpper* (Fn. 21), S. 102.

Verfassungswidrigkeit wahrnimmt, das Verfahren beim Verfassungsgericht „beantragt" (kezdeményezi) und nicht etwa „beantragen kann"[90].

Dem Wortlaut des ungarischen Verfassungsprozessrechts nach muss die vorzulegende Vorschrift nicht zwingend entscheidungserheblich sein. Art. 24 Abs. 2 Buchst. b) GrundG, § 25 Abs. 1 VerfGG stellen darauf ab, dass die Vorschrift in dem Verfahren anzuwenden ist. Wenn man „anwenden" nicht so auslegt, dass dies nur die entscheidungserhebliche Anwendung betrifft, dann kann es in Ungarn anders als z.B. in Deutschland dazu kommen, dass ein Gericht auch solche Vorschriften vorlegen muss, die in seinem Verfahren zwar eine Rolle spielen, auf deren Verfassungsmäßigkeit oder Verfassungswidrigkeit es jedoch für den Ausgang des Verfahrens nicht zwingend ankommt. In der Praxis nimmt das Verfassungsgericht nur solche Richtervorlagen als zulässig an, in denen die vorgelegte Norm sich unmittelbar auf das Ergebnis des Prozesses auswirkt, denn es will verhindern, dass über die Hintertür der Richtervorlage die abgeschaffte Popularklage fortgeführt wird[91]. Im Einzelfall wird eine Richtervorlage, die eine nicht entscheidungserhebliche Norm vorlegt, auch als unbegründet (anstatt wie es richtig wäre, als unzulässig) abgewiesen[92].

Überhaupt ist das ungarische Verfassungsgericht mittlerweile – nach einer zunächst eher vorsichtigen Phase – vergleichsweise großzügig bei der Zulässigkeit von Richtervorlagen[93]. Anders als sein deutsches Pendant verwendet es die Zulässigkeitsvoraussetzungen dieser Verfahrensart nicht dazu, potenzielle Vorlagen abzuschrecken, sondern es will v.a. verhindern, dass die abgeschaffte Popularklage durch die Hintertür wieder eingeführt wird. Im Ergebnis liegen die absoluten Zahlen in Ungarn etwas höher als in Deutschland. So wurden im Jahr 2017 in insgesamt 48 Fällen konkrete Normenkontrollanträge gestellt; 2016 waren es 64 und 2015 insgesamt 65[94].

---

90 Zu der leicht abweichenden Handhabung in Tschechien s. den Länderbeitrag zu Tschechien in diesem Band, Punkt D.

91 So ausdrücklich z.B. Verfassungsgerichtsentscheidung 3192/2014. (VII. 15.) vom 15.7.2014, ABK 2014 Nr. 20; hierzu s. auch *Küpper* (Fn. 21), S. 102–103.

92 So z.B. Verfassungsgerichtsentscheidung 3168/2014. (VI. 3.) AB vom 3.6.2014, ABK 2014 Nr. 17.

93 Ein Gegenbeispiel ist z.B. Verfassungsgerichtsentscheidung 25/2015. (VII. 21.) AB (Fn. 88).

94 Statistische Angaben entnommen der Webseite des ungarischen Verfassungsgerichts: https://alkotmanybirosag.hu/ugyforgalmi-es-statisztikai-adatok?ev=2017. Zu den deutschen Fallzahlen s. den Länderbericht zu Deutschland in diesem Band, Punkt E. Zu den ungarischen Fallzahlen der übrigen Verfahrensarten s. Fn. 20.

2. Kooperationsverhältnis zwischen Verfassungsgericht und Vorlagegericht

Die konkrete Normenkontrolle geht nicht nur mit (Wahrnehmungs- und Vorlage-) Pflichten der einfachen Gerichte und einer korrespondierenden Kompetenz des Verfassungsgerichts einher, sondern ist – wenn auch ohne förmliche gegenseitige Rechte und Pflichten – als echtes Kooperationsverhältnis ausgestaltet. Dazu gehört einerseits, dass das Vorlagegericht seine Entscheidung über die Vorlage in richterlicher Unabhängigkeit nach sachgemäßem Ermessen trifft[95], dass das Verfassungsgericht nicht selbst das einfache Recht und seinen Inhalt ermittelt, sondern es gehört zu den Zulässigkeitsvoraussetzungen der Richtervorlage, dass das einfache Recht durch das Vorlagegericht aufbereitet wird[96]. So hält das Verfassungsgericht selbst seine Einwirkungen in das einfache Recht möglichst gering.

Aus diesem Grund weigert sich das Verfassungsgericht regelmäßig, Fragen des Vorlagegerichts zum einfachen Recht zu beantworten. Immer wieder kommt es vor, dass ein Vorlagegericht sich widersprechende Vorschriften im einfachen Recht aufzufinden meint und unter Berufung auf die rechtsstaatlich verlangte Normenklarheit beim Verfassungsgericht die Klärung dieser Lage beantragt. Derartige Vorlagen sind aber nach ständiger Rechtsprechung des Verfassungsgerichts unzulässig, da sich der beschriebene Normenkonflikt regelmäßig durch Anwendung der regulären Auslegungsmethoden auflösen lässt und somit nur in Ausnahmefällen verfassungsrechtliche Bedeutung erlangt[97].

Zu diesem Kooperationsverhältnis gehört auch, dass das Verfassungsgericht gemäß Art. 24 Abs. 2 Buchst. b) GrundG seine Prüfung innerhalb von 90 Tagen abzuschließen hat. Da eine Richtervorlage mit der Aussetzung des Ausgangsverfahrens einhergeht, kann dieses so lange nicht fortgeführt werden, wie das Verfassungsgericht verfährt. Um das Vorlagegericht nicht unnötig lange zu lähmen, unterliegt das Verfassungsgericht dieser kurzen Frist, für deren Einhaltung § 25 Abs. 2 VerfGG den Verfassungsgerichtspräsidenten verantwortlich macht. Hauptnutznießer dieses beschleunigten Verfahrens sind v.a. die Parteien

---

95 Verfassungsgerichtsentscheidung 27/2014. (VII. 23.) AB vom 23.7.2014, ABH 2014 S. 786, Rn. 23.

96 Verfassungsgerichtsverfügung 3192/2014. (VII. 15.) AB vom 15.7.2014, ABK 2014 Nr. 20; näher Aus Justiz und Rechtsprechung in Osteuropa, Osteuropa-Recht 2014 S. 512–513.

97 Verfassungsgerichtsentscheidung 3167/2014. (VI. 3.) AB vom 3.6.2014, ABK 2014 Nr. 17.

des Ausgangsverfahrens, die nicht lange auf die Fortführung ihres Prozesses zu warten brauchen, was der Verwirklichung ihres Grundrechts auf Beendigung eines Gerichtsverfahrens in einer vernünftigen Frist gemäß Art. XXVIII. Abs. 1 GrundG entspricht. Aber auch das Vorlagegericht hat einen Vorteil, weil es weiß, dass eine Vorlage an das Verfassungsgericht sein Verfahren nicht auf Jahre hinaus paralysiert, sondern es nach kurzer Unterbrechung fortfahren kann.

Neben diesem positiven Effekt auf Parteien und Gericht des Ausgangsprozesses hat die kurze Frist naturgemäß auch Nachteile. Bei komplizierteren Fragen ist eine solide Prüfung kaum innerhalb von 90 Tagen möglich, und die Pflicht, konkrete Normenkontrollverfahren vorrangig zu behandeln, verringert die Flexibilität des Verfassungsgerichts bei einer sinnvollen Einteilung seiner Kapazitäten.

Dass die Richtervorlage ein eigenes Kooperationsverhältnis zwischen Verfassungsgericht und Vorlagegericht schafft, zeigt sich auch in einem anderen Umstand. Anders als das deutsche Verfassungsgericht behandelt das ungarische Verfassungsgericht die Vorlagegerichte auch dann nicht herablassend und belehrend, wenn die Vorlage unzulässig ist, und es verlangt auch nicht ein fast unmögliches Niveau der Aufarbeitung des Verfassungsrechts, damit eine Vorlage zulässig ist, sondern es reicht ein Niveau, wie es von einem Richter erwartet werden kann. In konkreten Normenkontrollverfahren schlägt das Verfassungsgericht einen kollegialen Umgangston an: Die gemeinsame Problemlösung und nicht die Abschreckung von Vorlagen ist das Ziel. Von diesem kollegialen Miteinander bei Verfahrensanträgen aus der Justiz könnte insbesondere das deutsche Bundesverfassungsgericht etwas lernen. Dahinter steht wohl auch die Erkenntnis des Verfassungsgerichts, dass es die Gerichte als Partner bei der Durchsetzung des Verfassungsrechts braucht, weshalb es eine kollegiale Beziehung zu ihnen anstrebt.

F. Fazit

Seit seiner Errichtung gehört das ungarische Verfassungsgericht zum Typus der institutionell verselbstständigten Verfassungsgerichtsbarkeit nach österreichisch-deutschem Vorbild. Von Anfang an folgte es eher dem deutschen Typ[98], weil es nicht eines von mehreren Höchstgerichten war, sondern ein mit dem

---

98 Die Vorbildwirkung des deutschen Rechts muss differenziert gesehen werden: *Kovács, Krisztina / Tóth, Gábor Attila*: Aufstieg und Krise: Wirkung der deutschen Verfassungsgerichtsbarkeit auf Ungarn, in: *Wrase, Michael / Boulanger, Christian* (Hrsg.): Die Politik des Verfassungsrechts, Baden-Baden 2013, S. 308–333.

Obersten Gericht recht unverbundenes Verfassungsorgan sui generis. Die Nähe zum deutschen Modell wurde 2011 durch die Abschaffung der Popularklage in der nachträglichen Normenkontrolle und insbesondere durch die Einführung der „echten", d.h. Urteils-Verfassungsbeschwerde noch gesteigert.

Damit entstand eine neue Konstellation: Das Verfassungsgericht kann den einfachen Gerichten nicht mehr nur ihre Beurteilungsgrundlage im konkreten Fall entziehen, indem es eine entscheidungserhebliche Rechtsvorschrift für verfassungswidrig (oder im Ausnahmefall für nur unter bestimmten Voraussetzungen anwendbar) erklärte. Es hat vielmehr jetzt auch die Kompetenz, ein gerichtliches Urteil wegen Verfassungswidrigkeit aufzuheben. Da diese Kompetenz nur gegenüber letztinstanzlichen Urteilen besteht, treffen diese Kompetenz und die damit einhergehenden Konflikte vor allem die Kurie.

Das geschriebene Recht ist angemessen, was das Verhältnis von Verfassungsgericht und Kurie angeht: Die Trennlinie Verfassungsrecht / einfaches Recht grenzt die Zuständigkeitsbereiche einigermaßen klar ab. Hieran hält sich das Verfassungsgericht weitgehend, auch wenn es gelegentliche Ausrutscher gibt, in denen es auf Fragen der richtigen Auslegung des einfachen Rechts übergreift.

Im Übrigen sind bestimmte Einwirkungen der Verfassungsrechtsprechung auf das einfache Recht und seine Auslegung wie etwa die „verfassungsrechtlichen Anforderungen" im konstitutionellen Rechtsstaat systembedingt. Dass diese Einwirkungen in letzter Instanz nicht die einfachen Gerichte formulieren, sondern das Verfassungsgericht, geht aus dessen Rolle als oberstem Schützer der Verfassung in Art. 24 Abs. 1 GrundG hervor. Das hierin liegende Konfliktpotenzial ist durch die Gewöhnung an die Konstitutionalisierung des einfachen Rechts und der dazu ergehenden Rechtsprechung abgeflaut, wenngleich es immer noch unter der Oberfläche virulent ist und v.a. vom Verfassungsgericht eine dauernde Selbstvergewisserung über seine Rolle und damit über die Trennlinie zwischen Verfassungs- und einfachem Recht verlangt.

Attila Vincze, Herbert Küpper

Die Beziehungen zwischen der Verfassungsgerichtsbarkeit und den Obergerichten in Mitteleuropa – Vergleichende Analyse

Abstract: In Central Europe, we find some of the oldest and some of the most powerful constitutional courts in the world, and we find also innovative solutions introduced after the end of the Socialist dictatorship. In this region, there are countries where the constitutional courts may scrutinize the decisions of ordinary courts, and there are countries where the constitutional courts have no such power. Furthermore, some countries have a dictatorial past, whereas others have not. Therefore, Central Europe offers all possible problems of the relationship between constitutional courts and supreme ordinary courts in a nutshell. The regional comparability is enhanced by the fact that centuries of mutual influence have produced quite homogeneous deep strata of the legal culture. The relationship between constitutional courts and the ordinary courts have i.a. two institutional, two interpretational and one underlying sociological aspect. The institutional aspects are the existence or non-existence of a constitutional complassint against court decisions as well as the power or duty of ordinary courts to refer to the constitutional court normative acts they have to apply in a pending procedure and that they fisssnd unconstitutional. The interpretational side of this relationship boils down to the questions of whether and to what extent the constitutional court's interpretation of the constitution is binding on the ordinary courts, and whether and to what extent the ordinary courts' interpretation of the simple law is binding on the constitutional court. The sociological aspect focuses on the relationship between constitutional and ordinary justices: Do they share an ethos, and do they accept each other as full-value colleagues? The analysis of the constitutions and laws of the region as well as of the judicial practice by both constitutional and ordinary courts reveals that conflicts are unavoidable and may be fruitful to the clarification of basic structures as well as to the development of the law. Furthermore, they are quite independent from the institutional setting. It appears that 'decentralised' legal cultures such as Austria or Germany where various courts are ready to 'agree to disagree' have better ways of dealing with conflicts than legal cultures where both sides – the constitutional court and the ordinary courts – accdept as the only solution to impose their position on the other side.

I. Methodische Grundlegung

Der Anlass der vorliegenden Studie war eine Ausschreibung durch das ungarische Verfassungsgericht und das oberste Gericht Ungarns, die Kurie (Kúria), rechtsvergleichend zu erforschen, welche potentiellen Konflikte zwischen Verfassungsgerichten und obersten Gerichten existieren und wie diese Konflikte vermieden oder behoben werden können. Der Hintergrund dieses Forschungsprojekts ist die Einführung der Urteilsverfassungsbeschwerde in Ungarn 2011/12. Bislang ungekannte Konfliktfelder taten sich zwischen Verfassungsgericht und Kurie auf, und der Zweck unseres rechtsvergleichenden Projekts „Az Alkotmánybíróság és a felsőbíróságok kapcsolata. Konfliktusok és kooperáció jogösszehasonlító szempontból“ (Das Verhältnis zwischen dem Verfassungsgericht und den Obergerichten. Konflikte und Kooperationen aus der Sicht der Rechtsvergleichung) war es aufzuzeigen, wie Länder der Region, die Parallelen zu Ungarn aufweisen, mit dieser Konfliktkonstellation umgehen. In einem zweiten Schritt ergab sich hieraus die Überlegung, welche Erfahrungen für Ungarn positiv oder negativ fruchtbar gemacht werden können.

In dieser Studie verlassen wir die rein zweckorientierte, d.h. „rechtsberatende" Perspektive des anlassgebenden ungarischen Forschungsprojekts und vergleichen das in Frage stehende Verhältnis zwischen Verfassungsgerichten und Obergerichten in fünf mitteleuropäischen Staaten aus rechtsvergleichendem Erkenntnisinteresse heraus. Um die genannte Fragestellung bearbeiten zu können, ist die Konzeptionalisierung der Berührungspunkte zwischen der klassischen Justiz und der Verfassungsgerichtsbarkeit nötig.

In der Folge bezeichnen wir die Akteure in diesem Spannungsfeld einerseits mit „Verfassungsgericht" und andererseits mit „Obergericht(en)", „Höchstgericht(en)", „Judikative", „ordentlicher / klassischer Justiz" oder einfach mit „Justiz", wobei diese Begriffe regelmäßig – soweit im Einzelfall nicht ausdrücklich etwas Abweichendes zugrunde gelegt wird – nicht nur die Zivil- und Strafgerichte bezeichnen, sondern alle Fachgerichtsbarkeiten außerhalb der Verfassungsgerichtsbarkeit.

Um die verbreitetsten Fehler der Rechtsvergleichung, nämlich Oberflächlichkeit, Inkohärenz[1] und die unreflektierte Übernahme des fremden Rechts[2] zu vermeiden, ist es wichtig, den Vergleichsgegenstand fundiert auszuwählen, also kritische Rechtsvergleichung zu betreiben. Dies ist auch der Grund, warum auch das institutionelle und organisatorische Umfeld der Verfassungs- und der ordentlichen Gerichtsbarkeit zumindest in den Grundzügen dargestellt werden muss. Die Kompetenzen und die Organisation der Verfassungsgerichte bestimmen ihre Berührungs- und Reibungspunkte mit der Justiz.

Eine rechtsvergleichende Studie soll sich weder mit der bloßen Beschreibung der ausländischen Vorschriften zufrieden geben, noch soll sie eine eigene dogmatische Analyse des fremden Rechts liefern. Sie hat vielmehr die Aufgabe, die in der Wirklichkeit bestehenden Strukturen zu beschreiben und darzulegen, wie das Recht eigentlich funktioniert.[3]

---

1 *Hirschl, Ran*: The Question of Case Selection in Comparative Constitutional Law, 53 American Journal of Comparative Law (2005) S. 125–155, S. 128–129: „the comparative reference approach is still lacking in methodological coherence. All too often, it is pursued (primarily by judges, I should note) through an eclectic, at times even scant and superficial, reference to foreign constitutional jurisprudence – typically rights jurisprudence. Case selection is seldom systematic, and it rarely pays due attention to the context and nuances that have given rise to similar or alternative interpretation or practice of constitutional norms".

2 Justice *Scalia* in *Roper* v. Simmons, 543 U.S. 551, 627 (2005): „To invoke alien law when it agrees with one's own thinking, and ignore it otherwise, is not reasoned decisionmaking, but sophistry".

3 *Benda-Beckimann, Keebet von*: Einige Bemerkungen über die Beziehung zwischen Rechtssoziologie und Rechtsvergleichung, ZvglRWiss 1979 S. 51–67; *Drobning*,

Die Beschreibung der ausländischen Beispiele ist zwar eine notwendige, aber noch keine ausreichende Leistung der Rechtsvergleichung.[4] Der Vergleicher muss die verschiedenen Rechtssysteme vielmehr anhand eines vernünftigen Kriteriums miteinander verknüpfen. Dieses Kriterium ist das *tertium comparationis*, das in der klassischen rechtsvergleichenden Lehre auf der neutralen Beschreibung der sozioökonomischen Funktion des zu vergleichenden Rechtsinstituts beruht. Dieser Anforderung kann die Rechtsvergleichung umso einfacher gerecht werden, desto kulturell und historisch näher die zu vergleichenden Rechtssysteme einander sind. In diesem Fall kann die Funktion des Rechtsinstituts strenger eingegrenzt und somit präziser beschrieben werden, und die Rechtsvergleichung bringt auch praktisch verwendbare Ergebnisse.[5]

Aus diesem Grund haben wir für die hiesige Studie Deutschland, Österreich, Polen, Tschechien und Ungarn ausgewählt. In Österreich wurde die moderne konzentrierte Verfassungsgerichtsbarkeit geboren, und in Deutschland ist eines der einflussreichsten Verfassungsgerichte in Europa und vielleicht der ganzen Welt tätig, das mit der Urteilsverfassungsbeschwerde sowie seiner Rechtsprechung eine Vorbildrolle für die Transformationsländer einnahm.[6] Polen, Tschechien und Ungarn sind drei postsozialistische Länder, die während der Wendejahre die Verfassungsgerichtsbarkeit in verschiedenen Formen übernommen haben und sich dabei teilweise vom österreichischen und teilweise vom deutschen Modell beeinflussen ließen.[7]

Ulrich: Rechtsvergleichung und Rechtssoziologie, RabelsZ 18 (1953) S. 295–309; *Rheinstein, Max*: Einführung in die Rechtsvergleichung, Beck: München 1874, S. 20–21; *Sacco, Rodolfo*: Legal Formants: A Dynamic Approach to Comparative Law, 39 American Journal of Comparative Law (1991) S. 1–34, 343-401, S. 25–26: „The comparative method is thus the opposite of the dogmatic. The comparative method is founded upon the actual observation of the elements at work in a given legal system. The dogmatic method is founded upon analytical reasoning. The comparative method examines the way in which, in various legal systems, jurists work with specific rules and general categories. The dogmatic method offers abstract definitions".

4 *Kischel, Uwe*: Rechtsvergleichung, Beck: München 2015, § 1; *Lachmayer, Konrad*: Verfassungsvergleichung durch Verfassungsgerichte – Funktion und Methode, JRP 2010 S. 166–175; *Michaels, Ralf*: Functional Method, in *Reimann, Mathias / Zimmermann, Reinhard* (Hrsg.): The Oxford Handbook of Comparative Law, Oxford University Press: Oxford 2006, S. 339–382.

5 *Mincke, Wolfgang*: Eine vergleichende Rechtswissenschaft, ZvglRWiss 1984 S. 315–328 (323); *Örücü, Esin*: The Enigma of Comparative Law, Martinus Nijhoff: Leiden 2004, S. 25.

6 *Brunner, Georg*: Die neue Verfassungsgerichtsbarkeit in Osteuropa, ZaöRV 1993 S. 819–870.

7 *Brunner, Georg / Sólyom, László*: Verfassungsgerichtsbarkeit in Ungarn. Analysen und Entscheidungssammlung 1990-1993, Nomos: Baden-Baden 1995; *Brunner, Georg /*

Verfassungsgerichte und Obergerichte weisen mehrere Berührungspunkte auf, zu deren Vergleichung es eines vernünftigen Kriteriums bedarf. Aus der bloßen Aneinanderreihung von Länderberichten ist es zwar nicht unmöglich, aber doch schwer, unmittelbar verwertbare Erkenntnisse herauszufiltern.

Zwischen der Verfassungsgerichtsbarkeit und den Spitzen der Justiz gibt es fünf Berührungspunkte: zwei institutionelle, zwei normative und einen, der als soziologisch bezeichnet werden kann. Die zwei institutionellen Berührungspunkte sind die Verfassungsbeschwerde gegen rechtskräftige Urteile (beziehungsweise deren Fehlen) und die konkrete Normenkotrolle auf Vorlage eines Gerichts. Die normativen Berührungspunkte bestehen auf dem Gebiet der Rechtsauslegung: Inwieweit ist die Auslegung des einfachen Rechts für das Verfassungsgericht bindend, und inwieweit ist die Auslegung der Verfassung für die einfachen Gerichte bindend? Der fünfte, eher soziologische Berührungspunkt betrifft die Frage, ob die Verfassungsrichter auch Richter sind: Gibt es eine Kollegialität zwischen Verfassungsrichtern und Richtern der Obergerichte, verfügen sie über ein gemeinsames Standesbewusstsein und einen gemeinsamen richterlichen Ethos? Dies ist weniger eine Frage des Rechtsstatus der Verfassungs- und der ordentlichen Richter, denn dieser ist mit Ausnahme des Berufungsverfahrens und der zeitlichen Befristung des Verfassungsrichteramtes meist ähnlich. Es ist vielmehr eine Frage des Selbst- und des gegenseitigen Fremdbildes des richterlichen Personals an Verfassungsgerichten und in der Justiz.

Im Zusammenhang mit der Verfassungsbeschwerde ist es von Bedeutung, was deren Gegenstand sein und unter welchen Voraussetzungen sie in Anspruch genommen werden kann. Wichtig ist auch, welche Rechtswirkungen dem verfassungsgerichtlichen Urteil zukommen (*inter partes* oder *erga omnes*) und inwieweit die Urteilsverfassungsbeschwerde gegen rechtskräftige Urteile die Lage der Gerichte und insbesondere der obersten Gerichte ändert.

In der Richtervorlage verdichten sich zahlreiche dogmatische Probleme: der Vorrang der Verfassung, das Verhältnis zwischen Gesetzgeber und Gerichten und das Verhältnis zwischen den ordentlichen Gerichten und dem institutionell verselbstständigten Verfassungsgericht. Falls nämlich die Verfassung Vorrang vor den übrigen Rechtsvorschriften genießt und sie zudem unmittelbar anwendbar ist, dann folgt daraus logisch, dass die Gerichte eine verfassungswidrige Rechtsvorschrift *ipso facto* nicht anwenden dürfen. Wenn jedoch die endgültige

---

Garlicki, Leszek Lech: Verfassungsgerichtsbarkeit in Polen. Analysen und Entscheidungssammlung 1986-1997, Nomos: Baden-Baden 1999; *Brunner, Georg / Hofmann, Mahulena / Holländer, Pavel*: Verfassungsgerichtsbarkeit in der Tschedhichen Republik. Analysen und Entscheidungssammlung, Nomos: Baden-Baden 2001.

Entscheidung in dieser Frage bei den ordentlichen Gerichten konzentriert ist, droht die Gefahr einer divergierenden Rechtsanwendung und einer unvorhersehbaren Rechtsprechung. Nun sind aber, wie auch das polnische Beispiel zeigt, das Recht zur Vorlage und nicht Nichtanwendung von Rechtsvorschriften kraft Vorrangs der Verfassung echte Alternativen,[8] und die Nichtvorlage einer für verfassungswidrig gehaltenen Norm im Wege der konkreten Normenkontrolle bedeutet nicht zwingend, dass die Gerichte den Grundsatz des *lex superior derogat legi inferiori* nicht anerkennen, sondern höchstens, dass sie nicht unbedingt wünschen, dass diese Rechtsfolgen vom Verfassungsgericht gezogen werden. Das heißt, dass ein fehlender Respekt vor dem Verfassungsgericht nicht zwingend mit dem Fehlen des Respekts vor der Verfassung und ihrem Vorrang einhergeht.

Die Richtervorlage ist auch eine Frage der Verfahrensökonomie. Es wäre nämlich überflüssig, zeitraubend und ressourcenverschwendend, von der Parteien zu erwarten, alle ihnen zur Verfügung stehenden Rechtsmittel nur deshalb auszuschöpfen, damit das Verfassungsgericht eine Rechtsvorschrift aufheben kann, von deren Verfassungswidrigkeit bereits das erstinstanzliche Gericht überzeugt war. Andererseits bedarf nicht jede Frage der Rechtsanwendung und Rechtsauslegung der Befassung durch das Verfassungsgericht, wenn die ordentlichen Gerichte selbst die gegebene Frage beantworten können. Das keineswegs eindeutige Verhältnis zwischen den Verfassungsgerichten und den Gerichten wird zudem noch durch den Europäischen Gerichtshof verkompliziert, dem zahlreiche Fragen vorgelegt werden können und der diese bei weitem nicht immer so sieht wie die mitgliedstaatlichen Verfassungsgerichte.[9]

Die normativen Berührungspunkte werden von den Grenzen der verfassungsgerichtlichen beziehungsweise der gerichtlichen Rechtsauslegung definiert. Die eine Frage ist, inwieweit die verfassungsgerichtliche Rechtsauslegung die Obergerichte bindet, ob diese verpflichtet sind, die Rechtsvorschriften in Übereinstimmung mit der Verfassung auszulegen und wenn ja, inwieweit die Gerichte dem auch tatsächlich gerecht werden. Wenn nämlich die Gerichte Rechtsvorschriften verfassungskonform auslegen, erfüllen sie im Wesentlichen die Aufgabe, zu deren Gewährleistung schlussendlich die Verfassungsbeschwerde dient, d.h. sie gewährleisten die verfassungsgemäße Handhabung der Rechtsordnung. Das umgekehrte Problem ist, inwieweit die ordentlichen Gerichte

8 Hierzu s. den Länderbeitrag Polen in diesem Band, Punkt 7.

9 In dieser Hinsicht bieten v.a. Österreich, Polen und Tschechien Anschauungsmaterial; s. die Länderbeiträge zu diesen Ländern.

einschließlich u.a. der Verwaltungsgerichte mit ihrer Auslegung des einfachen Rechts das Verfassungsgericht binden und was der tatsächliche Gegenstand der verfassungsgerichtlichen Rechtsauslegung ist: Ist Gegenstand des Verfahrens vor dem Verfassungsgericht der Normtext so, wie er im Gesetzblatt erscheint (wobei dann immer noch zu klären ist, was dessen Inhalt im Einzelfall ist), oder die Norm mit dem Inhalt, den ihr die Justiz – vielleicht in ständiger Rechtsprechung – zuweist? Oder noch einmal anders, nunmehr aus prozessualer Sicht formuliert: Was unterscheidet die ordentlichen und außerordentlichen Rechtsmittel in der Zuständigkeit der Gerichte von den Rechtsmitteln vor dem Verfassungsgericht?

Aus diesen institutionellen und normativen Berührungspunkten fließt eine weitere Frage, nämlich: Wie können die Konflikte gelöst werden, wenn die Rechtsauffassung und Rechtsauslegung von Verfassungsgericht und Obergericht(en) voneinander abweichen? Gibt es Beispiele dafür, und wenn ja, auf welche Weise wurde der Konflikt gelöst? Ist den ordentlichen Gerichten die Möglichkeit gegeben, der verfassungsgerichtlichen Rechtsauslegung nicht zu folgen oder auf institutionalisierte Weise die Meinungsverschiedenheiten über die Rechtsauffassung einzuebnen?

Insbesondere bei den zuletzt aufgeworfenen Fragen spielen die soziologischen Berührungspunkte - oder deren Fehlen - eine Rolle. Bilden Verfassungsrichter und Richter einen gemeinsamen Berufsstand, auf dessen Grundlage sie von Kollegin zu Kollege miteinander kommunizieren können? Gibt es eine gemeinsame professionelle Grundlage, die trotz aller Unterschiede in der konkreten Rechtsauffassung verbindet? Oder bewegen sich Verfassungsrichter und ordentliche (Höchst-)Richter in verschiedenen Welten und müssen in ihrer Kommunikation auch ohne konkreten Konfliktstoff tiefe Gräben von Ethos, Mentalität, Selbst- und Fremdverständnis und vielleicht auch Prestigedenken überwinden? Insbesondere die Politisierung der Rekrutierung der Verfassungsrichter, aber auch ihrer Rechtsprechung ist ein wichtiger Faktor, der ein gerichtsübergreifendes gesamtrichterliches Ethos entstehen lassen oder aber vernichten bzw. im Keim ersticken kann.

Nicht aus dem Auge verloren werden darf der Umstand, dass das Verhältnis zwischen einem Verfassungsgericht und einem oder mehreren Obergerichten nichts Statisches ist, sondern seine eigene prozesshafte Dynamik aufweist. Daher sind die Beschreibung der Rechtslage und die Analyse dessen, was die Akteure daraus machen, notwendigerweise immer nur Momentaufnahmen eines sich beständig wandelnden Phänomens. Selbst die rechtskulturellen und soziologischen Rahmenbedingungen sind nicht in Stein gemeißelt, sondern unterliegen – wenn auch regelmäßig langsamen – Veränderungen. Diese Prozesshaftigkeit des genannten Verhältnisses macht einen Blick auf die Vergangenheit erforderlich.

II. Vergleich

A. Institutioneller Kontext und organisatorischer Aufbau

Wenn man sich dem Verhältnis zwischen den Verfassungs- und den Obergerichten von der institutionellen Seite einschließlich der Kompetenzausstattung her nähert, dann liegt der auffälligste Unterschied zwischen den untersuchten Ländern in dem Umstand, ob gegen Urteile ordentlicher Gerichte Verfassungsbeschwerde eingelegt werden kann oder nicht, und in den strukturellen Folgen dieser Grundentscheidung: einerseits die Gleichrangigkeit beziehungsweise Nebenordnung von Obergerichten und Verfassungsgericht, die die Lage in Österreich und Polen charakterisiert, andererseits die Verfassungsbeschwerde gegen (angeblich) verfassungswidrige Gerichtsurteile, die letztendlich das Recht der verbindlichen Endentscheidung von den Obergerichten auf das Verfassungsgericht überträgt und so zwischen diesen ein quasi-hierarchisches Verhältnis schafft – was, wenn auch in unterschiedlichen Formen und Einzelheiten, in Deutschland, Tschechien und neuerdings auch Ungarn zu beobachten ist.

Als eine zweite Differenzierungsebene spielt die Tatsache eine Rolle, ob die Verfassungsgerichtsbarkeit und ihre Anordnung zur ordentlichen Justiz aus einer sozialistischen Diktatur heraus entstanden ist oder nicht; hieraus ergeben sich Kontrastierungen, die teilweise jenseits des geschriebenen Rechts liegen und die sog. weichen Faktoren der Rechtskultur betreffen. In einer Matrix, die einerseits auf der Unterscheidung von Nebenordnung und Über-/Unterordnung und andererseits auf der Unterscheidung zwischen ehemals sozialistischen Ländern und Staaten ohne sozialistische Vergangenheit beruht, ist jedes Feld mit mindestens einem Beispiel besetzt:

	Sozialistische Vergangenheit	Keine sozialistische Vergangenheit[10]
Nebenordnung	Polen, Ungarn bis 2011	Österreich
Quasi-hierarchische Über-/Unterordnung	Tschechien, Ungarn seit 2012	Deutschland

10 Dass Österreich und Deutschland in derselben Spalte der Länder ohne sozialistische Vergangenheit aufgeführt sind, sollte nicht dazu verleiten, einen wesentlichen

1. *Österreich und Polen*

Österreich

Das gegenwärtige österreichische Gerichtssystem weist drei im Wesentlichen gleichrangige, nebeneinander stehende Obergerichte auf: den Obersten Gerichtshof, den Verwaltungsgerichtshof und den Verfassungsgerichtshof.

Der Oberste Gerichtshof wurde bereits 1749 unter Maria Theresia als Oberste Justizstelle errichtet, die zugleich Justizministerium und oberstes Gericht war. Aus ihrer Reorganisation 1848 ging der Oberste Gerichtshof hervor, der bis heute die oberste Instanz in bürgerlichen und Strafsachen ist.[11]

Die Überprüfbarkeit von Verwaltungsentscheidungen sah erstmals das Staatsgrundgesetz über die richterliche Gewalt von 1867 vor. Die einfach-gesetzliche Errichtung des Verwaltungsgerichtshofs zog sich allerdings bis 1875 hin.[12] Der Verwaltungsgerichtshof, seine wichtigsten Kompetenzen und Organisationsvorschriften erhielten nach dem Zusammenbruch der Monarchie Verfassungsrang; seitdem enthält die Verfassung selbst die wichtigsten Regeln der Anfechtung rechtswidriger Verwaltungsakte.[13] An dieser einstufigen Verwaltungsgerichtsbarkeit änderte sich bis 2014 nichts Wesentliches. Erst dann trat eine Novelle in Kraft, die den Aufbau der Verwaltungsgerichtsbarkeit reorganisierte und eine zweite Instanz einführte.[14]

Obwohl das 1867 geschaffene Reichsgericht einige Aufgaben versah, die heute als verfassungsgerichtlich angesehen würden, wurde 1920 auf der Grundlage

---

Unterschied zwischen dem österreichischen Verfassungsgerichtshof einerseits und dem deutschen Bundesverfassungsgericht (sowie den Verfassungsgerichten in Polen, Tschechien und Ungarn) andererseits zu übersehen. Das deutsche (polnische, tschechische, ungarische) Gericht ist ein Produkt des Zusammenbruchs einer vorangegangenen Diktatur, während sich die österreichische (ebenso wie die tschechoslowakische und die liechtensteinische, dazu sogleich Fn 15) Verfassungsgerichtsbarkeit in einer Umbruchszeit nach einer politischen Neuordnung, aber eben nicht vor dem Hintergrund einer vorangegangenen Diktatur herausbildete.

11 Art. 92 österreichisches Bundes-Verfassungsgesetz.

12 Gesetz betreffend die Errichtung eines Verwaltungsgerichtshofes vom 22.10.1875.

13 Art. 130-136 österreichisches Bundes-Verfassungsgesetz.

14 Bundesgesetz, mit dem das Bundes-Verfassungsgesetz, das Finanz-Verfassungsgesetz 1948, das Finanzstrafgesetz, das Bundesgesetz, mit dem das Invalideneinstellungsgesetz 1969 geändert wird, das Bundessozialamtsgesetz, das Umweltverträglichkeitsprüfungsgesetz 2000, das Bundesgesetzblattgesetz, das Verwaltungsgerichtshofgesetz 1985 und das Verfassungsgerichtshofgesetz 1953 geändert und einige Bundesverfassungsgesetze und in einfachen Bundesgesetzen enthaltene Verfassungsbestimmungen aufgehoben werden (Verwaltungsgerichtsbarkeits-Novelle) vom 5.6.2012.

der theoretischen Arbeiten von *Hans Kelsen* ein expliziter Verfassungsgerichtshof errichtet. Er gilt gemeinhin als das erste typische kontinentaleuropäische konzentrierte Verfassungsgericht.[15] Der Verfassungsgerichtshof als einer der charakteristischen Züge der österreichischen Verfassung wird dort sehr kasuistisch geregelt; im österreichischen Bundes-Verfassungsgesetz findet sich keine Art. 83 der tschechischen Verfassung (1993) oder Art. 24 Abs. 1 des ungarischen Grundgesetzes (2011) vergleichbare Regelung, die den Verfassungsgerichtshof als gerichtliches Organ des Verfassungsschutzes oder als obersten Hüter der Verfassung definieren würde. Das österreichische Bundes-Verfassungsgesetz regelt vielmehr detailliert die einzelnen Kompetenzen, weshalb die Verfassungsgerichtsbarkeit in Österreich zahlreiche recht verschiedene Zuständigkeiten wahrnimmt. Die wichtigste Aufgabe des Verfassungsgerichtshofs ist die Normenkontrolle,[16] für die ihm Art. 140 des österreichischen Bundes-Verfassungsgesetzes das Monopol zuweist. Weitere Zuständigkeiten umfassen vermögensrechtliche Ansprüche gegen den Staat, Kompetenzkonflikte, die Wahlgerichtsbarkeit und die auf Feststellung der verfassungsrechtlichen Verantwortlichkeit gerichtete Staatsgerichtsbarkeit.[17] Verfassungsbeschwerden können gemäß Art. 144 Bundes-Verfassungsgesetz nur wegen der Verfassungswidrigkeit einer im Einzelfall angewandten Rechtsvorschrift eingelegt werden. In diesen Fällen besteht in Österreich ein paralleler Rechtsweg: Der Betroffene kann sich wegen einer vermeintlichen Verfassungsverletzung an den Verfassungsgerichtshof wenden, während wegen angeblicher Verletzungen des einfachen Rechts in letzter Instanz die beiden höchsten Fachgerichte, d.h. der Oberste Gerichtshof oder der Verwaltungsgerichtshof, angerufen werden können.

---

15 Obwohl die Errichtung des tschechoslowakischen Verfassungsgerichts zeitlich früher erfolgte, war die verfassungsschützende Rolle des Brünner Verfassungsgerichts deutlich schwächer als die seiner österreichischen Schwesterinstitution: *Osterkamp, Jana*: Verfassungsgerichtsbarkeit in der Tschechoslowakei (1920-1939), Vittorio Klostermann: Frankfurt/Main 2009. Das 1921 errichtete liechtensteinische Verfassungsgericht hingegen orientierte sich an der Kelsenschen Konzeption des österreichischen Verfassungsgerichtshofs, ging aber in seinem Kompetenzzuschnitt noch deutlich über sein österreichisches Vorbild hinaus, denn es war für die Normenkontrolle und den Grundrechtsschutz zuständig: Art. 104 Verfassung des Fürstentums Liechtenstein vom 5.10.1921.

16 *Gamper, Anna*: Der Grundrechtsschutz durch den Verfassungsgerichtshof, in *Pabel, Katharina / Raschauer, Nicolas* (Hrsg.): Die Organisation des Grundrechtsschutzes, Verlag Österreich: Wien 2014, S. 1–28.

17 Art. 137-142 Bundes-Verfassungsgesetz.

Eine dem österreichischen Recht vergleichbare Lösung findet sich seit 1997 in Polen und fand sich in Ungarn zwischen der Wende 1989/90 und dem Erlass des neuen Grundgesetzes 2011/12. Die polnische und die frühere ungarische Verfassungsbeschwerde richten sich wie die österreichische nur gegen die Rechtsvorschrift, die in einem Verfahren angewandt worden ist, nicht jedoch gegen die Verfassungswidrigkeit ihrer Anwendung.[18]

Anders als in vielen anderen Staaten ist es daher für das österreichische Modell typisch, dass die drei Höchstgerichte im Wesentlichen in einem horizontalen Verhältnis zueinander stehen. Jedes Höchstgericht hat seine eigenen Kompetenzen, und man kann durchaus von einem Verhältnis des Gleichgewichts zwischen ihnen sprechen. Die praktische Konsequenz dieses Arrangements ist, dass jeder Rechtsweg bei einem dieser drei Höchstgerichte endet und es grundsätzlich keine Möglichkeit gibt, sich nach einem Urteil des Obersten Gerichtshofs oder des Verwaltungsgerichtshofs noch mit einer erneuten Beschwerde an den Verfassungsgerichtshof zu wenden.

Polen

Von diesem österreichischen Modell weicht die polnische Lösung in einigen Punkten ab, weist aber auch strukturell wesentliche Ähnlichkeiten dazu auf. 1917, im Zuge der Wiedergeburt des polnischen Staates, wurde auch dessen Oberstes Gericht errichtet. Ein Oberstes Verwaltungsgericht, das nach österreichischem Vorbild die erste und einzige Instanz war, versah die Verwaltungsgerichtsbarkeit[19]. Nach der kommunistischen Machtübernahme wurde in Polen ebenso wie in den anderen sozialistischen Ländern die Verwaltungsgerichtsbarkeit abgeschafft. Es blieb das Oberste Gericht (Sąd Najwyższy) als höchstes Organ der Justiz. Ihm kam eine unbestrittene Führungsrolle zu, an der zunächst auch die Errichtung des Hauptverwaltungsgerichts (Naczelny Sąd Administracyjny) 1980 nichts Wesentliches zu ändern vermochte. Trotz der Existenz dieses zweiten Obergerichts verblieb das Oberste Gericht im Zentrum der Judikative.

1982 wurden in der Verfassung die Grundlagen für eine echte Verfassungsgerichtsbarkeit gelegt, und 1986 nahm das Verfassungsgericht (Trybunał Konstytucyjny) seine Arbeit auf, obwohl der Präsident des Obersten Gerichts eine ablehnende Stellungnahme abgab. Ihm wäre die Einrichtung einer weiteren

---

18 Hierzu s. in diesem Band die Länderberichte zu Polen, Punkt 4, und zu Ungarn, Punkt A.1.

19 In den zuvor deutschen Gebieten blieben allerdings die vorhandenen preußischen Verwaltungstribunale zunächst weiter bestehen: *Kuss, Klaus-Jürgen*: Gerichtliche Verwaltungskontrolle in Osteuropa, Nomos: Berlin 1990, S. 79–80.

Kammer am Obersten Gericht, die für Normenkontrolle zuständig sein sollte (Verfassungskammer), lieber gewesen. Da er sich damit nicht hatte durchsetzen können, hielt das Oberste Gericht zunächst kritische Distanz zum neuen Verfassungsgericht. Dementsprechend selten machte es von seinem Recht Gebrauch, dem Verfassungsgericht die Frage nach der Verfassungsmäßigkeit der im konkreten Fall anzuwendenden Rechtsvorschrift vorzulegen; auch das Hauptverwaltungsgericht war in den ersten Jahren zögerlich mit Richtervorlagen. Die Richtervorlage und die polnische Variante der Verfassungsbeschwerde zielten beide in dieselbe Richtung: die Feststellung der Verfassungsmäßigkeit der im Einzelfall Anwendung findenden Rechtsvorschrift, nicht aber die Überprüfung der Verfassungsmäßigkeit ihrer richterlichen Anwendung. Insofern folgt Polen dem österreichischen Modell,[20] so wie es auch der ungarische Gesetzgeber 1989/90-2011/12 tat.

2. *Deutschland, Tschechien und Ungarn*

Im Gegensatz zu Österreich und Polen kann in Deutschland, in Tschechien und seit dem Erlass des neuen Grundgesetzes auch in Ungarn nach der Erschöpfung des regulären Rechtswegs das Verfassungsgericht im Wege einer Verfassungsbeschwerde angerufen werden, was dem Verfassungsgericht die Kompetenz verleiht, ggf. das letztinstanzliche Urteil der Fachgerichtsbarkeit(en) aufzuheben. Allerdings steht dieser Rechtsbehelf nur dann zur Verfügung, wenn im Übrigen alle zur Verfügung stehenden Rechtsmittel ausgeschöpft wurden. Erst danach besteht die Möglichkeit der verfassungsgerichtlichen Aufhebung des obergerichtlichen Urteils. Das Verhältnis zwischen dem Verfassungsgericht und dem (den) Obergericht(en) kann daher anders als in Österreich und Polen nicht als Nebenordnung oder Gleichordnung aufgefasst werden, sondern trägt quasihierarchische Züge. Allerdings ist das Verhältnis zwischen Verfassungsgerichten und Obergerichten nirgendwo vollständig hierarchisch, und man muss sich davor hüten, ihr Verhältnis vereinfachend so aufzufassen. Wenn hier von Über-/Unterordnung oder quasi-hierarchisch die Rede ist, ist damit nicht gemeint, dass zwischen Obergericht(en) und Verfassungsgericht ein regulärer Instanzenzug bestünde oder sich beide Gerichte in eine einheitliche Justizpyramide auf unterschiedlichen Ebenen einordnen ließen, sondern es soll zum Ausdruck bringen,

---

20 Dieses während der späten 1980er Jahre eingerichtete Arrangement wurde auch in die postsozialistische Verfassung von 1997 übernommen: Art. 173, 183-184, 188-197 Verfassung der Republik Polen vom 2.4.1997.

dass das Verfassungsgericht befugt ist, in bestimmten Konstellationen Entscheidungen der Obergerichte aufzuheben.

Der Vergleich mit der Neben- oder Gleichordnung wie in Österreich oder Polen ist nicht nur ausgesprochen interessant, sondern auch methodisch nützlich, weil er es ermöglicht zu klären, ob die Konflikte und Kooperationsformen, die sich im deutschen und im tschechischen Recht zeigen und in Ungarn dabei sind, sich herauszubilden, durch das quasi-hierarchische Verhältnis erklärbar sind oder aber ob ähnliche Konflikte und Kooperationsformen auch dann entstehen, wenn es an einem quasi-hierarchischen Verhältnis fehlt, wie dies in Österreich und Polen der Fall ist.

Deutschland

Die Strukturen in der Justiz gehen im Wesentlichen auf die Reichsgründung 1870/71 zurück. In ihrer Folge wurde die ordentliche Justiz mit vier Instanzen und dem Reichsgericht - seit 1949: dem Bundesgerichtshof - an der Spitze geschaffen. Im Laufe der Zeit kamen weitere Fachgerichtsbarkeiten hinzu, z.B. für Verwaltungssachen, Arbeitssachen etc. Die Justiz hat daher heute in Deutschland fünf Säulen mit je zwei bis vier Ebenen: ordentliche Gerichtsbarkeit (Bundesgerichtshof, Zivil- und Strafsachen), Verwaltungsgerichtsbarkeit (Bundesverwaltungsgericht, Verwaltungssachen), Arbeitsgerichtsbarkeit (Bundesarbeitsgericht, Arbeitssachen), Sozialgerichtsbarkeit (Bundessozialgericht, Sozialsachen) und Finanzgerichtsbarkeit (Bundesfinanzhof, Steuersachen).[21] Diese fünf Säulen weisen alle dieselbe Struktur auf: An der Spitze jeder Säule steht ein Obergericht, das vom Bund getragen wird,[22] während die nachgeordneten Gerichte stets in der Hand der Länder liegen, wie aus Art. 92 Grundgesetz hervorgeht. Diese obersten Gerichte des Bundes sind alle gleichrangig, zur Koordinierung ihrer Rechtsprechung können sie gemeinsame Senate einrichten. Diese gemeinsamen Senate wurden für so wichtig gehalten, dass sie auf Verfassungsebene geregelt wurden.[23]

Zu diesen obersten Bundesgerichten trat 1950 das Bundesverfassungsgericht. Dieses ist zwar textlich-systematisch ohne weitere Sonderstellung in das Kapitel IX „Die Rechtsprechung“ des Grundgesetzes integriert,[24] steht aber institutionell

21 Art. 95 Abs. 1 Grundgesetz der Bundesrepublik Deutschland i.d.F. vom 18.6.1968.

22 Darauf weisen bereits die offiziellen Bezeichnungen dieser Gerichte hin, die mit „Bundes-“ beginnen.

23 Art. 95 Abs. 3 Grundgesetz i.d.F. vom 18.6.1968.

24 Kapitel IX. „Die Rechtsprechung“ umfasst Art. 92-104 Grundgesetz und weist keine weiteren Untergliederungen auf. Art. 92 behandelt das Bund-Länder-Verhältnis in

vollkommen außerhalb dieser fachgerichtlichen Säulen. Es ist auch ein Bundesgericht, hat aber anders als die übrigen obersten Bundesgerichte keinen Unterbau von Landesgerichten, weil die Landesverfassungsgerichte nicht dem Bundesverfassungsgericht untergeordnet sind und keinen Rechtszug zum Bundesverfassungsgericht bilden.

Eine Besonderheit des deutschen Bundesverfassungsgerichts - im Gegensatz zu Österreich, das im Übrigen in vielem als Vorbild gedient hat - ist die Urteilsverfassungsbeschwerde, die 1951 eingeführt wurde.[25] Das Bundesverfassungsgericht kann überprüfen, ob die Anwendung des einfachen Rechts durch die Fachgerichte, insbesondere durch die obersten Bundesgerichte, mit dem Grundgesetz übereinstimmt.

Dies verbessert den Rechtsschutz für den Bürger, denn dieser kann jetzt auch die richterliche Rechtsanwendung auf die Einhaltung der Grundrechte hin überprüfen lassen. Die Herausbildung dieses prozessrechtlichen Instrumentariums ging Hand in Hand mit der materiell-rechtlichen Konstitutionalisierung des einfachen Rechts, die ebenfalls nach 1949 in vollem Umfang einsetzte. Zugleich eröffnet die Urteilsverfassungsbeschwerde Konfliktherde zwischen Verfassungs- und ordentlicher Gerichtsbarkeit, die v.a. durch die vorsichtige Handhabung der verfassungsgerichtlichen Kompetenzen (Selbstbeschränkung auf Verfassungsfragen) und durch die Gewöhnung an die Konstitutionalisierung des einfachen Rechts auf Dauer entschärft, aber nicht vollständig abgeschafft wurden.

Tschechien

Die Wurzeln der Gerichtsorganisation und des Prozessrechts in Tschechien reichen bis in die Zeit der Habsburger Monarchie zurück. Auf deren Erbe können die Errichtung des Obersten Gerichts und des Obersten Verwaltungsgerichts zurückgeführt werden: Nach der Unabhängigkeit der Tschechoslowakei übernahm diese die entsprechenden Regelungen aus dem österreichischen Recht

der Justiz, Art. 93-94 sind dem Bundesverfassungsgericht gewidmet, Art. 95-96 regeln die Gerichte, die der Bund errichten muss oder kann; es folgen Vorschriften über die Rechtsstellung der Richter in Art. 97-98 GG, über die Inanspruchnahme von Bundesgerichten durch die Länder in Art. 99 GG, über unterschiedliche Vorlagevefahren verschiedener Gerichte an das Bundesverfassungsgericht in Art. 100 GG, über das Verbot von Ausnahmegerichten und die Grundrechte im Justizbereich in Art. 101-104 GG.

25 1951 wurde das Bundesverfassungsgerichtsgesetz erlassen, das Verfassungsbeschwerden gegen Rechtsvorschriften ebenso wie gegen letztinstanzliche Einzelakte der Justiz und der Verwaltung vorsieht. 1969 wurde die Verfassungsbeschwerde dann auch im Grundgesetz verankert.

und erließ sie als eigene. Ergänzt wurde diese Gerichtsstruktur durch die Einführung eines institutionalisierten Verfassungsgerichts. Diese für die kontinentalen Rechtsordnungen typische zentralisierte Verfassungsgerichtsbarkeit wurde damit formal zuerst in der Tschechoslowakei verwirklicht, bevor sie einige Monate später Österreich und Liechtenstein einführten. Das 1920 errichtete Verfassungsgericht[26] war ausschließlich für die abstrakte Normenkontrolle zuständig. Nach der kommunistischen Machtübernahme 1948 ging diese Zuständigkeit auf den Präsidenten der Nationalversammlung über, der sie aber in der Praxis nicht ausübte; 1960 wurde das Parlament selbst zuständig, die Verfassungsmäßigkeit seiner eigenen Akte zu überprüfen, womit diese Befugnis in der Praxis erlosch. Im Zuge des Prager Frühlings sah das Verfassungsgesetz von 1968 ebenfalls die Errichtung eines Verfassungsgerichts vor, allerdings war hiervon nach dem Einmarsch der sowjetischen Truppen und der sog. „Normalisierung" nicht mehr die Rede. Während und nach der „samtenen Revolution" von 1989 kam die Frage der Verfassungsgerichtsbarkeit erneut auf die Tagesordnung. Einerseits bedeutete dies die Wiederbelebung der durch die kommunistische Machtübernahme abgeschafften Verfassungsgerichtsbarkeit, andererseits wurde die Gründung eines Gerichts mit wesentlich weiteren Zuständigkeiten, das nach deutschem Vorbild auch für den Grundrechtsschutz zuständig sein sollte, gefordert.

In der aktuellen demokratischen tschechischen Verfassung vom 16.12.1992 besteht der Vierte Teil über die Justiz (Art. 81-96) aus zwei Kapiteln, von denen das eine das Verfassungsgericht (Art. 83-89) und das andere die Gerichte (Art. 90-96) behandelt. Vorangestellt sind die Regeln, die für beide Teile gelten, insbesondere in Bezug auf die richterliche Unabhängigkeit (Art. 81-82). Diese Anordnung erlaubt die systematische Schlussfolgerung, dass das Verhältnis zwischen Verfassungsgericht und Justiz nicht einfach als Hierarchie gedeutet werden kann. Zwar definiert Art. 83 der tschechischen Verfassung das Verfassungsgericht als gerichtliches Organ des Schutzes der Verfassung, aber es ist nicht das ausschließliche Organ des Grundrechtsschutzes, weil die Grundrechte laut Art. 4 tschechische Verfassung unter dem Schutz der Gerichte stehen, worunter auch die ordentlichen und die Verwaltungsgerichte zu verstehen sind.

Im tschechischen Recht bestehen zwei Rechtswege und dementsprechend zwei Obergerichte. Zum einen gibt es die ordentlichen Gerichte im engeren

26 Die Errichtung des Verfassungsgerichts ordnete im Grundsatz das Verfassungsgesetz Nr. 121/1920 Sb. an; tatsächlich erfolgte sie dann durch das Verfassungsgerichtsgesetz Nr. 162/1920 Sb.

Sinne, die für bürgerliche und Strafsachen zuständig sind und im Obersten Gericht (Nejvyšší soud) ihre höchste Instanz haben. Zum anderen besteht eine Verwaltungsgerichtsbarkeit, an deren Spitze das Oberste Verwaltungsgericht (Nejvyšší správní soud) steht.

Art. 87 der tschechischen Verfassung weist dem Verfassungsgericht (Ústavní soud) zahlreiche Kompetenzen zu, z.B. die alleinige Befugnis, Rechtsvorschriften aufzuheben, die klassische Staatsgerichtsbarkeit wie Entscheidungen über Wahlen, über ein Impeachment gegen das Staatsoberhaupt oder über Streitigkeiten zwischen Staat und Selbstverwaltungen und schließlich die präventive Verfassungskontrolle völkerrechtlicher Verträge vor deren Ratifizierung. Aus hiesiger Sicht von Bedeutung sind die Zuständigkeiten für Verfassungsbeschwerden gemäß Art. 87 Abs. 1 Buchst. d) tschechische Verfassung und für Vorlagen der ordentlichen und der Verwaltungsgerichte mit dem Ziel, die Verfassungsmäßigkeit von von ihnen anzuwendenden Rechtsvorschriften überprüfen zu lassen, gemäß Art. 95 Abs. 2 der tschechischen Verfassung. Zugleich sind die ordentlichen und die Verwaltungsgerichte berechtigt, von der Anwendung untergesetzlicher Rechtsvorschriften, die sie für rechts-, d.h. verfassungs- oder gesetzwidrig halten, abzusehen, woraus sich keine Außerkraftsetzung *erga omnes* ergibt, sondern nur eine Nichtanwendung *inter partes*. Das Verfassungsgericht spielt mithin eine wichtige Rolle in der Gewährleistung der Verfassungsmäßigkeit, aber diese Rolle ist keineswegs ausschließlich, denn es übt sie in zahlreichen Fällen in Zusammenarbeit mit den Gerichten aus.

Ungarn

Ungarn ist das einzige hier untersuchte Land, das die Kategorie gewechselt hat. Bis 2011 standen Verfassungsgericht (Alkotmánybíróság) und Oberstes Gericht (Legfelsőbb Bíróság) unverbunden nebeneinander, denn ein Urteil der ordentlichen Justiz einschließlich des Obersten Gerichts konnte nicht vor das Verfassungsgericht gebracht werden. Verfassungsrechtsschutz war ausschließlich gegen die im konkreten Fall angewendete Rechtsnorm gegeben, nicht aber gegen deren richterliche Anwendung im Einzelfall. Insofern ähnelte die Rechtslage in Ungarn von 1989/90 bis 2011 der in Österreich und Polen. Die „unechte Verfassungsbeschwerde", d.h. die alleine gegen Rechtsvorschriften mögliche Verfassungsbeschwerde, ist 1989 wohl unmittelbar vom österreichischen Vorbild in das ungarische Recht übernommen worden.

2012 trat die neue Verfassung, das sog. Grundgesetz (Alaptörvény), in Kraft, das auch das Verhältnis von Verfassungsgerichtsbarkeit und Justiz neu ordnete. Art. 24 Abs. 2 Buchst. c) des ungarischen Grundgesetzes ermöglicht weiterhin

Verfassungsbeschwerden gegen Rechtsvorschriften, während die Neuerung des Art. 24 Abs. 2 Buchst. d) die Verfassungsbeschwerde gegen letztinstanzliche Gerichtsurteile einführte. In den groben Linien und ungeachtet der Abweichungen im Detail kann man sagen, dass das ungarische Verfassungsprozessrecht und ihm folgend das institutionelle Arrangement zwischen Verfassungsgericht und Oberstem Gericht vom österreichischen Modell auf das deutsche Modell umgeschwenkt ist.

Dieser Wechsel wurde von der ungarischen Verfassungsrechtswissenschaft schon seit den 1990er Jahren gefordert, und auch das Verfassungsgericht bemängelte stets, dass es zwar die Verfassungsmäßigkeit von Rechtsvorschriften prüfen konnte, nicht aber die Verfassungsmäßigkeit ihrer Anwendung. Welche Gründe den Verfassunggeber schließlich bewogen, die Urteilsverfassungsbeschwerde einzuführen und damit dem Verfassungsgericht partiell eine Überordnung über dem Obersten Gericht, das seit 2012 wieder Kurie (Kúria) heißt, einzuräumen, ist unmöglich zu beurteilen. Der gesamte Kodifikationsprozess fand in einem engen Kreis um den Ministerpräsidenten statt, und ein fertiger Entwurf wurde der politischen, Fach- und sonstigen Öffentlichkeit erst sehr spät präsentiert; zudem peitschte die Regierung ihren Entwurf in nur acht Sitzungen - davon zwei im Plenum - durch das Parlament, um eine Verabschiedung zum symbolträchtigen Ostertag zu gewährleisten.[27] Kritiker argwöhnen, dass die Motive für die Einführung der Urteilsverfassungsbeschwerde nicht nur bürgerfreundlicher Natur waren. Mit der bisherigen Konzentration der verfassungsgerichtlichen Kompetenzen auf die Normenkontrolle waren regelmäßig Akte der politischen Staatsgewalten, d.h. des Parlaments und der Regierung, Gegenstand verfassungsgerichtlicher Befassung gewesen; indem zum einen die Kompetenzen in der Normenkontrolle spürbar zurückgefahren wurden[28] und zum anderen mit der Urteilsverfassungsbeschwerde der Verfassungsgerichtsbarkeit eine neue „Front" gegenüber der Justiz eröffnet wurde, soll - so die nachvollziehbare Argumentation der Kritiker - das Verfassungsgericht sich weniger mit der Kontrolle der politischen Verfassungsorgane befassen und sich dafür in Konflikten mit der Justiz verlieren.

---

27 Zu diesem intransparenten Verfassunggebungsprozess s. *Küpper, Herbert*: Ungarns Verfassung vom 25. April 2011. Einführung - Übersetzung - Materialien, Studien des Instituts für Ostrechts Bd. 70, Peter Lang: Frankfurt/M. 2012, S. 32–36.

28 An die Stelle der Popularklage bei der abstrakten Normenkontrolle trat ein enger Kreis der Antragsberechtigten, und über Finanz-, Steuer- und ähnliche Gesetze ist bis auf weiteres jede Art verfassungsgerichtlicher Normenkontrolle ausgeschlossen: Art. 24 Abs. 2 Buchst. c), e), Art. 37 Abs. 4 ungarisches Grundgesetz.

Eine weitere ungarische Besonderheit ist, dass auf beiden Seiten des institutionellen Arrangements jeweils nur ein Gericht steht: auf der einen Seite das Verfassungsgericht, auf der anderen Seite die Kurie. Die Kurie ist die unangefochtene Spitze der ungarischen Einheitsgerichtsbarkeit, sie ist für die Einheitlichkeit der Rechtsprechung verantwortlich und verfügt zu diesem Zweck über quasinormative Lenkungsmittel gegenüber der Rechtsprechung der nachgeordneten Gerichte.[29] Damit unterscheidet sich die ungarische Gerichtsstruktur von der der anderen hier behandelten Staaten, wo dem Verfassungsgericht regelmäßig mehr als ein Obergericht - meist ein oberstes Gericht und ein oberstes Verwaltungsgericht, in Deutschland sogar fünf oberste Bundesgerichte - gegenübersteht. Ein Vergleich bietet sich bestenfalls mit den frühen Jahren der polnischen Verfassungsgerichtsbarkeit an, als auf Seiten der Justiz die Stellung des Obersten Gerichts noch übermächtig war und das neue, noch um seinen Platz ringende Hauptverwaltungsgericht an den Rand drückte.

Auch in Ungarn sind der Schutz der Verfassung und insbesondere der Schutz der Grundrechte kein Monopol des Verfassungsgerichts. Bereits die alte Verfassung überantwortete in § 70/K den Schutz der Grundrechte ausdrücklich (auch) den ordentlichen Gerichten, auch wenn diese das Potenzial dieser Vorschrift – etwa im Gegensatz zu den tschechischen Gerichten – nie voll ausschöpften. Heute definiert das neue Grundgesetz in Art. 24 Abs. 1 das Verfassungsgericht als „oberstes", aber eben nicht als einziges Organ des Schutzes der Verfassung. Die Verfassung ist gemäß Art. R) Abs. 1-2 ungarisches Grundgesetz die Grundlage der Rechtsordnung und für alle verbindlich, und Art. 28 ungarisches Grundgesetz schreibt den Gerichten die Auslegung des einfachen Rechts u.a. in Übereinstimmung mit der Verfassung vor. Wenn die Gerichte im Zuge ihrer Rechtsanwendungstätigkeit eine Verfassungswidrigkeit in einer Rechtsvorschrift, d.h. einem Gesetz oder einer niederrangigeren Norm, wahrnehmen, legen sie gemäß Art. 24 Abs. 2 Buchst. b) ungarisches Grundgesetz die Frage dem Verfassungsgericht vor, das das Verwerfungsmonopol für Rechtsvorschriften hat. Ohne die „Wahrnehmung", d.h. die Prüfung der befassten einfachen Gerichte läuft diese Funktion des Verfassungsgerichts leer; in dieser konkreten Normenkontrolle wird das Kooperationsverhältnis zwischen Verfassungsgericht und Justiz bei der Wahrung der Verfassung und der Grundrechte besonders deutlich.

29 Art. 25 Abs. 1 Satz 1, Abs. 3 ungarisches Grundgesetz.

B. Verfassungsbeschwerde als institutioneller Berührungspunkt

Die Urteilsverfassungsbeschwerde ist diejenige Institution, die die Obergerichte und die Verfassungsgerichte am intensivsten verklammert, denn sie erlaubt es dem Verfassungsgericht, die Entscheidungen der Obergerichte und ggf. der nachgeordneten Gerichte zu überprüfen und aufzuheben. Das kann für sich genommen schon zu einem offenen Konflikt zwischen den beiden Gerichtsbarkeiten führen, denn die Urteilsverfassungsbeschwerde stellt die Richtigkeit der Rechtsanwendung des ordentlichen Gerichts in Frage. Je umfangreicher das Verfassungsgericht die Rechtsprechung der ordentlichen Gerichte überprüft, desto eher setzt es sich an deren Stelle und an die Spitze der Gerichtshierarchie. Das schafft einerseits eine auch verfassungsrechtlich fragliche Lage, denn es setzt die ansonsten geltende Kompetenzaufteilung zwischen den zwei Gerichtsbarkeiten außer Kraft. Andererseits widerspricht es auf lange Sicht auch dem wohlverstandenen Eigeninteresse des Verfassungsgerichts, weil es zu einer nicht mehr handhabbaren Fallbelastung führt. Das zeigt z.B. der im österreichischen Recht eingeführte Parteiantrag auf Normenkontrolle, der eine größere Fallzahl als erwartet produziert.[30]

Der erste offensichtliche Unterschied zwischen den hier verglichenen Staaten liegt im Gegenstand der Verfassungsbeschwerde: Erstreckt sich diese nur auf die angewandte Rechtsvorschrift oder auch auf deren richterliche Auslegung und Anwendung?

Der zweite Kristallisationspunkt des Verhältnisses zwischen Verfassungsgericht und ordentlicher Gerichtsbarkeit ist die Praxis des Verfassungsgerichts bei der Zulassung eingehender Beschwerden. Wenn das Verfassungsgericht zu großzügig bei der Zulässigkeitsprüfung ist, kann dies zu verfassungsgerichtlichem Aktivismus führen, was nicht zuletzt wieder die Fallzahlen vor dem Verfassungsgericht in die Höhe schnellen lässt. Diese teilweise politische und teilweise gerichtspraktische Problematik hat auch eine dogmatische Seite: die Gewährleistung des heiklen Gleichgewichts zwischen dem Vorrang der Verfassung einerseits und der Unabhängigkeit der Richter und der Gerichte andererseits. Diese Problematik gipfelt in zwei Fragen: erstens in der Subsidiarität der Verfassungsbeschwerde, die die Erschöpfung aller vor den ordentlichen Gerichten gegebenen Rechtsmittel voraussetzt, und zweitens die inhaltliche Beschränkung der Rechtsfragen, die das Verfassungsgericht prüft.

---

30 Hierzu s. den Länderbeitrag Österreich in diesem Band, Punkt B.1.

1. Die „unechte" Verfassungsbeschwerde

Österreich, Polen und Ungarn bis 2011 weisen den gemeinsamen Zug auf, dass eine Verfassungsbeschwerde nur gegen die angewandte Rechtsvorschrift zulässig ist, nicht aber gegen ihre gerichtliche Anwendung im Einzelfall. Einerseits zieht diese Rechtslage eine klare Zuständigkeitsgrenze zwischen dem Verfassungsgericht und den Gerichten, was das Konfliktpotenzial wesentlich verringert, denn das Verfassungsgericht hat keine Gelegenheit, die gerichtliche Rechtsauslegung in Zweifel zu ziehen. Gerade die polnische Regelung wurde ausdrücklich zu dem Zweck erlassen, dass die Rechtsauslegung und Rechtsanwendung der Gerichte nicht unter die Kontrolle des Verfassungsgerichts geraten sollen; letztlich wollte der polnische Gesetzgeber die zentrale Rolle des Obersten Gerichts bei der Rechtsauslegung nicht beschneiden. Dahinter steht teilweise noch der aus dem sozialistischen Recht überkommene Vulgärpositivismus,[31] der von der dogmatischen Grundannahme ausging, dass zwischen der Rechtsvorschrift und ihrer Anwendung kein Unterschied bestehe und die richterliche Rechtsanwendung ein Automatismus sei, in dem der Richter die Funktion einer „bouche de la loi" einnehme, der das Recht nicht anders anwende, als es im Gesetzblatt veröffentlicht steht. In Österreich hingegen wird aus dem Arrangement der drei Höchstgerichte, ihrem Aufgabenzuschnitt und ihrer Selbstdefinition abgeleitet, dass es einem Höchstgericht nicht zusteht, die Rechtsprechung der beiden anderen Höchstgerichte zu überprüfen; gegenseitige Wechselwirkungen und somit der Einfluss des Verfassungsgerichtshofs auf die zivil-, straf- und verwaltungsrechtliche Rechtsprechung entfalten sich durch die Überzeugungskraft der Urteile,[32] nicht aber durch formale Mechanismen oder gar eine förmliche Prüfkompetenz.

Andererseits beschneidet diese Rechtslage die Verfassungsgerichtsbarkeit, denn sie immunisiert die gerichtliche Rechtsanwendung gegen die Einwirkung des Verfassungsgerichts mit dem Ergebnis, dass sich niemand zuständig fühlt, die Verfassungsmäßigkeit der Anwendung von Rechtsvorschriften zu überprüfen. Jedenfalls für Polen und Ungarn gilt, dass die Obergerichte im Sozialismus dazu nicht sozialisiert waren, und in Österreich ergibt sich für die ordentlichen und die Verwaltungsgerichte aus der Dreierspitze der Justiz eine

---

31 *Jakab, András / Hollán, Miklós*: Die dogmatische Hinterlassenschaft des Sozialismus im heutigen Recht: Das Beispiel Ungarn, Jahrbuch für Ostrecht 46 (2005) S. 11–40 (13-18, 22-24).

32 Der Länderbeitrag Österreich in diesem Band, Punkt B.4., spricht in diesem Zusammenhang von einem „ausgeprägte(n) ‚Dialog- und Kooperationsverhältnis' zwischen den Höchstgerichten".

Rollenauffassung, die spezifisch verfassungsrechtliche Aspekte in den Hintergrund drängt und sie nur mittelbar zum Tragen kommen lässt, was man nicht zuletzt daran sieht, dass diese Gerichtszweige ihre Vorlagepflicht im Rahmen der konkreten Normenkontrolle nicht allzu eifrig wahrnehmen.[33] Die Verfassungsgerichte hingegen haben überall, wo dieses Modell herrscht, keine Möglichkeit zur Verfassungskontrolle der Rechtsprechungsinhalte. Je weiter sich die tatsächliche Rechtsanwendungspraxis vom Normtext entfernt, desto drängender stellt sich dieses Problem.

Insbesondere in der polnischen und der ungarischen Praxis hat sich die Frage gestellt, wo die Grenze zwischen einer Verfassungsverletzung durch den Inhalt der Rechtsnorm und einer Verfassungsverletzung durch die gerichtliche Auslegung einer für sich genommen verfassungsmäßigen Rechtsnorm gezogen werden kann. Diese Frage ist schon deshalb von fundamentaler Bedeutung, weil im ersten Fall die Prüfungskompetenz des Verfassungsgerichts eröffnet ist und im zweiten nicht, selbst wenn die Gerichtsentscheidung selbst offensichtlich verfassungswidrig ist.

Die polnische Verfassungsgerichtspraxis entwickelte die Formel der „festen und allgemein anerkannten Gerichtspraxis", wonach die Auslegung durch die Justiz vom Verfassungsgericht hingenommen und als maßgeblich betrachtet wird, insoweit diese innerhalb der Justiz allgemein anerkannt und verbreitet ist. Diese ständige Gerichtspraxis erschließt sich v.a. aus den Auslegungsbeschlüssen und Urteilen des Obersten Gerichts und des Hauptverwaltungsgerichts, und für seine Zwecke weist das Verfassungsgericht der unterverfassungsrechtlichen Norm den Inhalt zu, mit dem sie die „feste und allgemein anerkannte Gerichtspraxis" anwendet.[34]

Vergleichbar verfährt das ungarische Verfassungsgericht. Auch die ungarischen Verfassungshüter legen bei der Auslegung des einfachen Rechts die Variante zugrunde, die von der ordentlichen Justiz in ständiger Praxis verwendet wird. Hierfür prägten sie schon sehr früh den Begriff des „lebenden Rechts", der diese Vorgangsweise des Verfassungsgerichts zur dogmatischen Figur erhebt.[35]

Sowohl der polnischen als auch der ungarischen Verfassungsrechtsprechung liegt die – teils unausgesprochene, teils offen dargelegte – Erkenntnis zugrunde, dass (fast) jede Rechtsnorm auslegungsfähig und auslegungsbedürftig ist; das bedeutet für beide Rechtskulturen den Abschied von der sozialistischen

33 Hierzu s. in diesem Band die Länderbeiträge zu Österreich, Punkt B.1., zu Polen, Punkt 1., und zu Ungarn, Punkt A.1.-2.

34 Hierzu s. den Länderbeitrag Polen in diesem Band, Punkt 10.

35 Hierzu s. den Länderbeitrag Ungarn in diesem Band, Punkt D.1.

„Bouche-de-la-loi"-Theorie.[36] Erkennt man die Vielzahl der in (fast) jeder Rechtsnorm angelegten Auslegungsmöglichkeiten an, ist es nur folgerichtig, dass die Fachgerichte festlegen, welche von diesen in der Praxis zum Zuge kommt. Und es entspricht auch dem Rechtsschutzbedürfnis des Bürgers, dass die Verfassungsgerichte die Verfassungsmäßigkeit einer Norm im Hinblick auf deren Inhalt, so wie er gegen den Bürger zur Anwendung kommt, und nicht mit einem hypothetischen, von der praktischen Anwendung isolierten Inhalt überprüften.

In Österreich hingegen wird das Problem durch das Selbstverständnis der drei Höchstgerichte teils hinwegdefiniert, teils ignoriert und teils gelöst. Soweit der Verfassungsgerichtshof aus einem konkreten Prozess heraus mit der Verfassungsmäßigkeit einer Rechtsvorschrift befasst wird, wie dies bei der konkreten Normenkontrolle und dem Parteiantrag der Fall ist, ist in gewissem Rahmen die Auslegung des einfachen Rechts bereits durch die befassten Rechtsanwender in der Justiz vorgegeben, d.h. die Norm ist durch die Rechtsauffassung des sie anwendenden (und ggf. vorlegenden) Gerichts eingefärbt. Anders ist der Fall der Rechtssatzverfassungsbeschwerde durch den Bürger: Dieser wehrt sich außerhalb einer konkreten Anwendung im Einzelfall gegen ihn unmittelbar, d.h. ohne rechtsanwendenden Einzelakt belastende Gesetze und Verordnungen. Hier wird dem Verfassungsgerichtshof somit die nackte Rechtsvorschrift unterbreitet, und der Verfassungsgerichtshof verneint eine formale Bindungswirkung der fachgerichtlichen Rechtsauslegung für seine Rechtsprechung; umgekehrt erkennen die Fachgerichte wiederum die vom Verfassungsgerichtshof gefundene Auslegung einer unterverfassungsrechtlichen Norm für sich nicht als bindend an.[37] So ergibt sich aus dem Nebeneinander der drei Höchstgerichte ein Nebeneinander verfassungs- und fachgerichtlicher Auslegung des einfachen Rechts: Die verschiedenen Gerichte nehmen zwar durchaus Notiz von den Rechtsansichten der anderen Gerichte, fühlen sich aber formell nicht daran gebunden, schließen sich jedoch im Einzelfall durchaus einer als sachgerecht anerkannten Rechtsauslegung eines anderen Gerichts an.

2. *Die „echte" Verfassungsbeschwerde*

Eine Eigenheit der deutschen, der tschechischen und seit dem Inkrafttreten des Grundgesetzes auch der ungarischen Verfassungsgerichtsbarkeit besteht darin,

---

36 *Rafał, Mańko*: Survivial of the Socialist Legal Tradition? A Polish Perpsective, Comparative Law Revie 4.2 (2013) S. 1–28; *Uzelac, Alan*: Survival of the Third Legal Tradition? Supreme Court law Review 49 (2010) S. 377–396.

37 Hierzu s. den Länderbeitrag Österreich in diesem Band, Punkt B.1.

dass eine Verfassungsbeschwerde nicht nur eine Rechtsvorschrift angreifen kann, sondern auch die richterliche Rechtsanwendung. Im Prinzip ermöglicht dies ein viel intensiveres verfassungsgerichtliches Eingreifen. Daher stieß die „echte" Verfassungsbeschwerde in den betroffenen Ländern zunächst auf deutlichen Widerstand, weil die obersten Fachgerichte diese neue Machtkonstruktion nur schwer akzeptieren konnten; ihren Widerstand konnten sie teils mit Hinweisen auf die Konsequenzen für die Gewaltenteilung untermauern. Dogmatisch finden diese Konfliktlinien in der Subsidiarität der Verfassungsbeschwerde und in der Begrenzung des Umfangs der verfassungsgerichtlichen Kontrolle ihren Niederschlag.

a) Subsidiarität der Verfassungsbeschwerde

Ein zentrales Charakteristikum der Verfassungsbeschwerde ist ihre Subsidiarität. Obwohl sie einen Rechtsbehelf darstellt, kann sie dennoch nicht zu den ordentlichen oder außerordentlichen Rechtsmitteln gezählt werden, denn sie kann nur in Anspruch genommen werden, falls der Beschwerdeführer über die Behauptung einer einfachen Rechtsverletzung im vorangegangenen behördlichen oder gerichtlichen Verfahren hinausgeht und dartut, dass er in seinen verfassungsrechtlich garantierten Rechten verletzt worden ist. In diesem Punkt stimmen das deutsche, das tschechische und das neue ungarische Recht überein,[38] was auf die befruchtende Wirkung der ältesten diesbezüglichen, nämlich der deutschen Rechtsvorschrift zurückzuführen ist.

Formen der Subsidiarität

Subsidiarität bedeutet vor allem, dass alle zur Verfügung stehenden Rechtsmittel auszuschöpfen sind. Es wäre allerdings ein Fehler, die Subsidiarität auf dieses eine Moment zu verengen, wie das die deutsche und tschechische Praxis deutlich illustriert. Der Sinn der Subsidiarität ist, den Fachgerichten die Möglichkeit zu gewähren, selbst die Grundrechtsverletzung zu heilen. Der primäre Grundrechtsschutz ist nämlich die Aufgabe der Fachgerichte, und wenn sie eine Grundrechtsverletzung wahrnehmen, haben sie diese abzustellen und die notwendigen rechtlichen Konsequenzen daraus zu ziehen.

Das Verfassungsgericht wird folgerichtig nur sekundär tätig. Um den Primat des fachgerichtlichen Grundrechtsschutzes und die sekundäre Rolle des Verfassungsgerichts zu wahren, verlangt das Verfassungsprozessrecht vom

---

38 Hierzu s. in diesem Band die Länderbeiträge zu Deutschland, Punkt C.1., zu Tschechien, Punkt B., und zu Ungarn, Punkt C.1.

Beschwerdeführer regelmäßig noch mehr als die bloß formale Erschöpfung des Rechtswegs. Hinzu kommt etwas, was man als materielle Erschöpfung der zur Verfügung stehenden Rechtsmittel beschreiben kann: Der Beschwerdeführer darf seine (angebliche) Grundrechtsverletzung nicht erst in dem Antrag auf eine Urteilsverfassungsbeschwerde anführen, sondern muss die grundrechtsrelevanten Tatsachen und Rechtsargumente – so weit wie möglich – bereits in dem Ausgangsverfahren vorbringen.

Konsequent ist ein solches Zulässigkeitserfordernis für die Urteilsverfassungsbeschwerde allerdings nur dann, wenn die zuvor befassten Fachgerichte eine gewisse Offenheit gegenüber grund- und verfassungsrechtlichen Argumentationen zeigen. Dies ist zwar die Pflicht der Fachgerichte, aber wie das westdeutsche Beispiel nach 1949 und die ostmitteleuropäischen Beispiele nach 1989 zeigen, brauchen zuvor gegen die Konstitutionalisierung „ihrer" einfach-rechtlichen Rechtsgebiete immunen Gerichtszweige eine gewisse Dauer, den Geltungsanspruch der Verfassung für die Inhalte des einfachen Rechts zu akzeptieren. Solange dieser Prozess nicht abgeschlossen ist, wäre es widersprüchlich, von einem Verfassungsbeschwerdeführer zu verlangen, vor den Ausgangsgerichten verfassungsrechtlich zu argumentieren, obwohl eben diese Ausgangsgerichte nur fachrechtliche Argumente anzuerkennen bereit sind. In Österreich und Deutschland sind die Fachgerichte – wenn auch in den Details durchaus unterschiedlich – daran gewöhnt, die verfassungsrechtlichen Implikationen des anzuwendenden Rechts und der zu beurteilenden Fälle mit einzubeziehen. In Polen, Tschechien und Ungarn ist ein vergleichbarer Prozess so weit gediehen, dass es seit etwa zwei Jahrzehnten nach der Wende nicht mehr aussichtslos und dementsprechend auch nicht mehr ungewöhnlich ist, vor Zivil- und Straf-, vor Verwaltungs- und Arbeitsgerichten auch verfassungsrechtlich zu argumentieren. Dass dieser Prozess nicht immer schmerzfrei vonstattengeht, zeigen die „Stellungskriege" in der jungen Bundesrepublik ebenso wie der „Krieg der Gerichte" in Tschechien.[39]

Deutschland und Tschechien: formelle und materielle Erschöpfung des Rechtswegs

War dem Beschwerdeführer eine verfassungsrechtliche Argumentation möglich und hat er sie im Ausgangsverfahren dennoch versäumt, so betrachtet

---

39 Zu diesem „martialischen" Erscheinungen in der Justiz der beiden Länder s. in diesem Band die Länderbeiträge zu Deutschland, Punkte A.1. und F., und zu Tschechien, Punkt C.

das deutsche Bundesverfassungsgericht die Urteilsverfassungsbeschwerde als unzulässig: Der Beschwerdeführer hat die ihm zur Verfügung stehenden Rechtsschutzmöglichkeiten nicht genutzt. Insofern dem Beschwerdeführer „vorgeworfen" wird, er habe die Geltendmachung der verfassungsrechtlichen Aspekte in einem, v.a. in einem auf dem Offizialprinzip beruhenden Gerichtsverfahren versäumt, wird in der Literatur zu bedenken gegeben, dass vor den Fachgerichten der Grundsatz des *iura novit curia* gelte, d.h. der Grundsatz, dass das anzuwendende Recht dem Gericht bekannt sei(n müsse), weshalb von der Partei nur die Zurverfügungstellung der Tatsachen, nicht aber deren begleitende rechtliche Aufarbeitung verlangt werden könne. Das Bundesverfassungsgericht hingegen ist strenger und verlangt regelmäßig, dass der Beschwerdeführer im Ausgangsprozess auch verfassungsrechtliche Argumente angebracht hat.[40]

Ähnlich wie das deutsche Bundesverfassungsgericht verfährt das tschechische Verfassungsgericht. Auch die Brünner Richter verlangen eine „materielle Erschöpfung des Rechtswegs" und erwarten, dass der Beschwerdeführer die verfassungsrechtlich relevanten Tatsachen und seine verfassungsrechtlichen Argumente bereits im Ausgangsverfahren vorträgt. Allerdings nimmt das tschechische Verfassungsgericht im Ausgangsverfahren auch die befassten Fachgerichte in die Pflicht, von denen die Kenntnis des anzuwendenden Rechts einschließlich des Verfassungsrechts erwartet werden könne: Auch in Tschechien gilt *iura novit curia*.[41]

Ungarn: Formelle Erschöpfung des Rechtswegs

Anders als in Deutschland und in Tschechien beschränkt sich in Ungarn die verfassungsgerichtliche Auslegung des Subsidiaritätserfordernisses auf die formelle Erschöpfung des Rechtswegs: Nur das letztinstanzliche Urteil ist beschwerdefähig. Soweit keine weiteren ordentlichen[42] Rechtsmittel zur Verfügung stehen, ist dem verfassungsprozessualen Erfordernis der Erschöpfung des Rechtswegs Genüge getan.

---

40 Hierzu s. den Länderbericht Deutschland in diesem Band, Punkt C.2.

41 Verfassungsgericht Erkenntnis III. ÚS 242/2000 vom 21.12.2000; hierzu s. den Länderbeitrag Tschechien in diesem Band, Punkt B.2.

42 Bereits die Zulässigkeit des außerordentlichen Rechtsmittels der Revision hindert nicht die Einlegung der Urteilsverfassungsbeschwerde, und es ist nicht unüblich, dass der Beschwerdeführer gegen das Berufungsurteil, das nach ungarischem Prozessrecht die letzte reguläre Instanz bildet und somit stets rechtskräftig ist, sowohl Revision vor der Kurie (außerordentliches Rechtsmittel) als auch Verfassungsbeschwerde vor dem Verfassungsgericht (außerordentlicher Rechtsbehelf) einlegt.

Es wäre allerdings verfehlt anzunehmen, dass die ungarischen Verfassungsrichter eine grundsätzlich andere Auffassung von der Subsidiarität vertreten als ihre deutschen und tschechischen Kollegen. Letztlich ist der ungarische Standpunkt noch nicht klar. Auch Karlsruhe und Brünn begannen ihre Rechtsprechung mit der formellen Argumentation, die sie dann später anhand geeigneter Fälle um die genannte materielle Komponente erweiterten. Das ungarische Verfassungsgericht steht noch am Anfang seiner diesbezüglichen Rechtsprechung, und es ist nicht auszuschließen, dass es bislang bei seiner formellen Auffassung von Subsidiarität stehen geblieben ist, weil geeignete Anlassfälle für die Fortentwicklung in Richtung materielle Subsidiarität noch nicht aufgetaucht (oder nicht erkannt worden) sind. Das geschriebene Verfassungsprozessrecht steht jedenfalls in Ungarn der Interpretation des Subsidiaritätserfordernisses als auch materiell ebenso wenig entgegen wie die vergleichbaren deutschen und tschechischen Gesetzestexte.

b) Eingeschränkter Umfang der verfassungsgerichtlichen Kontrolle

Das Verhältnis zwischen dem Verfassungsgericht und den Obergerichten wird nicht nur, aber auch im Bereich der Urteilsverfassungsbeschwerde wesentlich davon geprägt, welche Rechtsfragen der verfassungsgerichtlichen Beurteilung unterliegen. Im Mittelpunkt dieser Problematik steht die Abgrenzung der einfachen Gesetzeswidrigkeit von der Verfassungswidrigkeit. Wo nur Rechtsvorschriften den Prüfungsgegenstand des Verfassungsgerichts bilden, wie dies in Österreich und Polen der Fall ist und in Ungarn bis 2011 der Fall war, ist höchstens die Frage problematisch, wer den zu prüfenden Inhalt des einfachen Rechts vorgibt: Prüft das Verfassungsgericht ein Gesetz oder eine Rechtsverordnung als „law on the books“ oder in ihrer Funktion als „law in action“?[43]

Komplizierter stellt sich die Frage in den Ländern dar, die die Urteilsverfassungsbeschwerde kennen. In Deutschland, Tschechien und seit 2012 in Ungarn bildet die Urteilsverfassungsbeschwerde keinen Bestandteil des ordentlichen Rechtswegs und soll auch kein solcher Bestandteil werden. Deshalb liegt ihre Funktion nicht in der klassischen obergerichtlichen Rolle der Überwachung der Richtigkeit und – in den hier untersuchten Staaten in unterschiedlicher Intensität – der Einheitlichkeit der Anwendung des einfachen Rechts.[44] Um eine „Superrevisionsinstanz“ für das einfache Recht zu sein, fehlen dem Verfassungsgericht die Kapazitäten und die Fachkenntnisse, und im Übrigen ist eine Verdoppelung

43 Dazu zuvor Punkt II.B.1.

44 Zum Aspekt der Einheitlichkeit der Rechtsanwendung s. auch unten Punkt III.

der Rolle einer obersten Auslegungsinstanz für das einfache Recht weder prozessökonomisch noch aus Sicht der Einheitlichkeit und Widerspruchsfreiheit der Rechtsordnung, mithin aus der Sicht des Rechtsstaates wünschenswert oder gar notwendig. Die Aufsicht über die Richtigkeit und Einheitlichkeit der Anwendung des einfachen Rechts ist bei den obersten Fachgerichten regelmäßig in guten Händen, und es nicht zu erkennen, dass eine Abgabe dieser Rolle an ein Verfassungsgericht zu einer Qualitätssteigerung dieser Aufsicht führen könnte.

Bei der Abgrenzung der verfassungsgerichtlichen und der fachgerichtlichen Kompetenzen in der (letzt-)verbindlichen Auslegung des Rechts auf der Scheidelinie zwischen Verfassung und einfachem Recht finden die hier untersuchten drei Rechtsordnungen verschieden akzentuierte Antworten, die dennoch in ihren Grundzügen weit gehend übereinstimmen.

Deutschland

Das deutsche Bundesverfassungsgericht verwendet die Figur des „spezifischen Verfassungsrechts", um die Konflikte bei der verfassungsgerichtlichen Überprüfung von Gerichtsentscheidungen zu reduzieren. Sowohl bei der Zulässigkeit als auch bei der Begründetheit von Urteilsverfassungsbeschwerden muss die (behauptete) Rechtsverletzung eine bestimmte Intensität erreichen, um als „spezifisch" verfassungsrechtlich qualifiziert zu werden. Auch wenn diese Argumentationsfigur in der Praxis meist zu handhabbaren Lösungen führt, verschiebt sie auf dogmatischer Ebene die Frage nur. Schließlich kann im konstitutionellen Rechtsstaat jeder Rechtswidrigkeit im staatlichen Handeln ein verfassungs- und auch ein grundrechtlicher Aspekt abgewonnen werden. Eine wiederum eher praktisch hilfreiche als dogmatisch fest untermauerte Konstruktion ist hierbei die sog. Schumannsche Formel, wonach das Bundesverfassungsgericht den Urteilsinhalt wie eine Rechtsnorm behandelt und dann prüft, ob ein Gesetz mit exakt diesem Inhalt gegen Grundrechte verstoßen würde. Durch diese Denkoperation wird die einfach-rechtliche Richtigkeit des Urteils in den Hintergrund gedrängt, und die verfassungsgerichtliche Prüfung verengt sich auf die verfassungs- und hier wiederum v.a. auf die grundrechtlichen Aspekte.[45] Dieselbe Technik wendet auch das ungarische Verfassungsgericht bisweilen an, ohne sie jedoch mit einer besonderen Bezeichnung zu versehen oder auch nur offenbar

---

45 Hierzu s. den Länderbeitrag Deutschland in diesem Band, Punkt C.2., sowie *Hermes, Georg*: Verfassungsrecht und einfaches Recht – Verfassungsgerichtsbarkeit und Fachgerichtsbarkeit, VVDStRL Bd. 61, 2002, S. 119–154 (121-127).

zu machen, dass es hier diese Technik anwendet; die entsprechende ungarische Verfassungspraxis scheint eher intuitiv zu sein.

Die Grenze der Autonomie der fachgerichtlichen Rechtsauslegung zieht das Bundesverfassungsgericht bei der Willkür. Verfassungsdogmatisch ist ein Gerichtsurteil willkürlich, wenn es eine Rechtsauslegung und -anwendung wählt, die das Gleichbehandlungsgebot in Art. 3 Abs. 1 Grundgesetz schwer verletzt; praktisch nimmt das Bundesverfassungsgericht dann Willkür an, wenn das Urteil im Hinblick auf die gängige Rechtsanwendung nicht mehr verständlich ist, d.h. den fachgerichtlichen Konsens verlässt. In den seltenen Fällen, in denen es eine willkürliche fachgerichtliche Auslegung des einfachen Rechts bejaht, beschreibt das Bundesverfassungsgericht in seinem Urteil zwar detailliert die verfassungsrechtlichen Anforderungen an die Urteilsfindung im konkreten Fall, hütet sich aber davor, eine bestimmte Auslegung des einfachen Rechts vorzugeben.[46]

Tschechien

Auch in der tschechischen Verfassungsrechtsprechung ist der Wunsch nachweisbar, die Frage der Grenzziehung zwischen Verfassungsrecht und einfachem Recht und somit die Abgrenzung der Zuständigkeitssphären von Verfassungs- und Fachgerichtsbarkeit nicht immer wieder aufs Neue Einzelfallerwägungen zu überlassen, sondern sie zu systematisieren. Das Verfassungsgericht hat hierzu eine Drei-Stufen-Prüfung entwickelt, die in Tschechien auch als „Algorithmus" bezeichnet wird. Mit jeder Stufe steigert sich die Prüfungsintensität, d.h. das Verfassungsgericht beginnt zunächst mit der Prüfung, die die fachgerichtliche Rechtsauslegung am wenigsten beeinträchtigt: Ist die der Entscheidung zu Grunde liegende Rechtsvorschrift verfassungsmäßig? Dieser Prüfungsschritt lässt die fachgerichtliche Argumentation noch gänzlich unberührt. Der zweite Prüfungsschritt betrifft die Einhaltung der verfassungsrechtlichen Verfahrensgarantien durch das Verfassungsgericht; die Konzentration auf das Verfahrensrecht in diesem Prüfungsabschnitt hat wiederum den Vorteil, dass das Verfassungsgericht sich noch nicht zu den Aussagen der Fachgerichte zum materiellen Norminhalt äußern muss. Diese Prüfung erfolgt erst im dritten und letzten Schritt, in dem das Verfassungsgericht überprüft, ob die Rechtsanwendung durch die ordentlichen oder die Verwaltungsgerichte mit der Verfassung und insbesondere mit den Grundrechten des Beschwerdeführers in Einklang steht.[47]

46 Hierzu s. den Länderbeitrag Deutschland in diesem Band, Punkt C.3.
47 Hierzu s. den Länderbeitrag Tschechien in diesem Band, Punkt B.3.

Auf dieser dritten Stufe, der materiellen Prüfung der Verfassungsmäßigkeit des Urteils, greift das tschechische Verfassungsgericht auf ähnliche Gedanken zurück wie das deutsche. Es prüft nicht die Richtigkeit der Anwendung des einfachen Rechts, sondern beschränkt sich auf die Prüfung unter verfassungsrechtlichen Gesichtspunkten. Ähnlich wie in Deutschland gilt auch in Tschechien nicht jede Verletzung des einfachen Rechts gleich auch als Verfassungsverletzung. Die Verletzung des einfachen Rechts muss eine besondere Intensität annehmen, um auch als Verfassungsverletzung angesehen zu werden. Wann dies der Fall ist, ist in Tschechien ebenso wie in Deutschland letztlich eine Abwägung im Einzelfall. Auch in der tschechischen Verfassungspraxis bildet die Willkür der fachgerichtlichen Rechtsauslegung und -anwendung ein Einfallstor für das Verfassungsgericht, sich zu den einfach-rechtlichen Inhalten der angegriffenen Rechtsprechung zu äußern.

Ungarn

Anders als Deutschland und Tschechien steht Ungarn noch am Anfang einer diesbezüglichen Verfassungsrechtsprechung. Daher findet sich noch keine dogmatische Verfestigung. Die Grundgedanken der ungarischen Verfassungsrechtsprechung sind jedoch mit der deutschen und tschechischen Verfassungspraxis vergleichbar. Aus der Rollenzuschreibung als oberster Wächter der Verfassung in Art. 24 Abs. 1 des ungarischen Grundgesetzes leitet das Verfassungsgericht ab, dass es nicht für die Gewähr der Richtigkeit der Anwendung des einfachen Rechts zuständig ist; die überantwortet Art. 25 Abs. 1 Satz 2 Grundgesetz nämlich ausdrücklich der Kurie. Dieses Rollenverständnis drückt das ungarische Verfassungsgericht in dem Begriff aus, es wolle und solle keine „reguläre vierte Instanz“ sein; auch der aus Deutschland übernommene Begriff der „Superrevisionsinstanz“ fällt in seiner Rechtsprechung.

In der Verfassungspraxis setzt das Verfassungsgericht dieses Rollenverständnis v.a. in seiner restriktiven Handhabung der Zulässigkeitsvoraussetzungen der Urteilsverfassungsbeschwerde um. Dabei stützt es sich v.a. auf die Vorschrift, wonach der Beschwerdeführer die Verletzung eines verfassungsrechtlich gewährten subjektiven Rechts geltend machen muss.[48] In der Regel sieht es diese Zulässigkeitsvoraussetzung als nicht erfüllt an, wenn sich das Vorbringen des Beschwerdeführers in der Rüge der falschen Anwendung des einfachen Verfahrens- oder materiellen Rechts erschöpft. Das ungarische Verfassungsgericht vermeidet dabei genauso wie seine deutsche und tschechische

48 § 27 Buchst. a) Gesetz 2011: CLI über das Verfassungsgericht vom 21.11.2011.

Schwesterinstitutionen die genannte rechtsstaatliche Falle, dass jede falsche Rechtsanwendung im konstitutionellen Rechtsstaat eine verfassungs- und v.a. auch eine grundrechtliche Seite hat. Eine Systematisierung der Kriterien, wann eine bloße Rechtsverletzung oder wann eine Grundrechtsverletzung vorliegt, hat das ungarische Verfassungsgericht noch nicht in Angriff genommen. Es wägt vielmehr das Vorbringen des Beschwerdeführers im Einzelfall ab.[49]

Vergleich

Die Techniken der drei Verfassungsgerichte sind ähnlich: Sie ziehen sich auf eine reine Verfassungsprüfung zurück, um die Autonomie der fachgerichtlichen Rechtsauslegung und -anwendung zu wahren, aber auch ihre eigenen Kapazitäten zu schützen. Begriffliche Verfestigungen der Abgrenzungskriterien sind in Deutschland und Tschechien v.a. praktische Instrumente, deren dogmatische Substanz dünn ist. Dennoch gelingt beiden Verfassungsgerichten, den verfassungsrechtlichen Aspekt, der jeder Rechtsverletzung innewohnt, zu ignorieren und sich auf das in Deutschland so genannte „spezifische" Verfassungsrecht zu konzentrieren. Das gelingt auch dem ungarischen Verfassungsgericht, das sich v.a. auf sein Rollenverständnis und eine restriktive Handhabung der Zulässigkeitskriterien stützt. Das in Deutschland und Tschechien bisweilen verwendete Kriterium der Willkür, das den Verfassungsgerichten erlaubt, in der Sache doch Stellung zur fachgerichtlichen Anwendung des einfachen Rechts zu nehmen, ist in Ungarn bislang – möglicherweise mangels passender Anlassfälle – noch nicht aufgetaucht, würde aber auch dem ungarischen Selbstverständnis, dass das Verfassungsgericht keine reguläre vierte Instanz ist, entsprechen, wie die sich langsam entfaltende Verfassungsrechtsprechung zur *prima facie* falschen Anwendung des einfachen Rechts zeigt, deren dogmatischer Anknüpfungspunkt allerdings nicht das Recht auf Gleichbehandlung, sondern das auf ein faires Verfahren ist.[50]

Auch wenn sich die Frage nach der Abgrenzung von Verfassungs- und einfachem Recht als Abgrenzung von Verfassungs- und Fachgerichtsbarkeit in Staaten mit einer Urteilsverfassungsbeschwerde am prägnantesten stellt, müssen auch die Verfassungs- und die Obergerichte in anderen Staaten dazu Position beziehen. In Österreich nimmt die Problematik in der Abgrenzung der Kompetenzen der drei Höchstgerichte, v.a. in der Abgrenzung der Zuständigkeit von Verfassungsgerichtshof und Verwaltungsgerichtshof, Form an. Vereinfacht gesagt nehmen der Verfassungsgerichtshof die sog. „Grobprüfung", die auf die

---

49 Hierzu s. den Länderbeitrag Ungarn in diesem Band, Punkt C.1.-2.

50 Hierzu s. den Länderbeitrag Ungarn in diesem Band, Punkt C.2.

Einhaltung der Verfassung zielt, und der Verwaltungsgerichtshof die sog. „Feinprüfung", die die Einhaltung und richtige Anwendung des einfachen Rechts zum Gegenstand hat, für sich in Anspruch. Diese Grenze ist allerdings im Einzelfall nicht immer leicht zu ziehen, und immer wieder einmal führt der Verfassungsgerichtshof auch „Feinprüfungen" durch. In manchen Bereichen sind parallele Zuständigkeiten der beiden Höchstgerichte allgemein akzeptiert, z.B. im Bereich des Willkürverbots, dessen Verletzung ja auch in Deutschland und Tschechien den Weg zur verfassungsgerichtlichen Kontrolle der fachgerichtlichen Auslegung des einfachen Rechts eröffnet, aber auch bei den Verfahrensrechten, die ein faires Verfahren ausmachen[51] – der Vergleich mit der zweiten Stufe des tschechischen „Algorithmus" und der *prima facie* falschen Rechtsauslegung gemäß der ungarischen Verfassungsrechtsprechung liegt nahe.

In Polen ist die genannte Problematik weniger in den Zuständigkeiten von Verfassungsgericht, Oberstem Gericht und Hauptverwaltungsgericht verortet, sondern der Streit hierüber wird auf dem Gebiet der Bindungswirkung der Urteile der verschiedenen Gerichte ausgetragen. Die Fachgerichtsbarkeiten erkennen zwar den Primat der Verfassung an, leiten hieraus aber nicht auch zwingend den Primat des Verfassungsgerichts ab, sondern nehmen für sich in Anspruch, verfassungswidriges einfaches Recht mit Wirkung *inter partes* unangewendet lassen zu dürfen, wobei sie sich auf die richterliche Unabhängigkeit und den Vorrang der Verfassung stützen; für das Verfassungsgericht bleibt nach dieser Ansicht nur die Aufhebung verfassungswidriger Rechtsvorschriften mit Wirkung *erga omnes*. Das Verfassungsgericht hingegen versucht den Streit zu entschärfen, indem es einerseits die Zulässigkeitsvoraussetzungen strikt auf die Rechtssatzverfassungsbeschwerde beschränkt und Anträge von Urteilsverfassungsbeschwerden als unzulässig abweist und andererseits die Autonomie der fachgerichtlichen Auslegung des einfachen Rechts durch die Figur der „festen und allgemein anerkannten Gerichtspraxis" ausdrücklich anerkennt[52] – letzteres eine auffällige Parallele zum „lebenden Recht" in der ungarischen Verfassungsrechtsprechung.

Der Vergleich der fünf mitteleuropäischen Staaten mit ihren teils unterschiedlichen institutionellen Settings und verfassungsprozessualen Ausgestaltungen zeigt bemerkenswerte Parallelen auf: Überall sind Verfassungsgerichte und Fachgerichtsbarkeit(en) bestrebt, ihre Zuständigkeiten und Rechtsprechungsinhalte an der Scheidelinie Verfassungsrecht – einfaches Recht gegeneinander

51 Hierzu s. den Länderbeitrag Österreich in diesem Band, Punkt B.3.
52 Hierzu s. den Länderbeitrag Polen in diesem Band, Punkte 8.-9.

abzugrenzen. Hierbei verwenden sie in vielen Aspekten gleichgelagerte Argumentationsstrukturen. Allerdings finden sich in zahlreichen Details auch deutliche Abweichungen, die nicht selten auf die Besonderheiten des Anlassfalles zurückgehen, der die entsprechende Rechtsprechungslinie ausgelöst hat, und die dann im Sinne einer Pfadabhängigkeit perpetuiert werden. Diese Vielfalt zeigt, dass es das Patentrezept nicht gibt. Die institutionellen Positionen von Verfassungsgericht und Obergericht(en) ebenso wie die prozessualen Möglichkeiten und Verbote und schließlich auch das Selbstverständnis der verschiedenen Akteure setzen einen Rahmen, der dann teils vom Gesetzgeber, teils von den Gerichten selbst mit Praxis ausgefüllt werden muss.

Der tschechische Algorithmus, der die potenziellen Einwirkungen des Verfassungsgerichts auf die fachgerichtliche Rechtsprechung und ihre Inhalte nach ihrer Intensität stuft und somit eine Konkretisierung des Verhältnismäßigkeitsgrundsatzes darstellt, ist ein Ansatz, der auch in den anderen Staaten zu einer stärkeren Formalisierung der verfassungsgerichtlichen Argumentation führen könnte. Es darf allerdings nicht übersehen werden, dass dieser Test auf seiner dritten und letzten Stufe dieselben Fragen aufwirft, die auch in den anderen Staaten ohne eine solche stufenmäßige Prüfung das Kernproblem darstellen: die materielle Abgrenzung der Auslegung und Anwendung der Verfassung einerseits und des einfachen Rechts andererseits. Auf dieser dritten Stufe weist der tschechische Algorithmus keine weitere Feinuntergliederung mehr auf, sondern überlässt die Beantwortung der Abgrenzungsfrage den verfassungsgerichtlichen Einzelfallerwägungen. Auf dieser Stufe kann jedoch die deutsche Formel helfen, dass die zu prüfende Rechtsanwendung ihrerseits wie ein Rechtssatz behandelt wird, dessen Verfassungsmäßigkeit so geprüft wird, wie dies bei Rechtsvorschriften gang und gäbe ist. Die intuitive Anwendung dieser Gedankenoperation in Ungarn und auch anderswo zeigt, dass sich auch andere Verfassungsgerichte als das deutsche Bundesverfassungsgericht wohl damit fühlen. Aus Gründen der dogmatischen Sauberkeit und auch der Transparenz und Nachvollziehbarkeit der richterlichen Entscheidungsfindung ist es vorzugswürdig, wenn die Gerichte diesen Gedankengang offenlegen und vielleicht sogar begrifflich-dogmatisch verfestigen, wie dies in Deutschland mit dem Begriff der Schumannschen Formel geschehen ist.

C. Die Bindungswirkung verfassungsgerichtlicher Entscheidungen

Wie im Vorangehenden bereits deutlich wurde, kulminieren in der Frage der Bindungswirkung verfassungsgerichtlicher Entscheidungen und ihres genauen Umfangs zahlreiche Probleme im Verhältnis von Verfassungsgerichtsbarkeit und Justiz. Die Problematik der Bindungswirkung manifestiert sich über die eher technischen Aspekte ihres Gegenstands und ihrer Grenzen hinaus bei der Aufhebung von Rechtsvorschriften, aber auch bei der Aufhebung einer gerichtlichen Entscheidung.

1. Die technische Seite: Gegenstand und Grenzen der Bindungswirkung

Jede Rechtsordnung, die Gerichtsurteilen Bindungswirkung zuweist, muss sich mit der Frage auseinandersetzen, welcher Teil des Urteils Bindungswirkungen erzeugt: (nur) der Tenor oder (auch) die Gründe. Auch die Grenzen der Bindungswirkung sind in mehrerer Hinsicht regelungsbedürftig. Dieser Regelungsbedarf stellt sich bei Entscheidungen des Verfassungsgerichts nicht anders dar als bei Urteilen der ordentlichen Justiz. In dieser Frage haben die mitteleuropäischen Länder eigene, wenn auch vergleichbare Lösungen gewählt.

Tenor – Gründe

Bis heute ist es strittig, ob einem verfassungsgerichtlichen Urteil Bindungswirkung nur hinsichtlich des Tenors oder auch für seine Gründe zukommt.

Normativ angeordnet ist eine weit reichende Bindungswirkung bei der Urteilsverfassungsbeschwerde. Wenn das Verfassungsgericht ein Gerichtsurteil wegen Verfassungswidrigkeit aufhebt, muss das ordentliche Gericht ein erneutes Urteil erlassen, in dem es die Rechtsansicht des Verfassungsgerichts berücksichtigt. Das schreiben ausdrücklich § 43 Abs. 3 des ungarischen Verfassungsgerichtsgesetzes und indirekt § 31 Abs. 1 des deutschen Bundesverfassungsgerichtsgesetzes und Art. 89 Abs. 2 der tschechischen Verfassung vor. Das bedeutet, dass für das befasste Gericht nicht nur an die im Tenor zum Ausdruck kommende Aufhebung seines früheren Urteils gebunden ist, sondern auch an die Rechtsansichten des Verfassungsgerichts, die somit den Inhalt des neuen Urteils steuern können. Sanktioniert wird ein eventuelles Abweichen des befassten Gerichts von der Rechtsansicht des Verfassungsgerichts durch die Möglichkeit einer erneuten Urteilsverfassungsbeschwerde, in der dann das erneute Urteil der ordentlichen Gerichte aufgehoben werden kann, wenn es den verfassungsgerichtlichen Standpunkt nicht hinreichend umsetzt.

Jenseits der Sondersituation der erfolgreichen Urteilsverfassungsbeschwerde ist der Gegenstand der Bindungswirkung zwischen Verfassungsgerichten und ordentlichen Gerichten umstritten. Der Modus vivendi in Österreich liegt darin, dass sich die Höchstgerichte wegen ihrer Gleichrangigkeit grundsätzlich – mit gewissen Ausnahmen – die gegenseitige Bindungswirkung absprechen und Urteilen anderer Höchstgerichte inhaltlich dann folgen, wenn sie sie inhaltlich für überzeugend halten. Bei dieser Überzeugungsarbeit spielen naturgemäß die Gründe eine besondere Rolle.

Im Übrigen tendieren die Verfassungsgerichte dazu, die Bindungswirkung ihrer Entscheidungen nicht nur auf den Tenor zu beschränken, und postulieren einen bindenden Charakter auch für ihre in den Gründen zum Ausdruck kommenden Rechtsansichten. Sofern diese Rechtsansichten das Verfassungsrecht betreffen, liegt darin eine nachvollziehbare Logik: Das Verfassungsgericht ist der letztinstanzliche Interpret der Verfassung, weshalb von seinem verfassungsrechtlichen Standpunkt die einfache Gerichtsbarkeit nicht abweichen können soll. Derart rigoros wird die Bindungswirkung verfassungsgerichtlicher Urteilsbegründungen allerdings nirgendwo vertreten. Die Verfassungsgerichte in Deutschland und Tschechien bestehen nur auf der Bindungswirkung der „tragenden Gründe" ihrer Entscheidungen, und was die tragenden Gründe einer Entscheidung sind, ist im Einzelfall im Dialog zwischen Verfassungsgericht und ordentlichen Gerichten herauszuarbeiten und kann sich im Laufe der Zeit auch ändern. Aus der Denkfigur der tragenden Gründe können so unterschiedliche Konsequenzen wie die Verbindlichkeit der (außerhalb des Tenors getätigten) Aussagen zur verfassungskonformen Auslegung einer Rechtsvorschrift oder die Begründung eines Abweichungsspielraums für die ordentlichen Gerichte abgeleitet werden.

Was die Befolgung verfassungsgerichtlicher Standpunkte durch die ordentliche Justiz in der Praxis anbelangt, so bilden Polen und Ungarn jeweils die Enden eines Kontinuums, auf dem sich die übrigen Gerichte irgendwo dazwischen einordnen. Am „gehorsamsten" sind die ungarischen Gerichte: Sie behandeln Verfassungsgerichtsurteile wie Rechtsvorschriften und wenden sie an, ohne sie zu hinterfragen. Das betrifft nicht nur den Tenor, sondern auch die Gründe, die herangezogen werden, um den Tenor auszulegen. Da die ungarischen Gerichte bei der Umsetzung von Verfassungsgerichtsurteilen ebenso übertrieben positivistisch und schematisch vorgehen wie bei der Auslegung von Rechtsvorschriften und v.a. nach dem Wortlaut und nicht nach dem Telos fragen, ergibt sich in der Praxis bisweilen ein gewisser Spielraum für eigene Rechtsansichten. Am anderen, „rebellischen" Ende des Spektrums nehmen in Polen das Oberste Gericht und das Hauptverwaltungsgericht sowie die ihnen nachgeordneten Gerichte für sich in Anspruch, sich eigene Gedanken über die Verfassung und ihre Inhalte zu machen. Das bedeutet faktisch die Ablehnung einer Bindungswirkung der Gründe, auch der tragenden Gründe, und führt bestenfalls zu einem Zustand wie in Österreich: Sofern sie die verfassungsgerichtliche Argumentation überzeugend oder passend finden, folgen die ordentlichen Gerichte ihr, ansonsten zögern sie nicht, eigene verfassungsrechtliche Vorstellungen zu entwickeln.

Dreifache Begrenzung der Rechtskraft

Die Rechtskraft und damit die Bindungswirkung eines gerichtlichen Urteils unterliegt herkömmlicherweise drei Beschränkungen: einer objektiven, die auf den Gegenstand des Rechtsstreits abstellt; einer zeitlichen; und einer subjektiven, die die Rechtskraft auf die Parteien und übrigen Teilnehmer an dem Rechtsstreit beschränkt.[53]

Bei der Normenkontrolle entfällt naturgemäß die subjektive Beschränkung der Rechtskraft, denn wenn das Verfassungsgericht eine verfassungsgerichtliche Norm aufhebt, setzt es einen *actus contrarius* zum Akt des Normgebers. Und so, wie der Akt des Normgebers gegen alle Normunterworfenen Geltung entfaltet, so muss auch der *actus contrarius* gegenüber Jedermann wirken. Daraus ergibt sich, dass eine verfassungsgerichtliche Aufhebung einer Rechtsvorschrift nur *erga omnes* wirken kann. Eine Beschränkung der Bindungswirkung wegen des Verfahrensgegenstands ist allerdings auch bei Normenkontrollurteilen denkbar: Insoweit diese auf einen bestimmten Aspekt nicht eingegangen sind, diesen nicht geprüft oder jedenfalls nicht entschieden haben, tritt die Rechtskraft nicht ein und sind spätere Verfahren denkbar.

Am anderen Ende des Spektrums der Rechtskraft stehen Verfassungsgerichtsentscheidungen über Urteilsverfassungsbeschwerden. Sie teilen letztlich die gegenständlichen, zeitlichen und persönlichen Beschränkungen des Ausgangsurteils, das den Prüfungsgegenstand bildet. Die Rechtskraft einer Verfassungsgerichtsentscheidung, die ein Urteil eines obersten Gerichts wegen Verfassungswidrigkeit aufhebt, steht mithin einer Entscheidung desselben obersten Gerichts in einem vergleichbaren Sachverhalt, aber mit anderen Parteien, in der das oberste Gericht dieselbe Rechtsansicht vertritt wie in dem verfassungsgerichtlich aufgehobenen Urteil, nicht entgegen. Lediglich eine Bindungswirkung der – tragenden oder gesamten – Gründe des Verfassungsgerichtsurteils könnte das oberste Gericht an einer Wiederholung seiner verfassungswidrigen Rechtsansicht in einem anderen Verfahren hindern.

Von besonderer Bedeutung bei der Bindungswirkung verfassungsgerichtlicher Urteile ist die zeitliche Komponente. Verfassungsgerichtsurteile entfalten ihre Bindungswirkung nur so lange, wie die Tatsachen und die Rechtsvorschriften

---

53 *Detterbeck, Steffen*: Streitgegenstand und Entscheidungswirkungen im Öffentlichen Recht, Mohr Siebeck: Tübingen 1995, S. 331–341.

unverändert bestehen. Hierbei spielt der sog. Verfassungswandel eine gewisse Rolle: Wegen der gesellschaftlichen, wirtschaftlichen, kulturellen u.ä. Änderungen verändern sich die sozialen und rechtlichen Anschauungen über den Inhalt bestimmter Rechtsbegriffe, ohne dass sich am Verfassungstext etwas ändert. Ein Beispiel für den Verfassungswandel ist die fortschreitende Ausweitung des Eigentumsschutzes auf nicht sachenrechtliche Rechtspositionen, weil in der sozialen Marktwirtschaft, aber auch in den kapitalschwachen Gesellschaften des ehemaligen Sozialismus diese nicht sachenrechtlichen Rechtspositionen wie z.B. erarbeitete Sozialansprüche die Absicherungsfunktion einnehmen, die das Eigentum im 19. Jh. für das Besitzbürgertum innehatte. Ein weiteres Beispiel ist die Entkirchlichung des Ehebegriffs, die dazu führt, dass in zahlreichen Staaten die Ehe nunmehr auch gleichgeschlechtlichen Paaren offensteht; die ebenfalls zahlreichen Staaten, die in den letzten Jahren den heterosexuellen Ehebegriff auf Verfassungsebene festgeschrieben haben, zeigen, dass auch sie diesen Verfassungswandel ernst nehmen und anerkennen: Ansonsten wäre die Einführung normativer Bastionen gegen eben diesen Verfassungswandel unnötig und überflüssig. Derselbe Befund ergibt sich aus der Betrachtung der Bedeutungsänderung von Staatsvolk und Staatsgebiet durch die europäische Integration: Auch hier suchen manche Staaten ihr Heil in Verfassungsänderungen, die die traditionelle „westfälische" Souveränitätsauffassung normativ verankern sollen. Diesem ungeschriebenen Bedeutungswandel durch die Änderung der zugrunde liegenden sozialen Anschauungen ist die Verfassung mehr als andere Rechtsnormen ausgesetzt, weil sie einen besonders hohen Abstraktionsgrad aufweist. Der Verfassungswandel setzt der Bindungswirkung verfassungsgerichtlicher Urteile eine zeitliche Grenze: Sie hat nur so lange Bestand, wie sich der Inhalt der ihnen zugrunde liegenden Verfassungsinstitute nicht gewandelt hat.

2. Aufhebung von Rechtsvorschriften

Allgemeine Aspekte

Die einfachen Gerichte sind an die Aufhebung einer Rechtsvorschrift ebenso gebunden wie an ihren Erlass. Wenn also das Verfassungsgericht eine Rechtsvorschrift als verfassungswidrig aufhebt, sind die Gerichte daran gehindert, diese Rechtsvorschrift nach dem Aufhebungszeitpunkt noch anzuwenden. Nicht mehr so eindeutig ist die Lage, wenn der Normgeber später wieder eine Norm identischen Inhalts erlässt. Streng genommen erfasst die Bindungswirkung des Aufhebungsurteils diese neue Norm nicht; die ordentlichen Gerichte und die Rechtsunterworfenen haben allerdings die Möglichkeit, die

Verfassungsmäßigkeit dieser erneuten Norm im Wege der konkreten Normenkontrolle, der Verfassungsbeschwerde oder, wo vorhanden, der Popularklage im Bereich der abstrakten Normenkontrolle[54] überprüfen zu lassen.

Die verfassungsgerichtliche Entfernung einer Rechtsvorschrift aus dem Normenbestand wirft für die ordentliche Justiz zwei Probleme auf. Erstens muss das befasste ordentliche Gericht seine Entscheidung nun ohne die betroffene Rechtsvorschrift fassen und folglich den Sachverhalt angesichts des veränderten normativen Umfelds neu interpretieren. Zweitens ist abzuwägen, was mit den bisher aufgrund der aufgehobenen Rechtsvorschrift ergangenen Gerichtsurteilen geschieht. Hierbei spielt eine Rolle, ob die Aufhebung *ex tunc* wie regelmäßig in Deutschland oder *ex nunc* wie regelmäßig in den übrigen hier betrachteten Staaten erfolgt, aber auch Aspekte wie der Primat der Verfassung und die Rechtsstaatlichkeit einerseits und der Schutz wohl erworbener Rechte andererseits sind gegeneinander abzuwägen. Idealerweise regelt der Gesetzgeber diese Frage in den Verfahrensordnungen. Fehlt es daran oder sind diese Vorschriften unvollständig, ist es zu begrüßen, wenn das Verfassungsgericht selbst sich zum Schicksal der alten Rechtsprechung oder jedenfalls zum verfassungsrechtlichen Rahmen, der bei der Beurteilung dieser Frage zu beachten ist, äußert. Ansonsten müssen die ordentlichen Gerichte im Einzelfall die genannten Abwägungen treffen.

Fallbeispiel Polen

Von den hier betrachteten Ländern ist das Beispiel Polens besonders aufschlussreich, insbesondere weil weder die Verfassung noch das einfache Recht die Folgen einer verfassungsgerichtlichen Aufhebung einer Rechtsnorm umfassend und widerspruchsfrei regeln.[55] Zunächst hat das Verfassungsgericht selbst einen in Art. 190 Abs. 3 der polnischen Verfassung niedergelegten recht weiten Spielraum bei der Bestimmung des Datums, ab wann die für verfassungswidrig erkannte Rechtsnorm ihre Geltung verliert; einen solchen Spielraum nehmen auch die Verfassungsgerichte z.B. in Deutschland oder Ungarn für sich in Anspruch. In Polen kann das Verfassungsgericht etwa bestimmen, dass die verfassungswidrige Norm erst nach Ablauf einer bestimmten Frist außer Kraft tritt, etwa um dem Gesetzgeber Zeit zu geben, das Entstehen einer Rechtslücke zu verhindern.

54 Diese Möglichkeit bestand z.B. in Ungarn von 1989/90 bis 2011.

55 Hierzu s. den Länderbeitrag Polen in diesem Band, Punkt 10.

Die verfassungsgerichtliche Aufhebung bindet auch die ordentlichen Gerichte. Für Individualakte der Justiz oder der Verwaltung, die aufgrund der aufgehobenen Norm erlassen wurden, sieht die polnische Verfassung selbst in Art. 190 Abs. 4 die Aufhebung vor und verweist wegen der Einzelheiten auf die Verfahrensordnungen. Die Verfahrensordnungen enthalten in unterschiedlichem Maße Vorschriften über die Wiederaufnahme, die alle einen Parteiantrag voraussetzen. Eine Wiederaufnahme von Amts wegen ist in Polen grundsätzlich nicht statthaft. Unklar ist, inwieweit die Fachgerichte im Wiederaufnahmeverfahren an die Rechtsansicht des Verfassungsgerichts gebunden sind. Außerdem bleibt es dem ordentlichen Gericht im Einzelfall überlassen, die sich aus Art. 190 Abs. 4 der polnischen Verfassung ergebenden Gefahren für die Rechtssicherheit und die wohlerworbenen Rechte auszugleichen.

Die Lage wird dadurch noch komplizierter, dass Art. 190 Abs. 4 der polnischen Verfassung mit deren Bestimmungen in Art. 190 Abs. 3 über die verfassungsgerichtliche Festlegung des Zeitpunkts des Außerkrafttretens der verfassungswidrigen Norm nicht abgestimmt ist. Für die einfachen Gerichte bedeutet das, dass ihre Lage noch schwieriger wird, wenn das Verfassungsgericht eine Norm erst ab einem in der Zukunft liegenden Zeitpunkt aufhebt. Dann stellt sich nicht nur die Frage, ob die abgeschlossenen Fälle neu aufgenommen werden und wenn ja, wie dann zu entscheiden ist; es ist auch zu entscheiden, auf welcher Grundlage Fälle zu beurteilen sind, die bis zum Außerkrafttreten der Norm zu entscheiden sind. Kann das einfache Gericht in einem solchen Fall von der Anwendung der Norm absehen, weil sie – durch das Verfassungsgerichtsurteil nachgewiesen – verfassungswidrig ist? Oder muss es das Diktum des Verfassungsgerichts beachten, dass die Anwendbarkeit der Norm erst später endet? Der Sinn der Aufhebung *pro futuro* liegt in der Überlegung, dass der Normgeber Zeit haben soll, die entstehende Rechtslücke rechtzeitig zu schließen. Gilt diese Überlegung auch im anhängigen oder noch entstehenden Gerichtsverfahren? Wenn ja, was geschieht mit einem solchen Gerichtsverfahren, wenn es mit einem Urteil aufgrund der verfassungswidrigen, aber noch anwendbaren Norm abgeschlossen wird: Kann dann nach dem Zeitpunkt des Außerkrafttretens der Vorschrift eine Wiederaufnahme verlangt werden? Oder darf, soll oder muss das Gericht das Verfahren bis zum Zeitpunkt des Außerkrafttretens der alten oder des Erlasses einer neuen Vorschrift aussetzen, d.h. jedenfalls zeitweise Rechtsverweigerung gegenüber dem Bürger betreiben?

In Deutschland zieht sich das Bundesverfassungsgericht in derartigen Fällen auf die Formel zurück, dass die Aufhebung der verfassungswidrigen Rechtsvorschrift zu einem Zeitpunkt in der Zukunft aus dem Grund erfolgt, weil die sofortige Aufhebung „größeren Schaden für die Verfassung“ verursache als ihre

Aufhebung zu einem zukünftigen Zeitpunkt. Dieser Überlegung können sich die Fachgerichte relativ einfach anschließen: Auch in ihrem Prozess müssen sie Schaden für das Grundgesetz vermeiden, und wenn verfassungsgerichtlich festgestellt ist, welches Szenario den größeren Schaden verursacht, können die ordentlichen Gerichte dem problemlos folgen und vorläufig in Kraft bleibende verfassungswidrige Normen anwenden – denn ihre Nichtanwendung wäre ja für das Verfassungsganze und/oder für den Bürger schädlicher. In Polen hingegen entsteht aus einer widersprüchlichen Verfassungslage und einer lückenhaften und ebenfalls widersprüchlichen Gesetzgebung eine Situation, die letztlich dem befassten ordentlichen Gericht die Entscheidung aufbürdet, den Geltungsbereich verfassungsgerichtlicher Urteile im Einzelfall zu bestimmen und den Rechtsstaat, den Vorrang der Verfassung, den Schutz wohlerworbener Rechte, der konkret betroffenen Grundrechte und des fairen Verfahrens sowie den Rechtsgewähranspruch des Bürgers gegeneinander abzuwägen und hierbei im Einzelfall zu einer verfassungs- und gesetzeskonformen Lösung zu kommen. Dass dies zu erratischen Einzelfallentscheidungen führt und zu Lasten der Rechtsklarheit und der rechtsstaatlich erwünschten Vorhersehbarkeit der Rechtsprechung geht, liegt auf der Hand.

Das polnische Verfassungsgericht versucht, den Gerichten durch Vorgaben in seinem eigenen Urteil eine gewisse Hilfe zu geben. In seinen sog. Applikationsurteilen stellt das Verfassungsgericht bereits im Tenor fest, was mit den bereits entschiedenen Altfällen zu geschehen hat. Meist schließt es in seinem Urteil die Wiederaufnahme aus, und da dies das Leben der ordentlichen Gerichte wesentlich erleichtert, sind diese geneigt, die Bindungswirkung verfassungsgerichtlicher Urteile in diesem Fall anzuerkennen.

3. Aufhebung eines Gerichtsurteils

Die verfassungsgerichtliche Aufhebung eines Gerichtsurteils ist für sich genommen genau so ein klarer *actus contrarius* wie die Aufhebung einer Rechtsvorschrift. Allerdings wirft auch die Aufhebung eines Urteils zahlreiche Folgefragen auf.

Mit der Aufhebung des verfassungswidrigen Gerichtsurteils entsteht die Notwendigkeit, den Fall neu zu entscheiden. Das kann ein Einfallstor für die verfassungsgerichtliche Einflussnahme auf die Anwendung des einfachen Rechts sein. Wenn sich das Verfassungsgericht nicht auf den Ausspruch der Aufhebung beschränkt, sondern – entweder im Tenor oder in den Gründen – inhaltliche Vorgaben an das erneute Urteil macht, dann ist die Gefahr vorhanden, dass es sich nicht an die Abgrenzung von Verfassungsrecht und einfachem Recht hält[56] und seine Vorgaben nicht nur auf das Verfassungsrecht bezieht, sondern auch auf die Auslegung des einfachen Rechts. Tut es dies, stellt sich die Frage, inwieweit das einfache Gericht an derartige Vorgaben des Verfassungsgerichts gebunden ist.

Letztlich setzt sich im Umfang der Bindungswirkung die Subsidiarität der Verfassungsbeschwerde fort. Wenn nämlich deren Subsidiarität nicht alleine der Reduzierung der Arbeitsbelastung des Verfassungsgerichts dient, sondern auch die Autonomie der Fachgerichte bei der Auslegung und Anwendung des einfachen Rechts schützt, dann muss sie sich auch im Umfang der Bindungswirkung verfassungsgerichtlicher Urteilsverfassungsbeschwerdenentscheidungen niederschlagen. Die Entscheidung des Verfassungsgerichts muss einerseits sicherstellen, dass ein schwer verfassungswidriges Gerichtsurteil nicht in Geltung bleibt. Andererseits muss sie die *raison d'être* der Verfassungsgerichtsbarkeit und der Urteilsverfassungsbeschwerde respektieren: die Geltung der Verfassung in der einfach-gerichtlichen Rechtsanwendung zu gewährleisten. Aus dieser Funktion der Urteilsverfassungsbeschwerde folgt nicht, dass das Verfassungsgericht die Auslegung und Anwendung des einfachen Rechts determiniert und somit die Rolle der Fachgerichte einnimmt. Gegen einen Übergriff des Verfassungsgerichts auf die Frage der Richtigkeit der Anwendung des einfachen Rechts sprechen auch die verfassungsrechtliche institutionelle Trennung von Verfassungs- und ordentlicher Justiz und die richterliche Unabhängigkeit, die auch gegenüber anderen Richtern und Verfassungsrichtern besteht.

4. Zusammenschau

Die fünf untersuchten mitteleuropäischen Rechtsordnungen haben gemeinsam, dass sie Verfassungsgerichtsurteilen eine gewisse Bindungswirkung zuschreiben, aber auch, dass diese Bindungswirkung, ihr Umfang und ihre Konturen zumindest strittig sind, was immer wieder zu Konflikten führt.

Für die Konflikte zwischen Verfassungsgericht und Obergerichten bietet Tschechien mit seinem „Krieg der Gerichte" das beste Beispiel.[57] Zugleich zeigt der tschechische Krieg der Gerichte die positiven Seiten eines solchen Konflikts. Durch ihn gelang es, die Ungewissheiten im Hinblick auf die Bindungswirkung verfassungsgerichtlicher Entscheidungen recht weit gehend zu klären. Das hat

---

56 Näher hierzu oben Punkt II.B.

57 Den Begriff prägte *Koudelka, Zdeněk*: Válka soudů aneb dělba moci v soudnictví [Krieg der Gerichte oder Gewaltenteilung in der Justiz], Politologický časopis 1/1998, 71-74; hierzu s. den Länderbeitrag Tschechien in diesem Band, Punkt C.

zu einer Befriedung des Konflikts beigetragen, aber ganz gelöst ist er noch nicht, denn immer kommt es zu spannungsgeladenen Meinungsverschiedenheiten zwischen dem Verfassungsgericht und den Obergerichten, die sich auch in den Urteilen ausdrücken. Dieses Phänomen ist allerdings nicht auf Tschechien beschränkt, sondern auch z.B. aus Deutschland oder Polen bekannt.

Zudem kann festgestellt werden, dass die Grenzen der Bindungswirkung auch ein dogmatisches Schlupfloch darstellen, durch das die Fachgerichte ihren eigenen Rechtsstandpunkt in späteren Verfahren zur Geltung bringen können. Eine Methode für die Fachgerichte ist hierbei das, was im angelsächsischen Recht mit „distinguishing" bezeichnet wird: Das Gericht betont die Unterschiede im Tatsächlichen zwischen der bereits entschiedenen und der nun vor ihm anhängigen Sache. Eine andere Methode, zu der die Fachgerichte greifen, ist die Konzentration auf Fragen, die das Verfassungsgerichtsurteil nicht klar beantwortet: Diese Unklarheiten und Unsicherheiten ermöglichen den Fachgerichten, der Bindungswirkung des Verfassungsgerichtsurteils zu entkommen. Angesichts dieser Schlupflöcher ist in allen fünf Ländern die Qualität der verfassungsgerichtlichen Argumentation ein wichtiger Faktor für die tatsächliche Befolgung der Verfassungsgerichtsentscheidung durch die Justiz; gerade in Ungarn kommt noch deren „Normhörigkeit" hinzu, die es ihr verbietet, die als gesetzesgleich angesehenen Verfassungsgerichtsurteile zu hinterfragen.

D. Verfassungskonforme Auslegung

Die verfassungskonforme Auslegung dient grundsätzlich zwei Aspekten, die beide das Konfliktpotenzial, das in der Existenz der Verfassungsgerichtsbarkeit angelegt ist, reduzieren sollen. Aus der Sicht des Verfassungsgerichts verschafft ihm die verfassungskonforme Auslegung die Möglichkeit, eine Rechtsvorschrift nicht aufheben zu müssen. Auf diese Weise kann es vermeiden, dass eine Rechtslücke entsteht und dass die nicht einfachen Fragen nach dem Schicksal der früher aufgrund der Rechtsvorschrift entschiedenen Fälle beantwortet werden müssen. Es genügt vielmehr regelmäßig eine gewisse Korrektur der bisherigen Rechtsprechung.

Parallel hierzu haben auch die ordentlichen Gerichte ein Interesse an der verfassungskonformen Auslegung, und zwar aus vergleichbaren Gründen. Wenn sie von sich aus bestrebt sind, eine Auslegung des einfachen Rechts zu wählen, die vor der Verfassung Bestand hat, können sie vermeiden, dass ihre Auslegung – oder gleich die gesamte Rechtsvorschrift – für verfassungswidrig erklärt wird. Die eigenverantwortliche verfassungskonforme Auslegung ist mithin ein Weg für die Justiz, von sich aus dem Vorrang der Verfassung gerecht zu werden und so ihre Autonomie in der Rechtsauslegung gegenüber dem Verfassungsgericht zu wahren.

Dabei zeigt der Blick auf die mitteleuropäischen Beispiele, dass zunächst gerade die ordentlichen Gerichte und v.a. die obersten Zivilgerichte die stärksten Vorbehalte gegen die verfassungskonforme Auslegung durch die Verfassungsgerichte hegten. Sie befürchteten, dass die Verfassungsgerichte, die die verfassungskonforme Auslegung als Mittel zur Schonung des parlamentarischen Gesetzgebers entwickelt hatten, diese in einer Art „Kollateralschaden" dazu nutzen könnten, auf das ureigene Terrain der ordentlichen Gerichte vorzudringen, nämlich die richtige Auslegung und Anwendung des einfachen Rechts.

Die wenigsten Friktionen erzeugt die verfassungskonforme Auslegung in Österreich, wo die Gleichrangigkeit der Höchstgerichte verhindert, dass ein Gericht einem anderen seine Vorstellung von der richtigen Handhabung des Verfassungsrechts oder von der Auswirkung der Verfassung auf das einfache Recht aufzwingen kann.[58] In Deutschland, Tschechien und Ungarn fürchteten die obersten Zivilgerichte zunächst um ihre Autonomie in der Rechtsauslegung, die sie gleich zweifach bedroht sahen: durch den Geltungsanspruch der postdiktatorischen Verfassungen auch im Hinblick auf die Inhalte des einfachen Rechts und durch das Institut der verfassungskonformen Auslegung des einfachen Rechts durch das neue Verfassungsgericht. Sobald sich aber die ordentlichen Gerichte grundsätzlich mit der Konstitutionalisierung des einfachen Rechts abgefunden und den Vorrang der Verfassung akzeptiert hatten, folgte auch bald die Akzeptanz der verfassungskonformen Auslegung. Nicht zuletzt durch eine zurückhaltende Handhabung dieser Auslegungsform durch die Verfassungsgerichte, die von der Verfassung und nicht von dem einfachen Recht her argumentierten, konnten die Bedenken der ordentlichen Gerichte zerstreut werden, und der Weg war frei, dass diese die Möglichkeiten entdeckten, die ihnen die verfassungskonforme Auslegung bei der Bewahrung ihrer Auslegungsautonomie bietet.[59]

Den stärksten Widerstand erfährt die verfassungskonforme Auslegung wohl durch das polnische Oberste Gericht. Dieses judizierte auch noch nach dem Erlass der neuen Verfassung von 1997, dass die Auslegung des einfachen Rechts kraft „Natur der Sache"[60] eine Angelegenheit der ordentlichen Gerichte unter der Führung des Obersten Gerichts sei und dass die Beurteilung der

---

58 Näher s. den Länderbeitrag Österreich in diesem Band, Punkt B.1.

59 Näher s. in diesem Band die Länderbeiträge zu Deutschland, Punkte A.1. und D.3., zu Tschechien, Punkt C., und zu Ungarn, Punkt D.2.

60 Auf die Verfassung kann sich das Oberste Gericht hierbei nicht berufen, denn diese äußert sich – im Gegensatz z.B. zum ungarischen Grundgesetz oder auch zum

Verfassungskonformität einer Rechtsvorschrift durch das Verfassungsgericht in einer „Ja/Nein"-Form und nicht als „ja, aber" zu geschehen habe. Möglicherweise ist dieser besonders starke Widerstand auch damit zu erklären, dass sich die verfassungskonforme Auslegung in Polen zu einer eigenen Urteilsart, den (positiven oder negativen) Interpretationsurteilen, verdichtet hat. Das mag von den ordentlichen Gerichten als größere Bedrohung empfunden werden als eine schlichte Denk- und Argumentationsfigur. Nichtsdestoweniger beharrt das Verfassungsgericht auf seiner Befugnis, den verfassungsrechtlichen Rahmen der Auslegung einer einfachen Rechtsvorschrift definieren zu dürfen, und langsam scheint sich auch in Polen ein diesbezüglicher Modus vivendi zwischen einem zurückhaltend agierenden Verfassungsgericht und einem pragmatischen Lösungen gegenüber aufgeschlossenen Obersten Gericht herauszubilden.[61]

Als Zusammenfassung kann festgehalten werden, dass in allen fünf Staaten die verfassungskonforme Auslegung in der einen oder anderen Form existiert, aber ihr genauer Umfang – und in Polen auch immer noch ihre Daseinsberechtigung – umstritten ist. Die Verfassungsgerichte erwarten von den ordentlichen Gerichten, dass diese die Argumente der Verfassungsgerichtsurteile gehörig berücksichtigen, auch wenn diese Argumente, die regelmäßig „nur" in den Gründen auftauchen, nicht unbedingt bindend im strengen Sinne sind. Letztlich stützen die Verfassungsgerichte den Vorrang ihrer verfassungskonformen Auslegung vor der fachgerichtlichen Auslegung durch die ordentlichen Gerichte auf den Vorrang der Verfassung vor dem einfachen Recht.

Auch hier lässt sich in der Praxis wiederum feststellen, dass die Verfassungsgerichte dann Erfolg haben und die ordentlichen Gerichte zur Befolgung ihrer Rechtsansichten bewegen können, wenn ihre Argumente in der Sache überzeugen, wenn sie die legitimen Interessen der ordentlichen Gerichte – deren Autonomie und Fachkenntnisse bei der Auslegung des einfachen Rechts – berücksichtigen und sich auf ihr eigenes Terrain, die Auslegung der Verfassung, beschränken. Zudem macht auch der Ton die Musik: Kaum ein Karriererichter, der es bis zu einem Höchstgericht geschafft hat, will sich von „Laien", zudem von „Laien", die aus einem politisierten Ernennungsverfahren hervorgegangen sind, über sein eigenes Rechtsgebiet belehren lassen.

---

deutschen Grundgesetz – nicht zu der Rolle der Justiz bei der Auslegung und Anwendung des einfachen Rechts. Die „Natur der Sache" muss also das Fehlen normativer Grundlagen überbrücken.

61 Näher s. den Länderbeitrag Polen in diesem Band, Punkt 8.

E. Richtervorlagen

1. *Die Richtervorlage als Kooperationsverhältnis*

In der Richtervorlage verbindet sich die Pflicht der ordentlichen Gerichte zur Einhaltung der Verfassung mit dem Verwerfungsmonopol des Verfassungsgerichts. Anders als bei den zuvor dargelegten Schnittpunkten zwischen Verfassungsgerichtsbarkeit und ordentlicher Gerichtsbarkeit ist in dieser Konstruktion kein Gegeneinander angelegt, sondern die konkrete Normenkontrolle kann nur funktionieren, wenn ordentliche Gerichte und Verfassungsgerichte zusammenarbeiten bei der Erreichung des gemeinsamen Ziels, den Vorrang der Verfassung auch in der einfach-gerichtlichen Rechtsanwendung sicherzustellen.

Da in der Richtervorlage das ordentliche Gericht der aktive Teil ist, wurde und wird sie von diesen nicht als Bedrohung ihrer Autonomie empfunden. In den ersten Jahren nach ihrer Einführung konnte man allerdings in etlichen Staaten, v.a. in Deutschland, beobachten, dass die Fachrichter der ordentlichen Gerichte es als lästige Pflicht – um nicht zu sagen als Zumutung – betrachteten, dass sie bei der Auslegung ihres ureigenen Rechtsgebietes auch noch stets ein Auge auf die Verfassung werfen sollten. Diese vorkonstitutionelle richterliche Mentalität ist mit der Gewöhnung an die Konstitutionalisierung des einfachen Rechts verschwunden.[62]

Die Vorlage einer Norm durch das befasste Gericht kann zum Ergebnis haben, dass die gegebene Rechtsvorschrift in dem Ausgangsprozess nicht angewendet zu werden braucht und nicht angewendet werden darf. Sie kann aber auch dazu führen, dass das Verfassungsgericht die Norm aufrecht erhält, aber im Rahmen der verfassungskonformen Auslegung[63] Vorgaben macht, die zu einer Änderung der bisherigen Auslegungspraxis zwingt oder zumindest ermächtigt. Das kann für das Vorlagegericht eine Chance darstellen, sich von einer etablierten Rechtsprechung zu befreien, die ihm nicht passt, und es gibt in Mitteleuropa durchaus Präzedenzfälle, dass Untergerichte ihre Vorlagen zur Änderung der einfach-gerichtlichen Rechtsprechung zu einer gegebenen Rechtsvorschrift genutzt haben.

Diese Motivationslage beschränkt sich übrigens nicht nur auf die Verfassungsmäßigkeit der anzuwendenden Rechtsnorm, sondern kann auch als Verstoß gegen das Unionsrecht geltend gemacht werden. Durch eine erfolgreiche Vorlage an den Europäischen Gerichtshof kann das Vorlagegericht nicht nur die

62 Zu Deutschland s. den Länderbeitrag in diesem Band, Punkt A.1.
63 Zur verfassungskonformen Auslegung s. zuvor Punkt II.D.

bisherige Auslegungspraxis, sondern auch die verfassungsgerichtlichen Vorgaben stürzen.

Es sind daher mehrere Szenarien vorstellbar. Das unterinstanzliche Gericht möchte den eigenen Rechtsstandpunkt gegenüber seinem übergeordneten Obergericht durchsetzen und legt daher die gegebene Norm dem Verfassungsgericht vor, das diese entweder aufrechterhält, aufhebt oder mit einer verfassungskonformen Auslegung versieht. Insbesondere der letzte Fall gibt dem Untergericht die Möglichkeit, sich von der eingefahrenen Rechtsprechung seines Obergerichts zu emanzipieren. Um eine solche gerichtliche Vorlagepraxis nicht zu fördern, formuliert das deutsche Bundesverfassungsgericht sehr strenge Zulässigkeitskriterien für eine Richtervorlage mit dem Ergebnis, dass zulässige konkrete Normenkontrollanträge selten sind. In Österreich[64] und Tschechien[65] ist es auch schon vorgekommen, dass Abweichungen in der Rechtsprechung der Höchstgerichten von dem einen dieser Höchstgerichte dem Europäischen Gerichtshof vorgelegt wurden; so kann die Richtigkeit auch einer Verfassungsgerichtsentscheidung in Frage gestellt und erreicht werden, dass die ordentlichen Gerichte der so monierten Verfassungsrechtsprechung nicht zu folgen brauchen.

Die Lage des Verfassungsgerichts ist in derartigen Konstellationen komplex. Einerseits deutet eine Vorlage durch ein Gericht darauf hin, dass es sich nicht um Lappalien handelt und dass nicht nur die Eigeninteressen der Verfahrensparteien hinter der Vorlage stehen; wenn ein neutrales Gericht die Frage vorlegt, kann mit einiger Berechtigung davon ausgegangen werden, dass es sich um einen qualifizierten Antrag handelt, mit dem es sich lohnt zu beschäftigen. Darüber hinaus fördert das Kooperationsverhältnis die Akzeptanz des verfassungsgerichtlichen Urteils durch die ordentlichen Gerichte oder jedenfalls durch das Vorlagegericht, und je kollegialer der Umgangston der Verfassungsrichter, desto mehr können sie ihrerseits auf eine kollegiale Kooperation seitens der ordentlichen Gerichte hoffen.

Andererseits ist es nicht zu leugnen, dass es das Leben eines ordentlichen Richters sehr erleichtern kann, wenn er verwickelte Rechtsfragen in einen verfassungsrechtlichen Mantel kleiden und dann dem Verfassungsgericht vorlegen kann. Auf diese Weise erhält er „höchsten Ortes" eine Antwort auf seine verwickelte Rechtsfrage. Die Versuchung für den ordentlichen Richter steigt, wenn das Verfassungsprozessrecht eine kurze Erledigungsfrist für Richtervorlagen

---

64 Glücksspielmonopol, dazu s. den Länderbeitrag zu Österreich in diesem Band, Punkt C.2.

65 Slowakischer Rentenfall, dazu s. den Länderbeitrag zu Tschechien in diesem Band, Punkt C.

vorschreibt, wie etwa Art. 24 Abs. 2 Buchst. b) des ungarischen Grundgesetzes eine 90-Tage-Frist. Ein anschauliches Beispiel für diese Versuchung liefert dementsprechend die ungarische Verfassungsrechtsprechung, wo 2017 ein Gericht mit der Konstellation befasst war, dass ein in Ungarn ansässiger Drittausländer plötzlich zu einem freizügigkeitsberechtigten Ausländer wurde, weshalb ihm nach den geltenden ungarischen Vorschriften kein ungarisches Identitätsdokument mehr ausgestellt werden konnte; im Zusammenspiel mit anderen Rechtsvorschriften erhielt der Betroffene auch keine anderen ungarischen Ausweispapiere und konnte so noch nicht einmal in den Staat seiner Staatsangehörigkeit ausreisen. Zur Lösung dieses Problems war die Vorlage eigentlich nicht notwendig, sondern es wäre auch durch eine verfassungskonforme Auslegung oder durch die Anwendung der allgemeinen Grundsätze des Unionsrechts möglich gewesen, dieses unglückliche Zusammenspiel verschiedener Vorschriften bei einem selten vorkommenden Sachverhalt ohne die Zwischenschaltung des Verfassungsgerichts aufzulösen. Das Vorlagegericht entschied sich aber für den „bequemen" Weg.[66] In gewisser Weise kann man auch die Vorlage des Landgerichts Bonn in Sachen Entschädigungsansprüchen früherer NS-Zwangsarbeiterinnen und -Zwangsarbeiter gegen den deutschen Staat so interpretieren: Weder die zivilrechtlichen noch die öffentlich-rechtlichen Haftungsvorschriften führen im Fall totalitären Staatsunrechts zu befriedigenden Ergebnissen, während die für diesen Fall speziell erlassenen Wiedergutmachungsvorschriften die Unrechtsform der Zwangsarbeit ausdrücklich von der Wiedergutmachung ausschlossen. Mit seiner Vorlage versuchte das Landgericht, mithilfe verfassungs- und völkerrechtlicher Argumente über die Unzulänglichkeiten des einfachen deutschen Rechts hinwegzukommen. Dies hätte das Gericht auch in eigenverantwortlicher Auslegung und Anwendung von Grundgesetz, Völkerrecht und einfachem Recht tun können, aber es wollte wohl in einem politisch derart heiklen Präzedenzfall verfassungsgerichtliche Rückendeckung haben und sich zudem nicht ohne dessen Plazet über den Wortlaut des einfachen Rechts hinwegsetzen.[67]

Wo die konkrete Normenkontrolle keiner Frist unterliegt, kann das Problem auftreten, dass die Verzögerung der Sachbehandlung beim Verfassungsgericht zu einer Beeinträchtigung des Rechts der Parteien des Ausgangsverfahrens auf

---

66 Entscheidung des ungarischen Verfassungsgerichts 3103/2017. (V. 8.) AB vom 8.5.2017.

67 Beschluss des Bundesverfassungsgerichts vom 13.5.1996, 2 BvL 33/93, BVerfGE 94, 315. Hierzu *Küpper, Herbert*: Das Eigentum wird gewährleistet (Art. 14): Entschädigung für NS-Zwangsarbeit?, in *Müller-Heidelberg, Till / Finckh, Ulrich / Narr, Wolf-Dieter / Pelzer, Marei* (Hrsg.): Grundrechte-Report 1998. Zur Lage der Bürger- und Menschenrechte in Deutschland, Rowohlt: Hamburg 1998, S. 164–168.

eine zügige Entscheidung ihres Falles i.S.v. Art. 6 EMRK führt. Derartige Klagen sind v.a. aus Polen laut geworden, wo 2012 die durchschnittliche Bearbeitungsdauer für Richtervorlagen bei 19 Monaten lag.

2. Die mitteleuropäische Rechtspraxis

Auch wenn die genannten Strukturen und Motivationslagen in den hier untersuchten fünf Rechtsordnungen ähnlich sind, weisen die nationalen Praktiken zur Richtervorlage dennoch nicht unbeträchtliche Abweichungen auf.

In Polen legt das Verfassungsgericht großen Wert darauf, dass das Vorlagegericht die Entscheidungserheblichkeit der vorgelegten Norm im Ausgangsverfahren nachweist und seine verfassungsrechtlichen Argumente gut untermauert. Diese Arbeit machen sich in Polen v.a. die Untergerichte. Das Oberste Gericht und, wenn auch weniger kategorial, das Hauptverwaltungsgericht hingegen sind der Ansicht, dass auch sie die Verfassungsmäßigkeit der im konkreten Fall anzuwendenden Rechtsvorschriften beurteilen können und dürfen – mit dem Unterschied, dass sie nur *inter partes* eine für verfassungswidrig gehaltene Rechtsnorm außer Anwendung lassen dürfen, während das Verfassungsgericht berechtigt ist, diese mit Wirkung *erga omnes* aufzuheben. Dieses gemischte System der Normenkontrolle birgt naturgemäß die Gefahr abweichender Urteile über die Verfassungsmäßigkeit einer Rechtsnorm und somit der Rechtsunsicherheit in sich. Ob sich die obersten polnischen Fachgerichte bei dieser Praxis wirklich auf den Vorrang der Verfassung und die Unabhängigkeit der Richter berufen können oder ob sie ihre Praxis nicht vielmehr *praeter constitutionem* oder mit Blick auf die Vorschriften über das Verfassungsgericht sogar *contra constitutionem* durchführen, ist zumindest zweifelhaft.[68]

In Tschechien betont das Verfassungsgericht die Pflicht der ordentlichen Gerichte zur Vorlage, wenn sie der Ansicht sind, die anzuwendende Norm verstoße gegen die Verfassungsordnung. Dies sehen die ordentlichen Gerichte, allen voran das Oberste Verwaltungsgericht, allerdings differenzierter und bezeichnen die Vorlage als *ultima ratio*, die erst nach Ausschöpfen aller anderen Lösungsmöglichkeiten in Frage kommt. Eine solche vorrangige Lösungsmöglichkeit ist die Entwicklung einer verfassungskonformen Auslegung der fraglichen Norm durch das Prozessgericht, die zudem den von der ordentlichen Justiz gewünschten Effekt hat, dass das Monopol für die Auslegung des einfachen Rechts bei den Fachgerichten verbleibt. Diese verfassungskonforme Auslegung und die unmittelbare Anwendung der Verfassung statt einer Vorlage an den EuGH

68 Hierzu s. den Länderbeitrag Polen in diesem Band, Punkt 6.

ist insbesondere im Falle eines legislativen Versäumnisses angebracht. Wenn begründet werden kann, dass die Verfassungswidrigkeit durch die Nichtexistenz einer einfachen Regelung hervorgerufen wird, ist nach Ansicht der tschechischen ordentlichen Gerichte der Gang zum Verfassungsgericht überflüssig, weil dieses ohnehin nur die Verfassungswidrigkeit der Lücke feststellen, diese aber nicht schließen könnte.[69]

Auch der österreichische Verfassungsgerichtshof legt wie sein tschechisches Pendant Wert darauf, dass die ordentlichen Gerichte eine Vorlagepflicht trifft, wenn sie auf eine verfassungswidrige Norm stoßen. Allerdings handhabt der österreichische Verfassungsgerichtshof die Zulässigkeitsvoraussetzungen der Richtervorlage sehr kasuistisch und in einem eher restriktiven Geist, was v.a. die beiden anderen Höchstgerichte von Vorlagen abzuhalten scheint. Die Mehrzahl der eingehenden konkreten Normenkontrollanträge stammt von Untergerichten. Unerwartet aktiv sind die Prozessparteien, die seit 2015 einen eigenen Antrag auf konkrete Normenkontrolle stellen können: Es werden etwa doppelt so viele Anträge gestellt wie vorhergesehen.[70]

Ähnlich wie in Österreich ist auch in Deutschland die verfassungsgerichtliche Zulassungspraxis bei der konkreten Normenkontrolle restriktiv. Dies liegt weniger an der normativen Lage, sondern an deren Handhabung durch das Bundesverfassungsgericht, das alles tut, um potenzielle Vorlagegerichte abzuschrecken. Insbesondere an die Begründung der Verfassungswidrigkeit stellt das Bundesverfassungsgericht fast unüberwindbare Hürden, denn es fordert fast denselben Begründungsaufwand, den es selbst bei seinen Entscheidungen treibt. Nicht jeder einfache Richter ist aber willens oder in der Lage, einen Antrag einzureichen, der von Niveau und Umfang einer mittleren verfassungsrechtlichen Dissertationsschrift entspricht. Zugleich unterliegt er aber der Pflicht zur Vorlage, wenn er von der Verfassungswidrigkeit der anzuwendenden Norm überzeugt ist.[71] In dieser Lage, die durch den hochmütigen und arroganten Tonfall des Bundesverfassungsgerichts in seinen Ablehnungsbeschlüssen noch verschärft wird, ist es für viele ordentliche Richter einfacher, von der Verfassungswidrigkeit der Norm nicht überzeugt zu sein, sondern an ihrer Verfassungsmäßigkeit nur zu zweifeln – in dem Fall ist nämlich die Vorlage nicht nur nicht zwingend, sondern unstatthaft. Tatsächlich dürften daher in der Mehrzahl solche Vorlagen vor das Bundesverfassungsgericht gelangen, bei denen die Überzeugung von der

69 Hierzu s. den Länderbeitrag Tschechien in diesem Band, Punkt D.
70 Hierzu s. den Länderbeitrag Österreich in diesem Band, Punkt B.1.
71 So ausdrücklich Art. 100 Abs. 1 Satz 1 deutsches Grundgesetz.

Verfassungswidrigkeit auf die Initiative der Parteien des Ausgangsverfahrens zurückgeht. Das der konkreten Normenkontrolle zu Grunde liegende Kooperationsverhältnis wird daher v.a. seitens des Bundesverfassungsgerichts selbst in Frage gestellt.[72]

Genau entgegengesetzt verhält sich das ungarische Verfassungsgericht: Es betont die Zusammenarbeit, stellt keine übertriebenen Anforderungen an die Zulässigkeitsvoraussetzungen und an die Begründung des vorlegenden Gerichts sowie schlägt in seinen Entscheidungen in konkreten Normenkontrollsachen gegenüber dem Vorlagegericht einen kollegialen Ton an, und zwar auch dann, wenn die Vorlage unzulässig ist. Im Ergebnis behandelt das ungarische Verfassungsgericht pro Jahr etwa ebenso viele Richtervorlagen in der Sache wie das deutsche Bundesverfassungsgericht. Hier sind zwei Erklärungsvarianten denkbar. Entweder verlangen die Neuheit des Grundgesetzes und sein Legitimationsbedarf eine Offenheit und Kooperationsbereitschaft des Verfassungsgerichts, damit die Gerichte dieses neue Grundgesetz in der Tat anwenden, oder die Kollegialität der Verfassungsrichter ist dem Umstand zuzuschreiben, dass das neue Grundgesetz im Unterschied zu der früheren Verfassung eine erhöhte Normativität beansprucht und in Art. 28 ausdrücklich seine Beachtung bei der Auslegung des einfachen Rechts durch die ordentlichen Gerichte verlangt. Dieser Anforderung kann die Justiz aber in einer postsozialistischen Rechtskultur, die insbesondere durch einen vereinfachenden Rechtspositivismus, durch eine Reduzierung des Rechts auf den geschriebenen unterverfassungsrechtlichen Normenbestand sowie durch die Überbetonung des Auslegungsgrundsatzes *lex specialis derogat legi generali* gekennzeichnet ist, nur dann nachkommen, falls das Verfassungsgericht diese Prägung ändert, was wiederum nur durch die Anwendung des Auslegungsgrundsatzes *lex superior derogat legi inferiori* im konkreten Fall erreicht werden kann. Von den beiden Erklärungsansätzen ist der erste alleine nicht ausreichend, denn die genannten Phänomene waren auch schon unter der alten Verfassung zu beobachten; die Neuheit des materiellen Verfassungsrechts kann aber zur Stärkung der beschriebenen Tendenzen beitragen.

III. Schlussfolgerung: Konflikte sind unumgänglich, aber nicht notwendig destruktiv für die Rechtskultur

Die Länderstudien und ihr Vergleich erlauben zahlreiche Schlussfolgerungen. Diese weisen alle in eine Richtung: Konflikte zwischen dem Verfassungsgericht

72 Hierzu s. den Länderbeitrag Deutschland in diesem Band, Punkt E.

und den Obergerichten sind häufig. Ebenfalls häufig ist die Situation, dass in derartigen Konflikten das geschriebene Recht beiseite geschoben oder – positiv gewendet: fortentwickelt – wird, was wiederum zeigt, dass das „law on the books“ nicht identisch mit dem „law in action“ ist und dass dieses Spannungsverhältnis durch Spannungen zwischen Verfassungs- und Obergerichten ins Positive gewendet werden kann. Derartige Konflikte müssen nicht unbedingt in einen offenen Krieg münden, sondern finden eher in einem Zustand passiver Aggression statt.

Entgegen dem ersten Anschein wirft ein solcher Konflikt aus der Sicht der Gewaltenteilung keine Probleme auf. Gerichte und Verfassungsgerichte üben öffentliche Gewalt aus, und die Ausübung öffentlicher Gewalt ist stets politisch, weshalb die letztinstanzliche Entscheidung eines Rechtsstreits immer auch eine politische Seite hat.[73] Anders formuliert: Die Tatsache, dass die Gerichtsbarkeit laut *Hamilton* die am wenigsten gefährliche Staatsgewalt ist,[74] bedeutet nicht, dass sie nicht gefährlich wäre, dass sie nicht zahlreiche wesentliche Züge der Ausübung öffentlicher Gewalt mit den anderen Staatsgewalten teilte. Das letztendlich angewandte und somit zur Geltung kommende Recht wird nämlich durch die Gerichte entwickelt, und wenn die Rechtsetzung politisch ist, dann ist auch die verbindliche Auslegung eben dieses Rechts politisch. Dem widerspricht auch nicht, dass das zentrale Element des richterlichen Ethos die Politikfreiheit und Neutralität ist und dass die Autorität und politische Legitimität der Gerichte genau dieser Neutralität entspringen.[75] Die Rechtmäßigkeit einer Demonstration oder eines großen öffentlich finanzierten Projekts, der Umfang eines Kartellbußgelds, der Ausgang einer Strafsache oder die Zulässigkeit bestimmter Vertragsbestimmungen haben eine Bedeutung, die über die konkrete Angelegenheit hinausgeht, weil sie wirtschaftliche und politische Ressourcen zuweisen, die Formen der Ausübung wirtschaftlicher, politischer und sozialer Macht legalisieren und somit im Rahmen des Rechtsstaats auch legitimieren und folglich

---

73 Aus der Menge der einschlägigen deutsch- und englischsprachigen Literatur seien hier nur angeführt: *Stone Sweet*, *Alec*: Governing with Judges. Constitutional Politics in Europe, Oxford University Press: Oxford 2000; *Tushnet*, *Mark*: Political Power and Judicial Power: Some Observations on Their Relation, 75 Fordham Law Review (2006) S. 755–768; *van Ooyen*, *Robert*: Bundesverfassungsgericht und politische Theorie, Springer: Wiesbaden 2015.

74 So *Hamilton*, *Alexander*: The Judiciary Department, Federalist Papers Nr. 78, 1788.

75 *Gibson*, *James*: Judicial Institutions, in: *Rhodes*, *R.A.W.* / *Binder*, *Sarah* / *Rockman*, *Bert* (Hrsg.): The Oxford Handbook of Political Institutions, Oxford University Press: Oxford 2008, S. 514–534 (524-528).

letztendlich politische Auswirkungen haben und politischen Einfluss ausüben. Angesichts dessen ist es nicht erstaunlich, dass es zu Konflikten führt, wenn in die Organisationsstruktur der Justiz ein neuer Akteur wie ein Verfassungsgericht eingeführt wird. Der Befund der potenziellen Konfliktträchtigkeit trifft v.a. dann zu, wenn der neue Akteur die Legitimität der vorhandenen Justizorgane dadurch untergraben kann, dass er ihre bislang als endgültig betrachteten Urteile und die bisherigen Grundsätze der Rechtsauslegung in Zweifel zu ziehen berechtigt ist. Andererseits speisen sich die politische Legitimität und die Autorität des neuen Akteurs ebenfalls aus der Tatsache, dass er in bestimmten Rechtsfragen letztendlich entscheidet; fehlt es daran, verliert er seine politische Bedeutung und Macht.

Konflikte können auch dann beobachtet werden, wenn keiner der betroffenen Akteure ein Interesse daran hat, dass sich der Konflikt zuspitzt, denn das gegenseitige Anzweifeln der Richtigkeit und Rechtmäßigkeit letztinstanzlicher Entscheidungen kann dazu führen, dass beide (bzw. alle involvierten) Gerichte verlieren, da sie gegenseitig ihre politische Legitimität und Autorität beschädigen. Diese Einsicht führt zu einer gewissen Zusammenarbeit.

Die verschiedenen Länderbeispiele zeigen auch, dass die Existenz eines Konflikts und die Notwendigkeit der Kooperation, um diesen zu dämpfen, nicht von den Eigenheiten des Institutionensystems abhängen. Der Konflikt, der sich in Deutschland oder Tschechien an der Befugnis des Verfassungsgerichts, rechtskräftige Urteile der ordentlichen Gerichte im Wege eines außerordentlichen Rechtsmittels aufzuheben, entzündet, entsteht in Österreich mit seinen im Wesentlichen gleichrangigen Höchstgerichten aus der Abgrenzung der Rechtswege und damit der Kompetenzen. Gerade Österreich zeigt, dass das institutionelle Arrangement in der Justiz kaum Einfluss auf das Entstehen von Konflikten und der Notwendigkeit der Zusammenarbeit hat, sondern höchstens deren Form beeinflusst. In allen untersuchten Ländern stellt sich aber gleichermaßen die Frage, welches Gericht berechtigt ist, die letztverbindliche Entscheidung zu treffen.

Für die Analyse von Konflikten und Kooperationen an der Spitze eines Justizsystems darf die Vorfrage nicht vernachlässigt werden, inwieweit die Einheitlichkeit der Rechtsprechung einen Wert darstellt. In der sozialistischen Rechtskultur und in den Rechtskulturen der Länder, die noch deren Erbe mitschleppen, wird der Einheitlichkeit der Rechtsprechung eine gesteigerte Bedeutung zugewiesen, sie ist ein Wert, der sogar in den postsozialistischen Verfassungen zum Ausdruck kommt. Am deutlichsten wird dies in der Befugnis der ungarischen Kurie, für die Gerichte verbindliche abstrakte, d.h. quasinormative Auslegungsrichtlinien für strittige Rechtsfragen zu erlassen, womit sie letztlich in die Position eines

Normgebers gedrängt wird.[76] Ganz unumstritten ist dieses sozialistische Erbe aber nicht, denn v.a. in Polen gab es heftigen Streit über Uniformität und Divergenz in der höchstrichterlichen Rechtsauslegung. Anlass war eine Verfassungsänderung 1989, die dem Verfassungsgericht die Kompetenz übertrug, Gesetze allgemeinverbindlich auszulegen. Insbesondere das Oberste Gericht wehrte sich gegen die Verbindlichkeit der verfassungsgerichtlichen abstrakten Gesetzesauslegung und berief sich dabei mangels einschlägigerer Verfassungsbestimmungen auf die Unabhängigkeit der Richter. Die Wissenschaft war in diesem Streit um die letztverbindliche Deutungshoheit über das einfache Recht gespalten, begrüßte dann aber die Streichung dieses verfassungsgerichtlichen Zuständigkeitstitels durch die neue Verfassung von 1997. Allerdings führt auch das seit 1997 geltende polnische Recht einen Rest von verfassungsgerichtlicher Gesetzesauslegung in Gestalt der sog. Interpretationsurteile – der polnischen Bezeichnung für die verfassungskonforme Auslegung – fort, was die wissenschaftliche Debatte am Leben hält.[77]

Einen Kontrast zum beschriebenen Kult der Einheitlichkeit der Rechtsprechung in den postsozialistischen Rechtskulturen bilden Deutschland und Österreich, wo man eine einheitliche Rechtsauslegung und -anwendung durch die Rechtsprechung nicht als absoluten Wert versteht. Gerade in Deutschland gibt es auch die Tendenz, die Divergenzen zwischen den verschiedenen ober- und höchstgerichtlichen Rechtsauslegungen als Wert zu betrachten, weil eine plurale Rechtsprechung nicht nur die Qualität der Fortbildung des Rechts begünstigt, sondern auch in der Lage ist, die Konflikte zwischen den Gerichten abzuschwächen. In diesen beiden Ländern erträgt es die Rechtskultur, wenn verschiedene Höchstgerichte mit dem Anspruch auf sachliche Richtigkeit für ihr (Teil-) Rechtsgebiet zu unterschiedlichen Interpretationen kommen. Ein Faktor, der das gegenseitige Respektieren abweichender Rechtsstandpunkte fördert, ist die Anerkennung der jeweils anderen Seite, v.a. der Verfassungsrichter als „vollwertige“ Richter, als Kollegen. So wird das „agree to disagree“ ein praktikabler Modus vivendi zwischen der Verfassungsgerichtsbarkeit und der ordentlichen

76 Kritisch hierzu *Küpper*, *Herbert*: A magyar jogi kultúra egyes jellegzetességei összehasonlító perspektívából [Einige Charakteristika der ungarischen Rechtskultur aus vergleichender Perspektive], in: *Jakab*, *András* / *Gajduschek*, *György* (Hrsg.): A magyar jogrendszer állapota, MTA [Akademie der Wissenschaften]: Budapest 2016, S. 131–141.

77 Hierzu s. den Länderbeitrag Polen in diesem Band, Punkt 2. (abstrakte Gesetzesauslegung durch das Verfassungsgericht) und Punkt 8. (Interpretationsurteile).

Justiz, und der Schaden für die Vorhersehbarkeit der Rechtsprechung ist auch nicht notwendigerweise größer als in verbissenen unterschwelligen Konfliktsituationen, in denen beide Seiten versuchen, ihren jeweiligen Rechtsstandpunkt durchzusetzen.

Studien des Instituts für Ostrecht München

Begründet von Professor Dr. Reinhart Maurach
Herausgegeben von Professor Dr. Friedrich-Christian Schroeder,
Dr. h.c. (Breslau), Regensburg

Band 41 Manfred Gratzl: Die Reform der tschechischen Strafprozeßordnung nach 1989. Im Spannungsfeld von Rechtsstaatlichkeit, Verfahrensökonomie und Effizienz. 2002.

Band 42 Thomas Paintner: Die Insolvenz des Unternehmers in Polen. 2003.

Band 43 Niels von Redecker (Hrsg.): Deutsch-Estnische Rechtsfragen. 2003.

Band 44 Niels von Redecker: Die polnischen Vertreibungsdekrete und die offenen Vermögensfragen zwischen Deutschland und Polen. 2003. 2., durchgesehene Auflage 2004.

Band 45 Niels von Redecker: Das polnische Beamtenrecht. Entwicklung und Stand beim Beitritt Polens zur Europäischen Gemeinschaft. 2003.

Band 46 Cornelia Stefanie Wölk: Das Deliktsrecht Rußlands nach dem neuen Zivilgesetzbuch. 2003.

Band 47 Petr Bohata: Untersuchungshaft im deutschen und tschechischen Recht. 2003.

Band 48 Attila Széchényi: Das neue ungarische Strafprozessrecht im Spannungsverhältnis zwischen Rechtsstaatsprinzip, Verfahrensökonomie und Effizienz. 2003.

Band 49 Agnes Balawejder: Das polnische Telekommunikationsrecht. Umsetzungsbemühungen und -stand des telekommunikationsrechtlichen acquis communautaire im polnischen TK-Recht vor dem Unionsbeitritt Polens. 2004.

Band 50 Sven I. Oksaar / Niels von Redecker (Hrsg.): Deutsch-Estnische Rechtsvergleichung und Europa. 2004.

Band 51 Friedrich-Christian Schroeder (Hrsg.): Justizreform in Osteuropa. 2004.

Band 52 Herbert Küpper: Kollektive Rechte in der Wiedergutmachung von Systemunrecht. Teil I und Teil II. 2004.

Band 53 Sören Langner: Der GmbH-Geschäftsführer im tschechischen Recht. Organstellung und Anstellung im Rechtsvergleich. 2005.

Band 54 Herbert Küpper: Einführung in die Rechtsgeschichte Osteuropas. 2005.

Band 55 Anja Spitzweg: Das russische föderale Gesetz „Über Investmentfonds". 2007.

Band 56 Herbert Küpper: Die ungarische Verfassung nach zwei Jahrzehnten des Übergangs. Einführung mit Textübersetzung. 2007.

Band 57 Axel Boës: Die Gesellschaft mit beschränkter Haftung im russischen und deutschen Recht. 2007.

Band 58 Katrin Heinritz: „Defekte Demokratisierung" – ein Weg zur Diktatur? Turkmenistan und die Republik Sacha (Jakutien) in der Russischen Förderation nach dem Ende der Sowjetunion. 2007.

Band 59 Stefan Hülshörster: Recht im Umbruch. Die Transformation des Rechtssystems in der Ukraine unter ausländischer Beratung. 2008.

Band 60 Carsten Dewald-Werner: Versicherungsmarkt und Versicherungsaufsicht in der Russischen Föderation. 2008.

Band 61 Oleksiy Feliv: Die Hypothek im deutschen und ukrainischen Recht. Der systematische Vergleich des Hypothekenrechts in Deutschland und der Ukraine einschließlich der rechtstheoretischen Grundlagen und der Ausblicke für das gemeinsame Hypothekenrecht. 2009.

Band 62 Christoph Kurzböck: Die Abwicklung deutsch-tschechischer Erbfälle. 2010.

Band 63 Friedrich-Christian Schroeder / Herbert Küpper (Hrsg.): Die rechtliche Aufarbeitung der kommunistischen Vergangenheit in Osteuropa. 2010.

Band 64 Herbert Küpper / Wolfgang Brenn (Hrsg.): Rechtstransfer und internationale rechtliche Zusammenarbeit. Deutsche und japanische Erfahrungen bei der Kooperation mit Osteuropa und Zentralasien. 2010.

Band 65 Daniela Horner / Dragan Bataveljić: Grundeigentum und Registrierung von Liegenschaften in Serbien. Eigentumsschutz in der Praxis. 2010.

Band 66 Nail Mammadov: Die Straffreistellungsgründe im russischen und aserbaidschanischen Strafrecht im Vergleich zur deutschen Strafrechtsdogmatik. 2010.

Band 67 Matthias Farian: Dingliche Nutzungsrechte an fremden Grundstücken im russischen Recht. 2010.

Band 68 Manuchehr Kudratov: Die Straftatausschließungsgründe nach tadschikischem Strafrecht. Eine Analyse aus deutscher Perspektive. 2011.

Band 69 Michael Holland: Die Staatsanwaltschaft im russischen Strafprozess. 2012.

Band 70 Herbert Küpper: Ungarns Verfassung vom 25. April 2011. Einführung – Übersetzung – Materialien. 2012.

Band 71 Friedrich-Christian Schroeder / Manuchehr Kudratov (Hrsg.): Das strafprozessuale Vorverfahren in Zentralasien zwischen inquisitorischem und adversatorischem Modell. 2012.

Band 72 Tina de Vries (Hrsg.): Mediation als Verfahren konsensualer Streitbeilegung. Die deutsche, polnische und ukrainische Perspektive. 2012.

Band 73 Monika Lipińska: Die Sexualstraftaten im polnischen Strafkodex im Vergleich zum deutschen Strafgesetzbuch. 2013.

Band 74 Mirona Marisch: Das System der Arbeitnehmervertretung und des Sozialen Dialogs im rumänischen Recht im Vergleich zum deutschen Recht. 2013.

Band 75 Friedrich-Christian Schroeder / Manuchehr Kudratov (Hrsg.): Die strafprozessuale Hauptverhandlung zwischen inquisitorischem und adversatorischem Modell. Eine rechtsvergleichende Analyse am Beispiel des deutschen und des zentralasiatischen Strafprozessrechts. 2014.

Band 76 Evren Somer: Direct Democracy in the Baltic States. Institutions, Procedures and Practice in Estonia, Latvia and Lithuania. 2014.

Band 77 Florian Plagemann: Die russische Aktiengesellschaft. Darstellung aus Sicht des ausländischen Investors. 2014.

Band 78 Tatjana Seibel: Das russische Zwangsvollstreckungsrecht. Darstellung des Föderalen Gesetzes vom 02.10.2007 Nr. 229-FZ „Über das Vollstreckungsverfahren" unter Hervorhebung der Gemeinsamkeiten und Unterschiede zum deutschen Zwangsvollstreckungsrecht. 2015.

Band 79 Friedrich-Christian Schroeder / Tina de Vries (Hrsg.): Neue Tendenzen im Strafprozessrecht – Deutschland, Polen und die Ukraine. 2015.

Band 80 Herbert Küpper / Zoltán Csehi / Csaba Láng (Hrsg.): Vier Jahre ungarisches Grundgesetz. 2016.

Band 81 Friedrich-Christian Schroeder / Herbert Küpper (Hrsg.): Ist die Transformation gelungen? Eigentum und Eigentumsordnung im postsozialistischen Europa. 2017.

Band 82 Tina de Vries (Hrsg.): Die Förderung der Rule of Law durch außergerichtliche Streitbeilegung. 2018.

Band 83 Herbert Küpper / Attila Vincze (Hrsg.): Verfassungsgerichte und Obergerichte in Mitteleuropa. 2018.

www.peterlang.com

www.ingramcontent.com/pod-product-compliance
Ingram Content Group UK Ltd.
Pitfield, Milton Keynes, MK11 3LW, UK
UKHW022100051026
15623UKWH00003B/588

9 783631 772638